Collective
Illusions

Conformity, Complicity,
and the Science of
Why We Make Bad Decisions

Todd Rose

なぜ皆が同じ間違いをおかすのか

「集団の思い込み」を打ち砕く技術

トッド・ローズ

門脇弘典＝訳

NHK出版

ブックデザイン
鈴木成一デザイン室

私が知る誰よりも調和的な人、パリサ・ロウハニに真の問題は、より明るい未来が本当にいつも遠く離れているかどうかだ。実際にはすでに長いあいだここにあるとしたら？　私たちのまわりと内側にあるのに、無自覚と弱さのせいで気づくことも花開かせることもできないでいるだけなのではないだろうか。

――ヴァーツラフ・ハヴェル

目次

はじめに――ある小さな町の秘密

私たちは現実よりも想像のなかで多く苦しむ。

――セネカ

ニューヨーク州イートンにある郵便局のかたわらには、かつて「塔《タワー》」という名のガソリンスタンドだったころの名残《なごり》として、きれいな模造の灯台が建っている。理髪店のサインポールを思わせる赤と白の螺旋《らせん》模様が目に鮮やかな二階建ての塔で、ニューヨーク州の真ん中にある緑豊かな人口数千の小さな町を見渡している。100年ほど前の、あまり知られていないがとても重要な世論調査を目撃した歴史の証人でもある。

1928年、シラキュース大学の博士課程に在籍していたリチャード・シャンクがこの町に引っ越してきた。シャンクは最新の研究分野だった社会心理学の草分けの1人であり、このときは個人がどのように意見を形成するかを研究しようとしていた。イートン（128ページにおよぶ博士論文のなかでは〝エルム・ホロー〟と仮称された）を選んだのは、ここが信仰心のあつい緊密な小規模コミュニティで、複雑な都市生活とは離れており、住民全員がお互いのことを知っているからだった。小さな町らしく、エルム・ホローでは隣人同士が熱心に詮索《せんさく》し合っていた。誰もが細かいことまでゴシップのネタにされた。下校途中によその家のリンゴをこっそりもぎ取った子供も、夜中に家路を急いでいて木の根っこにつまずいた大人も、かならず誰かに目撃されたのだ。

自分たちの社会的行動を研究しに学者が大都会からやって来たことをエルム・ホローの人々は知っていたが、やがて立場の違いを超えてシャンクと彼の妻を仲間として扱うようになった。この町で過ごした3年間でシャンクは地元の人々と親しくなり、コミュニティに組み込まれた。日曜には教会に通い、洗礼式や結婚式、葬式に招かれ、個人的に夕食の席に招待されることもあった。

シャンクはノートを持ち歩き、町の人々の行動についての所見を書きとめた。公的な立ち居振る舞い、とりわけ教会から課されたさまざまな社会的禁忌をどう考えているかを尋ねた。「洗礼は、体を水に浸す方式と体に水を振りかける方式のどちらがよいか？」「日曜に劇場に行くのは許されるか？」「絵札を使ったトランプ遊びは許されるか？」（清教徒を弾圧し、賭け事に熱中したイギリス王族への反発から来る禁忌）というふうに。表立った回答は、判で押したかのようだった。回答者の圧倒的多数が、ブリッジなど絵札を使ったトランプ遊びさえ許されないと答えたのだ。

しかし、調査を開始して1年がたったころ、シャンクはエルム・ホローの人々が教会などの場では見せない一面を持っていることに気づいた。たとえば、公《おおやけ》の場でのやりとりからは考えられないこととして、この町のほとんどの人の家で大人と一緒に酒を飲み、タバコを吸い、絵札を使ったトランプ遊びもしたと記録している。この偽善とも思える行動に、シャンクは首をひねった。実際にはやっても問題ないことに対して、いったいなぜコミュニティのほとんどの住民が反対の立場をとるのだろうか？

この町の新しい友人たちとプライベートな場で会話したとき、シャンクは本音を話してくれるよう頼んだ。矛盾した行動の原因を探ろうとした彼の問いかけは、世論についての見方を一変させる答えを引き出した。それは本書に直接つながることになる答えでもあった。

「喫煙、飲酒、ブリッジについて、このコミュニティのほとんどの人はどう思っているでしょうか？」

「ほとんどの人は、とても罪深いおこないだと思っているでしょうね」[1]

たとえば絵札を使ったトランプ遊びについては、77パーセントもの住民が自分は気にせずやるけれど、コミュニティのほとんどの人は厳しい禁忌に従っているはずだと答えた[2]。実際にはサイレント・マジョリティ（物言わぬ多数派）の一員であることを自覚していなかったのだ。

およそ4人に3人が同じ「悪行」にふけっていたが、誰もがひた隠しにしていた。歯に衣着せない物言いをする若いイーグソン牧師でさえ、公の場では原理主義的な立場を崩さない一方で、人目のないところでは肩肘《ひじ》張らずブリッジに興じるのだった。

同じような二面性は、宗教的な問題だけでなく、新しい高校は近隣コミュニティと合同で設立すべきかといった世俗的な問題（議論が過熱して殴り合いにまでなっていた）でも認められた。こうした公的意見と私的意見との奇妙なギャップにシャンクは頭を悩ませたすえ、人々はコミュニティに受け入れられやすい多数派の立場をとっていると結論づけた。それにしても、なぜ個人としても集団としても嫌っている規律にわざわざ従うのだろうか？　また、なぜこれほど小さな町の住民がお互いの考えを完全に勘違いするのだろうか？

そのような疑問を抱いていたとき、シャンクは町の文化的支配者の存在を知る。名をソルト夫人といい、イーグソン牧師の前任者だった亡夫がかつて教会を取り仕切っていたことから、自分こそが教会の歴史と倫理規範の体現者であると主張していた。また、教会最大の資金援助者、牧師の実質的な給与支払者でもあった。

そのソルト夫人が一世代にわたってエルム・ホローの人々をがっちりと押さえつけていた。公の場で口にされること、されないことは彼女の影響を強く受けていた。「ソルト夫人は意気さかんな女性で、注目すべき公の発言について持論を言う癖がある。その意見が聖職者の言葉を通じて広がり、実のところ、ソルト夫人と同意見の人は何人いるのかと批判的に考えることをしないまま、人々はそれを集団の典型的な意見として受け入れる」とシャンクは書いている[3]。

しかし、そのような状況はソルト夫人が亡くなると変わりはじめた。死去の翌日には、原理主義的に振る舞っていたイーグソン牧師がブリッジ・パーティに夫婦で参加し、人目をはばからずにトランプ遊びをした。このことは噂となり、またたく間にエルム・ホロージゅうに広まった。牧師がブリッジをするのなら、ほかの人もやっているんじゃないか？　噂話をするなかで、人々は絵札で遊んでかまわないと前から思っていたと告白し、ほかにもお互いに間違った思い込みをしているのではないかと口々に言いはじめた。長年かけられていた魔法がようやく解けた瞬間だった。

エルム・ホローの住民たちはソルト夫人が多数派を代弁していると誤認し、みずからの意思で追従したとシャンクは結論づけた。小さな町のなかでも、一般的に思われているほどお互いのことをよく知っているとはかぎらないことが明らかにされたのだ。ごく少数（この町ではたった1人）の声高な人物が、いとも簡単にほかのメンバーの意見をゆがめ、集団を誤った方向に導き得ることも。この調査で示された事実からは、本書のテーマが見えてくる。

リチャード・シャンクは、私が「集合的幻想」と呼んでいるものを研究した最初の学者の1人だった[4]。簡単に言えば、集合的幻想とは社会的嘘である。集団に属する個人の過半数が、ある意見を内心では拒絶しながら、ほかのほとんどの人はそれを許容していると（誤って）推測することで発生する。集団の総意をひとり合点して指針にすれば、誰も望んでいない行動をとることになりかねない。それが集合的幻想の暗黒面だ。

集合的幻想の端的な例は、アンデルセンの『裸の王様』だ。うぬぼれの強い王様のところに詐欺師が来て、世にも美しい服を買ってほしいと願い出る。ただし、その服は頭のいい人にしか見えないという。バカだと思われたくないので、服などどこにもないのに誰もが詐欺師に調子を合わせる。王様はほとんど丸裸で自慢げに町をパレードするが、小さな子供が本当のことを言ったとたんに幻想が打ち砕かれる[5]。

集合的幻想がおとぎ話や信仰生活のなかだけの現象なら、それほど有害ではないし、本書を世に出す必要もないだろう。しかし、実際にはそうではない。こんにちの社会には集合的幻想があふれており、危険性を増してさえいる。

世界中で見られる「集合的幻想」

成功した人生とは何か。次の2つのうち、自分の考えに近いのはどちらだろう？

A　自分の興味と才能に沿って行動し、好きなことを最大限追究する。
B　金持ちになり、輝かしいキャリアを築き、名声を得る。

では次の質問。世間一般の人々はAとBのどちらを選ぶだろう？

自分としてはAだけど、多くの人はきっとBを選ぶ――そう思った人は、集合的幻想にとらわれている。

この質問は、私が代表を務めるシンクタンク、ポピュレースが2019年におこなった調査の一部だ。5200人以上を対象に、アメリカ国民の成功の定義を探った。結果は、「自分ではAを選ぶ」という回答が97パーセントを占めた一方で、「多くの人はBを選ぶと思う」という回答が92パーセントにのぼった。

この発見は始まりにすぎなかった。社会的圧力の影響を取り除き、真の個人的優先事項を明

＊従来、これは学術的には「多元的（集合的）無知」と呼ばれているが、この用語は適切でなく混乱を招くと私は思う。問題なのは、集団がどのような考えなのかを知らないことではなく、自分がそれを知っていると誤認していることだ。無知よりも幻想と呼ぶにふさわしい。

らかにする手法を用いたところ、大多数の回答者は人格、良好な人間関係、教育などの要素が人生の成功に欠かせないと思っていることがわかった。しかし同時に、一般的には財産や地位、権力といった対照的な要素に重きを置く人がほとんどだと信じていた。

より詳しく見るために、名声について考えてみよう。この調査では76の選択肢を提示したが、自分以外のアメリカ人は「名声を得ること」を成功の最重要事項にしていると思う、という集計結果になった。一方、個人レベルでは同じ選択肢が最下位だった。

ほとんどの人は、有名になることを個人的には重要視していない。それなのに、他者の多くがそれを人生の目標にしていると信じている[6]。この調査の意味するところは明らかだった。大多数の人々は意義や目的意識を感じることのために人生を捧げたいと望みつつ、同じ価値観の持ち主は多数派でないと思い込んでいる。その結果、周囲からの期待を誤認したままそれに応えようとして、自分をねじ曲げつづけているのだ。

集合的幻想が見られる領域は、個人の成功だけではない。ポピュレースはわずか2、3年のうちに、望ましい生き方、暮らしたい国、他者への信頼のほか、刑事司法や教育、医療といった諸制度の目的についての意見にまで重大な集合的幻想の影響がおよんでいることを示し、注目を集めた。

このような研究はポピュレースの専売特許ではない。近年、集合的幻想は学者の手により、ほとんど世界中、ありとあらゆる社会領域で発見されている。戦争や気候変動の考え方や政治。ジェンダーやメンタルヘルス、身体的魅力についての考え方。倫理的行動、さらには食べ物の選び方まで、集合的幻想が影を落としていないものはない〔7〕。

たとえばほとんどのアメリカ人労働者は、家族のための福利厚生（フレキシブルな勤務形態、子育て関連の施設紹介や補助金など）を高く評価し、利用したいと考えている。しかし、自分のような考えの人はごく少数だと思い込んでいる〔8〕。この幻想の結果、思いとは裏腹に、実際には使わないという労働者が多い。

残念なことだが、ステレオタイプは集合的幻想によって増幅される傾向にある。それゆえ、中国人は同胞が日本人をネガティブな目で見ていると過度に見積もり、反日的な態度を強くしてしまっている〔9〕。また、ほとんどの日本人男性は育児休暇を取りたいと思っているのに、自分以外の男性はそうでないと思い込んでいる。その結果、日本では男性による育休取得がなかなか増えない〔10〕。さらに、カリフォルニアでは民主党と共和党のそれぞれの支持者が、互いの考え方を実際よりも過激だと信じ込み、政治的偏向について勝手な誤解を抱いている〔11〕。また、アメリカの学生アスリートの多くは学業成績が大事だと考えているが、ほかの学生アスリートはそうではないという思い込みをもとに行動しがちだ。そのせいで学業がおろそかになり、集合的幻想も強化される事態になっている〔12〕。

過去20年ほどのあいだに、集合的幻想は数とインパクトを加速度的に増しつづけ、現代社会を決定づける特徴の1つにまでなった。その影響は甚大だ。たとえば、政治参加のジェンダーギャップを見てみよう。女性はアメリカ国民の半数以上を占めるが、政界ではその比率にまったく届いていない。真っ先に考えられる原因は性差別だが、それだけでは説明できない。実際、ポピュレースによる調査では、「女性は男性と同じくアメリカ大統領を務める能力がある」という意見に79パーセントの回答者が同意している[13]。また、予備選挙を勝ち抜いて本選挙の候補者になれば、地域レベル、州レベル、国レベルのいずれにおいても女性の当選率は男性と変わらない[14]。

ところが、「女性は男性と同じぐらい当選が見込めるか?」という質問になると、答えは一変する。当選見込みは、どの候補者が最も有能かではなく、ほかの有権者がどう考えているかが究極的には重要だからだ。たとえば、政治学者のレジーナ・ベイトソンによれば、ほとんどの人は候補者の性別を個人的には気にしない。しかし、対立候補に同程度の能力を持った白人男性がいると知ると、そちらが当選するという予想が圧倒的多数になるという[15]。

勝者総取りの政治制度では、有権者は社会的偏見《バイアス》を浮き彫りにする「勝者当てゲーム」をしがちだ。そのため、「自分は性差別をしないが、ほかの人がするので、支持政党を勝たせるためには白人男性に投票するのがいい」という考えになる。これこそが集合的幻想にともなう問題だ。世界一の男女平等主義者であっても、他者の考えを読みまちがうことで、そうと気づかずに問題を助長してしまうのである。

この問題は仮定の話ではなく、2020年の大統領選挙で実際に起きたことだ。民主党党大会の直前に調査会社アバランチ・インサイツが世論調査をおこない、いますぐ投票するとしたらどの候補者を選ぶかを民主党支持者に尋ねた。結果は、1位ジョー・バイデン、2位バーニー・サンダース、3位エリザベス・ウォーレンとなった。しかし、魔法の杖《つえ》を振るだけで意中の候補者を当選させられるなら誰を選ぶかと質問すると、エリザベス・ウォーレンが断然トップになった[16]。

この現象をベイトソンは「戦略的差別」と呼んでいる。その問題は、「候補者への敵意ではない。直接的バイアスとは異なり、〝候補者のアイデンティティが原因で、自分以外はその候補者のために寄付やボランティア、投票をしないだろう〟という信念が戦略的差別の動機となる」という。つまり、「白人男性のほうが、同等の能力を持った黒人女性や白人女性、(差は比較的小さいが)黒人男性よりも当選見込みが高いとアメリカ人は考えているのだ」[17]。

残念ながら、集合的幻想の影響は政治だけにとどまらない。社会的生活で重要なことすべてを直撃している。ためしに、重要だと感じる問題を思いつくだけあげて、それについて多数派の意見はどうなっているかを推測してみてほしい。賭けてもいいが、その推測が当たる問題は

2つに1つもないだろう。おそらく、もっとずっと少ない。

それほどの破壊力を持った集合的幻想には、なんとか対処しなければならない。そのためにまず、集合的幻想がなぜ存在するのかを理解する必要がある。

他人と同じでいたい願望

あなたはトイレに入ったあと、手を洗うだろうか？

この問いを真面目に追究した調査が1989年にあった。大学図書館のトイレを使った59人の女子学生を対象にしたもので、研究者はそのうち31人のときは学生から姿が見えるところで、残りの28人のときは学生から見えないところで観察をおこなった。その結果、人目があると感じた学生の77パーセントが手を洗った一方で、人目がないと思った学生は39パーセントしか手を洗わなかった[18]。

一見するとバカバカしい実験だが、それは集合的幻想の隠れた原因について多くを語っている。私たち人間は非常に社会的な存在であり、その行動を変え得るのは他者への意識だけだ。この、他者と一致したい願望、社会学で言うところの「同調バイアス」は、自分で選べるものではなく、人間の変えがたい性質の一部である。

例をあげよう。2016年におこなわれた実験では、食べ物の画像を見たときの被験者の脳をｆＭＲＩ（機能的磁気共鳴画像法）で撮影した。ブロッコリーのような栄養豊富なものからキャンディのような健康的でないものまで、１５０種類の食べ物を１つずつ見せ、個人的な好みを１（嫌い）から８（好き）で即答させた。

被験者が１つの食べ物を評価するたび、すでに回答した２００人の平均評価値が表示され、自分の答えと同じだと「意見一致」の文字が出る。答えが異なると、評価値の差が数字で示される。こうして個人的評価と集団による評価のフィードバックが一通り終わると、被験者はもう一度すべての食べ物の好みを答える。

結果は予想がつくだろう。２度目の評価づけには同調の跡がはっきりと現れ、被験者は食べ物の好みを集団の平均評価値に近づくよう変更した。興味深いことに、影響されたのは被験者の行動だけではなかった。さまざまな食べ物の評価をおこなう脳の部位（前《ぜん》頭《とう》前《ぜん》野《や》腹《ふく》内《ない》側《そく》部《ぶ》）も、同調のために変化した。集団の好みを知らされた被験者の脳が、健康にいいかどうかを重視するのをやめ、食べ物の人気を重視するほうへと切り替える反応がｆＭＲＩに映し出されたのだ。

しかし、被験者には知らされなかったが、集団の平均評価値はまったくのでたらめで、集団から逸脱しているかのように研究者が操作したものだった[19]。これは重要なポイントで、同調を求めるバイアスは根本的に、現実かどうかは問題ではないということを示している。より正確に言えば、人間の脳は、真実に根ざしていてもいなくても、集団について自分が考えたことに反応するのだ。

周囲に足並みをそろえたい願望は、地球の重力のように意識できず、ほぼ逃れられない行動原理の1つだ。しかも、まったく現実を映していない場合さえある。また、この願望のせいで、他者の考えや期待を読みあやまるだけでなく捏造《ねつぞう》し、それに同調するリスクが常につきまとう。多数派につきたいバイアスが深く根を張っている私たち人間は、集合的幻想の格好の餌食《えじき》なのだ。

私自身、新型コロナウイルス感染症が流行しはじめたころ、短期間ではあったが餌食の1人になり、トイレットペーパー騒動に加担してしまった。北米のメーカーが在庫切れを起こしている事実はないのに、ソーシャルメディアで広まった噂が、トイレットペーパー売り場に急げと私のような消費者をそそのかした。1人が買い置きをしに走り出すと、もうレースは止まらなかった[20]。

この集合的幻想にとらわれているあいだ、私はこう考えていた。「トイレットペーパーの在庫切れが起きていないことはわかっている。でも、ほかの人はみんな、品不足が起きていると思っているらしい」と。自分を抑えるのは難しかった。私以外の何千何万という人々が本当のトイレットペーパー不足のときのように行動しているのを見て、幻想がどんどん膨《ふく》らんでいった。気づけば国全体が先を争うように買い置きに走っているし、その行動には空っぽになった棚というれっきとした裏づけがあった。こうして私は集合的幻想を実行に移したのだった。

社会学には、集合的幻想にとらわれた人間の行動をうまくとらえた、「トマスの公理」と呼ばれる主要原理がある。1928年に社会学者のウィリアム・アイザック・トマスが妻のドロシーとともに展開したもので、「〔人々が〕状況を現実だと定義づければ、それは結果において現実となる」としている[21]。言い換えるなら、世界的大流行《パンデミック》でトイレットペーパー不足になると私もあなたも信じ込めば、その確信の結果は間違いなく現実だということだ。その確信が現実に基づいていようといまいと関係なく。

規模の大小はあっても、誰もが日々の生活のなかで同調バイアスから集合的幻想に加担している。しかし、自分を含めた全員がまったく同じルールに従っているとは気づいていない。まわりの人々についていきたい衝動は非常に強いため、注意していないと自分自身の判断を放棄するはめになる。そして、エルム・ホローの住人のように集団ごと誤解の沼にはまってしまうのだ。

ソーシャルメディア時代の黎明《れいめい》期、フェイスブック（現メタ）のCEO、マーク・ザッカーバーグは、新技術が多元的共存と自由な言論の時代を切り拓くと説いた。2019年10月のスピーチでは、「初期の経験から、全員に発言の機会を与えることが力なき人々をエンパワーし、社会をよりよいものに変えていくことにつながるという信条を持つようになった」と述べている[22]。その理屈でいくと、発言の機会を持つ人は増えたのだから集合的幻想はいまごろ根絶されているはずだ。しかし、言うまでもなく根絶などされていない。ギリシア神話のプロメテウスが神々の火を盗んで以来、あらゆる新技術は意図せざる結果をかならずともなう。

こんにち、集合的幻想はグローバル規模で勢いを増しているが、フェイスブックやツイッターなどの素晴らしきプラットフォームもその一因になっている。エルム・ホローのソルト夫人の時代には不可能だった幻想を、現代のスマートフォン所有者なら条件さえそろえば誰でもつくり出せる。当時の住民たちは古い宗教的伝統と地域の歴史にとらわれて誤解を抱いていた。対照的に現代では、少数派がありもしない多数派を装うこともでき、コンセンサスの認識がソーシャルメディアによって容易に変化するようになっている。

10万人のソルト夫人がツイッターを使いはじめたらどうなるか、想像してみてほしい。人々は自分の判断に自信を失い、自分が多数派から外れていると感じるようになる。声の大きい少数派は意見しにくい空気をつくり、集合的幻想を増強して人々を共犯者にしてしまう。

この種の集合的幻想により、いまの社会はどこかおかしいという不安感を誰もが抱くようになりつつある。過去数年のあいだ、なんとなくだまされているような感覚が常につきまとっている人は多いだろう。悪夢に閉じ込められ、常識が反転し、正義が悪に取って代わられたかのような感覚。社会の価値観が一夜にして変わってしまったかのような状況。そこでは道しるべが失われ、いら立ちと不満が募り、他者への不信感が芽生える。自分がおかしいのか、世間のほうがおかしいのか、その両方なのか？　凝り固まった疑念は信頼を損なわせ、個人の幸福と国家の繁栄を揺るがしているにもかかわらず。

いま、世界中の国々で民主主義が試練のときを迎えている。それは法律やテクノロジーでは解決できない社会問題のせいでもあるが、本当のところ集合的幻想が最も深刻なダメージをもたらしている。自由社会が機能し、繁栄していくためには、共有された現実、共通の価値観、さまざまな視点を受け入れる意思がなくてはならないからだ。

いま起きていることの責任は、私たち全員にある。これは悪いニュースに聞こえるだろうが、いいニュースでもある。なぜなら、私たち1人ひとりが力を合わせれば、この問題を解決できるからだ。もっといいニュースも教えよう。集合的幻想はたしかに強力だが、その根っこは偽りなので脆《もろ》くもあり、個人の行動を通じて弱らせることができるのだ。適した道具と詳しい手引きさえあれば。

その手引きは、いまあなたの手のなかにある。

セネカの教え

紀元1世紀のローマは、堕落《だらく》した利己的な皇帝が何人も現れ、誇り高い共和制の名残は消え去って独裁制の荒《すさ》んだ空気に包まれた。正気とは思えないほど専制的な皇帝たちに抑圧されたローマ市民は、支配者への服従こそが絶対のルールであることを知った。うっかり間違ったことを言えば、平穏な暮らしが奪われる（たいていは命まで取られる）危険が実際にあった。こうして、私的生活は好きなように送ってもいいが、公的には本音を言うなという自己検閲が新たな基本原則になった。そのころのローマ市民には、現代の私たちと似た感覚があったのではないだろうか。

そこに現れたのが、政治家、劇作家、哲学者のルキウス・アンナエウス・セネカ（小セネカ）だった。初代皇帝アウグストゥスの治世であった紀元前4年に生まれたセネカは、ティベリウスの圧政も、クラウディウスの偏執も、カリグラの性的倒錯も、ネロの自己賛美も、すべてすぐ近くで目にした。どの皇帝も「裸の王様」に見えたことだろう。面と向かって批判したりはしなかったが、皇帝の取り巻きが黙認し、加担し、同調した恥ずべき行為に抗《あらが》うような演劇や随筆、演説を著した。

セネカは、私がぜひ夕食をともにしたい歴史上の人物の1人だ。彼への興味は尽きない。それは1つには、セネカが矛盾の塊《かたまり》だったからだ。教養があって人々に禁欲的生活を説きながら、ローマで指折りの資産家だった。宮殿での策略もためらわない賢者であり、同僚の野放図な暮らしぶりを非難したエリート主義者であり、人間の情熱を読み解いた（みずから抱きもした）功利主義者でもあった。

セネカはストア哲学についての著作が最もよく知られている。ストア哲学は、ひたすら苦難に耐えて感情の起伏を抑えることにこだわる教えだと思われがちだ（派生語の〝ストイック〟はもっぱら、つらい状況でも浮つかない人に使われる）。しかし、セネカ的なストア哲学はもっと豊かで深みがあり、はるかに実用的である。

ストア派の1人として、セネカも苦痛の解決策は外界ではなく個人の内面にあると考えた。満足のいく人生を送りたいなら、感情を抑えるよりも、感情に対する個人的責任を認めるべきだという（そのための訓練を彼は〝自己形成〟と呼んだ）[23]。人間には自覚している以上の個人的能力と自律性が備わっているという教えも重要だ。

また、恐怖や憤り、嫉妬、肉欲のような刹那《せつな》的感情に流されるのは自己破壊的だとセネカは説いた。彼が仕えた衝動的な皇帝たちが次々に身を滅ぼしているので、この洞察には説得力がある[24]。どのような状況でも激しい感情を制御できるよう、セネカは実践的な知識のまとめとシンプルな行動のヒントを弟子に伝えた。感情に振りまわされなくなるための秘訣《ひけつ》だ。

たとえば、セネカによれば、お金が減るのを恐れている人はためしに持ち物を譲ってみて、それがなくてもまったく問題なく暮らせるのを実感するとよいという。自己補正のための優しいヒントもある。怒りや恐怖のような負の感情を制御できなかったときには、自己嫌悪になるよりもベッドに寝転がり、感情に流された瞬間を振り返ってみることをセネカは勧める。そして、これでもう一度同じ状況になっても理性を保てるはずと納得し、自分を許してあげようと[25]。

セネカの教えは、2000年近くたった現代でも通用する。じつを言えば、同調と集合的幻想についてては彼のアプローチで考えてほしいのだ。セネカの言う「感情」を「社会的影響」と読み替えても意味が通る。社会性は感情と同じく人間に組み込まれた要素であり、自分の考えなしに追従すれば危険で有害なものになる。しかし、セネカが感情を手なずけた方法で、現代の私たちは社会的影響に対処することができる。

社会性が人間生来のものだとしても、社会的本能から来る反応は自分で制御可能だ。適切な知識とスキルを身につければ、異端者になるか追従者になるかの二択にとらわれずにすむ。人間がなぜ・どのように同調するのか、同調がいかに集合的幻想に直結するのか、どうすれば社会的影響に流されることなく自分を律することができるのかを正しく理解するための必須ツールを本書で提供したい。

そのために本書は3つの部分で構成されている。

「穴の第一法則」を知っているだろうか。イギリスの元財務大臣デニス・ヒーリーの言葉として有名で、「穴のなかにいるなら掘るのをやめろ」というものだ。現代社会は大きな穴にはいってしまっている。その穴ができた原因は、社会全体がお互いに抱いている誤解だ。第1部「同調世界の闇」では、分別なき同調という穴、つまりほとんどの人が自分で考えるのをやめて集団の集合的幻想に服従する状況に転がり込む仕組みを明らかにする。3種類の罠があり、それらにかかると自分の好みや価値観にそぐわず他者にも害をおよぼすような誤った決断をしやすくなる。罠に気づく方法を学びシンプルな解決策をいくつか実践すれば、社会的影響による最悪の結果を逃れられるようになる。

しかしそれでも、集合的幻想はいたるところに存在しつづける。第2部「社会に潜む罠」では、そもそもなぜ生物として人間の脳は集合的幻想にとらわれるのかを見る。本当の意味で集合的幻想に対処するには、それがどのように形成され、人々がどのように加担するのかを理解しなければならない。具体的には、人間の社会性を構成する模倣と比較という要素のせいで、私たちは時代後れの規範に従い、ソルト夫人のような声の大きい少数派を多数派と誤認してしまう。この部を読み終えるころには、より大規模な集合的幻想に立ち向かうための知識が身についているはずだ。

ここまでは個人的生活で使うべき情報だが、第3部「パワーを取り戻す」ではより広い視野に立って社会全体への影響を扱う。社会的影響を和《やわ》らげて集合的幻想をこの世界から永久になくすため、1人ひとりに何ができるか。個人的調和の回復と社会的信頼の修復という2種類の貢献法を提示する。それが実践されれば、集合的幻想を根絶するための文化的ワクチンが生まれるだろう。

私たちは困難な時代に生きている。集団に所属するには歩調を合わせ、声を押し殺し、信念を曲げなければならないという重圧がある。しかし、人の言いなりになって同調すれば、幸福は失われ、個人と集団の潜在能力は埋もれたままになり、誰のためにもならない。本書を読めば、幻想につながる「同調の罠」を避けることができる。よりよい意思決定が可能になり、よりよい人間関係が築ける。そして、自分の考えに逆らわない、より有意義な生き方もできるようになる。深い充実感があり、他者の人生も豊かにする生き方だ。

第1部

同調世界の闇

同調し、他人に合わせるために自分もやりはじめると、こまやかな神経にも精神のはたらきにも無気力の影が差す。外面だけは立派だが、内面は空虚になる。

――ヴァージニア・ウルフ

第1章　裸の王様たち――「物まね」の連鎖が起きる理由

自分を信じて。自分のために考えて。自分のために行動して。自分のために話して。自分らしくあろう。

――マーヴァ・コリンズ

2009年、ティム・マッケイブは鬱血《うっけつ》性心不全の徴候が出て地元の病院に行った。診察の結果、心臓と肺のまわりで血液が溜まりつつあり、命の危険があることがわかった。5年前に妻のクリスティーナから腎臓を移植してつないだ命だった[1]。それがいまになって突然、拒絶反応を示し、心臓が異常をきたしたのだ。日常的に透析を受けながら、新たなドナーが現れるのを待つことになった。

いい知らせを祈る長い日々が始まった。

ティムは背が高く、短く刈った茶色の髪、ライトブルーの鋭い目、割れた顎《あご》をしていた。混じりけのない強いニューヨーク訛《なま》りがあった。透析生活が続いていた2010年代なかば、人の気も知らないセールスの電話がかかってきたときには、怒鳴りつけて電話を切ったという。

「バハマ旅行が当たりました！」──思わず笑ってしまうぐらい皮肉な〝朗報〟だった。

体調を崩すまえなら、外出するのが楽しみだった。上の息子に野球やアメリカンフットボール、バスケットボールをよく教えていた。「仕事から帰るとすぐに2人で外に出ました。毎日、日が沈むまでずっと」。しかし、下の息子には同じことをしてやれない。「その元気がないんです」とティムはアトランティック誌に語っている。「こんな思いをさせたくないのに。ときどき、嫌になります」。透析が始まってから、生活の質は「ぼろぼろ」だった。できることが少なくなり、ちょっと体を動かしただけでも疲れるようになっていた。

来る日も来る日も電話のかたわらで待ち、「来てください、ようやく移植できますよ」という連絡が入るのを願いつづけた。「電話が鳴るたび、今度こそ朗報が届いたんじゃないかって。毎回期待だけさせられて、気が滅入ります」[2]

ティムのように腎臓を待ち望んでいる患者は、アメリカで年間10万人にのぼる。それに対し、ドナーの数は2万1000人あまり[3]。腎臓移植を希望する患者の4人に1人は1年以内に亡くなっている[4]。臓器移植全般では、状況はさらに悪い。平均して1日17人の移植希望者が亡くなり、9分ごとに待機者リストが1人ずつ増えているのだ[5]。

これは古典的な需要と供給の問題に思えるかもしれない。しかし実際には、提供された腎臓の5個に1個は移植されずに廃棄されてしまっている[6]。

なぜそんなことが起こるのか？　原因は、待機者リストの仕組みと、他者の選択についての推測にある。アメリカでは、腎臓が提供されると適合性の評価をおこない、適合しそうな待機者のなかからリストへの登録順に従って連絡する仕組みになっている。最初の１人が断ると次の人に選択権が移るわけだが、その人はわずかな情報とわずかな時間のなかで承諾か拒否かを決めなければならない。その腎臓は、すでに一度断られている腎臓だ。長いこと売りに出されている中古住宅に買い手がつきにくいのと同じく、腎臓が待機者リストのなかで長くリレーされていると、品質に疑問を持たれるようになる。リストの20番目で待機しているところにまわってきたら、前の19人が正当な理由からその腎臓を拒否したと誰しも推測するだろう。このように繰り返し拒否されているという理由だけで、ドナーから提供された健康な腎臓の10パーセント以上が廃棄されている[7]。

待ちわびていた治療の機会を手放した人々が陥った状態を、私は「模倣の罠」と呼んでいる。自分より前の待機者は正当な理由からこの腎臓を拒否したのだろう、ならば自分も手を出さないほうがいい――情報が少ないなかで、そう早合点してしまうのだ。拒否の本当の理由は、移動手段の問題や適合度への不安があるなど、腎臓そのものとは関係ないとも知らずに[8]。

この種の罠には、誰もが気づかないうちにとらわれている。たとえば、申し分ないように見える売り家が何度も契約を見合わせられていると聞くと、自分にはわからない何かがあるにちがいないと考えるものだ。屋根裏部屋に幽霊が出るのではないか、地下室が水漏《も》れするのではないか、重大な欠陥がそのままになっているのではないか、というふうに。また、公衆トイレの手洗い場の列に並んでいるとき、シンクの1つを誰も使っていなかったら、配管に異状があるのだろうと「前にならえ」で推測する。さらに、あなたが失業して無職状態が長くなればなるほど、採用担当者は「なぜよその会社は雇わなかったのだろう。問題のある人なのかもしれない」と疑うので、再就職の見込みは低くなる。

確実な情報が十分にあると思えない、あるいは自分の判断に自信がないせいで他者に従うとき、模倣の罠が牙《きば》を剝《む》く。人間の脳は目に見えているものの確証を得ようと無意識にはたらくため、自分よりも知識がありそうな人を手がかりにする。不確かさを覚えているときには特にその傾向が強い。個人としての認識と知識が正しいと100パーセント確信することはないので、他者の行動をたびたび模倣してその隙間を埋めるのだ。

人間が模倣の罠にかかりやすい理由は2つある。1つ目は、世界を正確にとらえたいという生来の欲求があること。小さな赤ん坊のころから、「コンロは熱いのかな?」と疑問が湧《わ》き、自分では確かめられないとなれば、近くにいる大人を見て確証を得ようとする。この種の社会的学習は、なんでも身に染みて覚える必要がなくなるため、すべての年齢において非常に有益だ。2つ目の理由は、社会的な恥に対する強い恐怖心があり、発言するのも気が引けてしまうこと。王様は裸だと口にしたい衝動が引っ込むのも、これのせいだ。この2つの要因が合わさると、不確かさのあまり個人の知識を抑えつけ、目に見える「みんな」の行動を優先しがちな状況ができあがる[9]。

群れに合わせて動くガンやイワシのように、人間の感情と行動を通じた他者との結びつきが、同調の衝動に抗うことを難しくしている。ある人の専門性や影響力、名声が自分よりも高いと感じるときにはなおさら困難で、いわば洪水に1個の土嚢《どのう》で立ち向かうようなものだ。模倣の罠は、あまり目立ちたくないときにとりわけ陥りやすい、集合的幻想につながる第一の難所である。

恥への恐怖は罰金より効果的

自分が1人で待合室にいて、アンケート用紙に記入しているところを想像してほしい。しばらくすると、何かが燃えているようなにおいが漂ってきた。あたりを見まわすと、壁の通気口から灰色の煙がもくもくと出ている。あなたは近くに寄って確かめてから、荷物を持って廊下に飛び出し、急いで受付に知らせにいく。普通の人なら、そうするだろう。

今度は、同じ待合室で何人かと一緒にアンケートに答えているとしよう。あなたはにおいを感じて通気口の煙を見つけるが、ほかの人たちはあまり気にしている様子がない。顔の前で煙を振り払っている人はいるものの、せいぜいハエを追い払うような態度で、異状というほどのものは感じていないようだ。

4分後には煙で目が痛くなってくる。息がしづらくなり、咳《せき》も出はじめる。とうとう隣の人に話しかけ、煙が流れてこないのか尋ねるが、その人は肩をすくめただけでアンケートに戻ってしまう。「どうなってるんだ？　自分がおかしいのか？」とあなたは思うことだろう。

まさにこの実験が、1960年代に社会心理学者のジョン・ダーリーとビブ・ラタネによっておこなわれた。被験者になったのは、コロンビア大学の学生。1番目（単独）の条件下では、75パーセントが席を立って問題を知らせにいった。一方、2番目（集団）の条件下での被験者は1人だけで、それ以外の人はあらかじめ煙に反応しないよう指示されていた調査協力者だった。その場合は、立ち上がって知らせにいった学生は38パーセントにとどまった[10]。なぜだろうか？

単純な答えとして、恥をかく不安からまわりに同調する傾向があげられる。役立たず扱いされバカにされるかもしれないと考えると、ストレスレベルが上昇し、それにより恐怖を司《つかさど》る脳の部位が活発化する[11]。混乱して自信がなくなり、ストレスから解放されるために周囲の人間に従うことになる。多数派の意見に屈することには、判断についての個人的責任をうやむやにし、過ちを受け止めやすくする効果もある。ある判断をしているのが自分だけだとわかると、孤立したように感じるうえ、個人的責任に尻込みしがちだ。他者と同じ行動をとるほうが気持ちは軽くなる。自分の行動が正しくても誤っていても、である。

1990年代後半には、コロンビアの首都ボゴタで、社会的羞恥《しゅうち》への恐怖を公共の利益のために役立てる取り組みがおこなわれた。主導したのは市長で元数学教授のアンタナス・モックスだった。モックスが市長に就任したころのボゴタは、交通事故による死亡率が国内最悪レベルで、犠牲者数は1991~1995年にかけて22パーセント上昇していた[12]。歩行者による無理な道路横断の問題が大きく、1996~2000年にはコロンビア都市部における交通事故死の半数以上を歩行者が占めた[13]。モックスは市内の交通環境を「無秩序で危険だ」と感じた。交通警察の腐敗もその状況に拍車を掛けており、思い切った改革が必要だった。そこで、まずは悪徳警官を一掃。次いで彼らの代わりに街に送り込んだのは、パントマイム役者の一団だった。

格好は色鮮やかなぶかぶかのズボンに蝶《ちょう》ネクタイ。総勢20人で、いずれもプロのパントマイム役者だった。彼らは道路横断ルールを守った歩行者を身振り手振りで褒《ほ》めたたえ、守らなかった歩行者を笑いものにした[14]。また、混んでいる交差点のまわりをうろつき、バンパーが横断歩道にかかっている車を見かけると、運転手を嘲《あざけ》った。オートバイのライダーには、大げさなジェスチャーと白塗《ぬ》りにした顔の表情を交えながら、ヘルメットをかぶり車線からはみ出さないように注意した[15]。パントマイム役者たちは交通違反を公開ショーのネタにすることで、悪目立ちを避けたい人間の本能に働きかける。公の場での居心地の悪さは、人目に触れずに払う罰金よりも影響力があるのではないか、というのがモックスの考えだった[16]。それは正しかった。

嘲りのスポットライトを浴びるか自分も観衆に入るかの二択を迫られたボゴタ市民は、大多数が後者を選んだ。ほどなくして、元交通警察の一部を「交通役者」として再訓練するプログラムが開始され、400人のパントマイム役者が生まれる大盛況となった。「言葉もなく銃もなく、二重の意味で丸腰」とモックスが表現した彼らの武器は、社会的影響を利用して人々の危険な行動を変える能力にあった[17]。パントマイム作戦はほかの交通安全対策との同時上演を経て、本当の奇跡を起こすことになる。ボゴタの交通事故死は、10年で50パーセント以上減ったのだ[18]。

このように、個人の知識よりも社会の情報のほうが正しい場合には、模倣の罠にはまるのも悪くない。しかし残念ながら、そのようなケースは少ない。集団の行動を読みまちがうことは、嫌になるほど簡単だからだ。

「物まねゲーム」の悲劇

2010年8月のある暑い日の午後、イギリス人パイロットと客室乗務員を含む20人を乗せた小型のターボプロップ双発旅客機が、コンゴ民主共和国の首都キンシャサの青い空に飛び立った。折り返しのルートを飛行し、約260キロ離れたバンドゥンドゥに向かう。途中の飛行場に何か所か寄ってから、最終目的地のバンドゥンドゥ空港の近くまで来たところで、客室乗務員が物音に気づいた。客室の後方で、かさかさと何かが動いている。近くに行ってみると、そこにいたのは生きたクロコダイルだった。まるで笑っているような顔でこちらを見上げている。

おびえた客室乗務員は、パイロットに知らせようとしたのか、コクピットに駆け込んだ。その様子を見ていた1人の乗客は、ただごとではないと感じて席を立ち、乗務員を追った。ほかの乗客たちも同じ行動をとり、次々と前方に集まった結果、機体のバランスが崩れた。パイロットの努力もむなしく、旅客機はとうとう空港から数キロの家屋に頭から突っ込んだ。この墜落事故で生き残ったのは、事故後に証言した1人の乗客（そして当のクロコダイル）だけだった[19]。

悲劇にはちがいないが、どこかコメディ映画のようにも聞こえる話だ。乗客たちを突発的な「物まねゲーム」に駆りたてたものは、いったいなんだったのか。その答えは、共通の行動は次から次に起こりやすいことと関係している。客室乗務員はクロコダイルにおびえてコクピットに走った。それに最初に気づいた乗客は、おびえるようなことが機体の後方で起こったと自然に推測して追いかけた。では、それ以外の乗客は？　彼らは全員、前の人の行動をまねしたにすぎない。何が問題なのかわかっていなかったため、客室乗務員のあとを1人また1人と追いかけていくのを見て、残りの乗客は自分も同じことをしなければと感じた。これほど大勢の人が間違った行動をとるわけがないという思い込みから、あわてて個人の判断を捨てて集団の権威に従ったのだ。

他者をモデルにして自分の行動を決めることは、死活問題にもなり得る。時間が切迫しており、不確かさや不明瞭さがある状況ならなおさらだ。そして、欠けている情報は社会的な手がかりで埋めるとうまくいくことが圧倒的に多い。たとえば、映画〈ジョーズ〉の舞台になったケープコッドで水遊びをしているときに周囲の人が急いで岸に上がりはじめたら、近くにホホジロザメがいると考えて自分も浜辺に向かうのが得策だろう。このように、自分のなかに根拠があり、脳が無理なく処理できるなら、その推測はいたって論理的だ。

実際、大衆が正しく行動できるときもある。〈フー・ウォンツ・トゥ・ビー・ア・ミリオネア〉は、挑戦者が四択問題に正解するたびに賞金が増え、全問正解すると100万ドルを獲得できる長寿クイズ番組だ。回答に困ったときのお助けシステムの1つに、「アスク・ザ・オーディエンス」がある。これは、スタジオの観客が正しいと思う選択肢にライブ投票するもので（いまは手元の装置を使うが、メッセージングソフトで自宅から投票できた時期もあった）、その正答率は91パーセントにのぼる[20]。ここでは大衆が文句なしに賢いと言える。

残念ながら、現実の生活ではそううまくいかない。大衆の英知を働かせるには、1人ひとりが個人として判断する必要があるからだ。互いの選択がわかり、他者のまねをするだけになったら、英知はたちまち愚かさに変わってしまう。

自分の判断を疑い、他者への同調を選べば、もはや個人ではなく群れの一員になってしまう。この過ちの種は、気づかないうちに物まねの連鎖として芽吹き、ほかの知識をすべて覆い隠して集合的幻想をあとに残していく。

物まねの連鎖が始まるのは恐ろしいほど簡単だ。経済学者のアビジット・バナジーが開発したモデルによれば、連鎖反応の先頭にいる人物はかならず自分の知識に従っている。2番目の人物も同じく自分の知識に従っているが、3番目の人物は前の人の行動をただまねしている場合が多いという。前の2人が同じ行動をとったときは、とりわけその傾向にある[21]。前の人々の行動を見てから、その行動をまねして自分の判断を放棄することは、個人として理に適《かな》っているとバナジーは指摘する。なぜなら、自分の知識に100パーセントの確信がないからだ。この腎臓は健康だという「知識」が移植希望者にないのと同じ。裏づけになりそうな情報が自分のなかにあっても、社会から得られた情報と天秤《てんびん》に掛けてみる。それで何十人もの人が同一の行動をとっているのがわかれば、自分にない情報を彼らが持っていると短絡的に考えたくなるものだ。

しかし、一度始まった物まねの連鎖は危険で、非生産的でもある。連鎖がまたたく間に起こり、移植されるべき腎臓の廃棄のような大規模な過ちにつながることも少なくない。

この罠にはまらない人はいない。どれほど賢明な人でも、無縁ではいられないのだ。

群れの狂気

スコットランド人ジャーナリストのチャールズ・マッケイが1841年に出版した『狂気とバブル――なぜ人は集団になると愚行に走るのか』では、まさに物まねの連鎖が扱われている。「人間は群れで考える」ものであり、「狂気には群れごと走るが、正気にはゆっくりと1人ずつ戻るしかない」とマッケイは主張する[22]。その例にあげられるのが、有名な「チューリップ・バブル」だ。1634年にオランダの上流階級のあいだで、珍しいチューリップの球根をコレクションすることが絶対視されるようになった。本質的には価値はまったくないのに、この花の「所有熱はまたたく間に、財産の多くない社会の中流階級や商人、商店主をもとらえた」という[23]。近年の研究によれば、バブルが最高潮に達した1635年には「球根の平均価格は同じ重さの金《きん》を上まわり、珍種の球根になると1個だけで現在の5万ドル以上の値段で飛ぶように取引された」[24]。

やがて価格が伸び悩み、下落しはじめると「信頼は失われ、売り手も買い手も皆一様にパニックを起こした」とマッケイは書いている。チューリップは大きな熱狂を呼んだが、そのあとにはさらに大きな不況が待っていた。政府は一時的心神喪失がはびこっていたことを認め、「今回の狂乱の渦中に結ばれた全契約は無効とされるべきである」と宣言したのだった[25]。

ところが、今度はマッケイ自身が同じ罠にはまることになる。

彼の著書が出た数年後のこと、イギリスの新たな鉄道網の株式に投資家が群がりはじめた。安定した企業の配当利まわりが約4パーセントだった時代に、この株式は10パーセントの利まわりを見込まれていた。チャールズ・ダーウィン、ジョン・スチュアート・ミル、ブロンテ姉妹など、当時を代表する知識人もそこに加わった。マッケイも加勢し、その鉄道網は総延長16万キロをはるかに超えると断言した。鉄道建設に雇われた男性は、最多だった1847年にはイギリス軍の約2倍に達した。

これは投機が過熱している兆候だと気づくのに十分な情報があったが、マッケイは熱狂に身を任せてしまう。鉄道株を推す新聞記事を何本も書き、株価が下がりはじめてもなお読者に請け合いつづけた。科学技術、自由市場、経済発展の熱烈な支持者であるマッケイが、彼の言う

「鉄道網の飛躍的拡大が実現し、国家と投資家の両方に利益をもたらす」という幻想を核とした投機熱に浮かされたのは必然だったのかもしれない[26]。

ところが、コストがかさんだこともあり、最終的な利まわりは10パーセントどころか平均2・8パーセントにとどまった。国会が敷設を承認した総延長も1万3000キロにすぎなかったことも明らかになった。その結果、鉄道株に投資した何千もの人が莫大な損失をこうむった[27]。

この投機熱が冷めて3年がたった1849年、マッケイは著書を大幅に改訂した。しかし、自分が火に油を注いだことには言及しなかった。当時のイギリス人の例に漏れず、数年前のこととはいえ、みずからの節穴ぶりと流されやすさを認めたくなかったのだろう。

どこかで似た話を聞いたことがあると感じたなら、それは金融市場の激変の大元にはかならずと言っていいほどこの種の連鎖反応があるからだ。市場の非合理的な活況（1990年代後半のドットコムバブル）から崩壊（2008年ごろのサブプライム住宅ローン危機）まで、その多くはバブルが弾けて終わる。しかし、なかにはずっと長く残りつづけて新常態を生み出し、よりいっそう破壊的な状況に人々を誘い込むものもある。

たとえばペットボトルの水。1日に200ミリリットルのコップ8杯分の水を飲むと健康にいいと言われるが、それはよしとしよう。ここで問題にしたいのは、魅入られたかのようにペットボトル飲料水を迷わず手に取る傾向が近年高まっていることだ。そこには、濾過《ろか》された水道水よりも安全で衛生的という考えがある。

ペットボトル飲料水への熱狂は、アメリカで1994年に始まった。この年、環境保護庁が飲用の井戸水に関して注意喚起したことがきっかけになった。井戸のポンプから大量の鉛《なまり》が検出される事態が続出したため、ステンレス製のポンプに取り替えるまではボトル入りの水を飲むよう井戸所有者に促す内容だった[28]。

ところが、しばらくすると、ペットボトル飲料水は濾過した水道水一般よりも安全だという考えが世間に広まった。そこに炭酸飲料やボトルウォーターのメーカーは大きな商機を見出し、新ブランドや4月の木々の葉っぱといった新フレーバーを投入して、タダ同然のもの（空から降るのだから）を消費者に売り出しはじめた。いまやペットボトル飲料水ブランドの世界トップ2社の時価総額は、どちらも10億ドルを超える。井戸水の一時的な代替策だったものが、2026年には4000億ドルに達すると予測される巨大な急成長市場になったのだ[29]。

だが、本当にペットボトルの水はより安全で衛生的なのだろうか？　たしかに、2015年に水道水汚染が発覚したミシガン州フリントの住民なら、そう断言できるだろう。しかし、そういった例外を除けば、水道水でなんの問題もない。アメリカでは、濾過された水道水の99パーセントは飲用に適している。それどころか、多くの人がペットボトルから飲んでいるのは、まさに水道水なのだ[30]。ペットボトル飲料水の半分以上は処理した水道水と大差なく、業界の2大ブランドであるアクアフィーナ（ペプシコ社）とダサニ（コカ・コーラ社）はデトロイトの水道水を浄水してボトル詰めしたものを売って巨額の利益をあげている[31]。ボトル入りの水を買うことは、この壮大な詐欺に手を貸すことにほかならない。

それでも消費者は懲《こ》りていないようだ。2019年のアメリカにおけるペットボトル飲料水消費量は約2000億リットルで、炭酸飲料の合計を上まわった[32]。古いガソリンスタンドやスーパーで一般的に売られている1ガロン（約3・8リットル）ボトル入りの水の価格（ペットボトル1本あたり平均1・5ドル）は、水道代の2000倍にもなる[33]。それすら最低レベルの価格帯だ。最高級品になると、雲を頂いた日本の神聖な山々の火山岩で濾過されたとか天使の涙を選《よ》りすぐったなどと言われ、コップ約3杯分で5ドル前後からの値段がつけられる。カナダのアクアデコは12ドル。ハワイの爽やかなコナ・ニガリで贅沢《ぜいたく》したいなら、402ドル。本当の通だったら、24カラットの純金ボトルから飲むアクア・ディ・クリスタロ・トリビュート・ア・モディリアニに6万ドル出すのも惜しまないだろう[34]。

ボトル入り飲料水現象は、現代のチューリップ・バブルだ。詐欺同様の根強い商売に何千億ドルが消費されることは置いておくとしても、大量のプラスチック生産にともなう地球環境への影響はとてつもなく大きい。ボトル入りの水をコップ1杯分つくるのに必要なエネルギーは、同量の水道水の2000倍にのぼる。アメリカだけでも、飲料水用ペットボトル全体の70パーセントがゴミとなって土壌を汚染し、水路をふさぐ原因になっている[35]。海に流れ出たプラスチックは、カリフォルニアとハワイのあいだの海面にテキサス州の2倍の大きさの渦を巻いているという[36]。

ボトル入りの水をめぐる熱狂などに見られる幻想の連鎖は、人間に染みついている他者との感情的つながりに乗じて発生するのでガムのように粘着質だ。そのため、罠にかかるときは意外なほどあっけないが、一度とらわれると引き剝《は》がそうとしても非常に難しい。

「サクラ」は伝染する

1990年代なかば、社会学者のニコラス・クリスタキスがシカゴ大学のホスピス医師として働いていたときのこと、ある認知症患者が亡くなりかけていた。患者の娘は長年の介護でくたくたに疲れ果て、その夫も、身も心もすり減らした妻のサポートで疲れきっていた。夫の友人までが、そんな友達のことを心配してクリスタキスに電話をかけてきたことがあった。1人の患者の病気への心理的負担が、夕暮れに忍び寄る暗闇のように広がっていた。

気持ちが伝染する広がり方を見て、クリスタキスは探究心をそそられた。ちょうど、人は心が傷つくと死ぬこともあるというテーマで調査をしているところだった。愛する人に死なれた人は1年以内の死亡率が2倍になるという「未亡人効果」説は、昔から言われている。クリスタキスはその説をさらに深く掘り下げ、人の感情と行動はクラスター化し、メンバー同士で似た振る舞いをする集団ができることを確かめた。まさに類は友を呼ぶのだ。

現在までに、この社会的影響が無意識下ではたらく仕組みが、複数の研究で明らかになっている。たとえばクリスタキスは、肥満者が属するクラスターでは57パーセントの確率でほかのメンバーも同じように肥満になることを示した。逆もまた真であり、肥満でない人々のクラスターでは、痩《や》せたままでいる確率が平均以上になる。投票や喫煙、飲酒、離婚、利他的行動もクラスター内で広がるという[37]。つまり、私たちの行動とライフスタイル選択は情報や理性と無関係のところで、模倣の波にたやすく呑《の》まれてしまうということだ[38]。

その波が寄せて返すときには、誰かに操作され増幅された集合的幻想の海に引きずり込まれることもある。

この現象の面白い例が、芝居のサクラだ。古典学者のメアリー・フランシス・ジャイルズによれば、ネロ（セネカを自殺に追い込んだローマ皇帝）はやたらと歌を歌い、竪琴《たてごと》を奏で、世界一の役者を気取る不安定な人物だった。繊細な自尊心を満たすために歌の大会にたびたび出場し、毎度優勝した——なにしろ皇帝だったから。自分の出番のときには、引き連れてきた一団に場の喝采《かっさい》を先導させ、本当に優れた歌い手であるかのような雰囲気をつくらせたという[39]。

16世紀フランスの劇作家ジャン・ドラは、このアイデアに目をつけ、入場券をタダにするから上演中に喝采してくれるよう友人たちに頼んだ。このサクラをドラは「クラクール（喝采役）」と呼び、彼らの拍手が客席全体に伝染することが示されると、方々でこぞって使われるようになった。俳優の卵の収入源になったほどで、上演のたびに劇場やオペラの支配人がクラクールを雇った。得意分野が分かれており、「プルルール（泣き役）」は泣くふりをし、「リウール（笑い役）」はタイミングよく陽気に笑い、「ビスール（アンコール役）」はひたすら拍手した。最前列で気絶したふりをする女の役と、駆けつけて手助けする男の役が雇われることもあった。役者の採用担当にとっては、オーディションに近いものでもあった[40]。

サクラの価値は模倣誘発力にあり、人間の関わり合い方における重要なポイントをサクラ自身が理解していた。あくびや笑いが移るにしろ、芝居での拍手が伝染するにしろ、他者をまねる傾向は人間同士の深い結びつきから生まれる。そして、互いに結びついているから人間は連鎖反応を起こすのだ。

誰に投票するか、何に投資するか、何を着るか、どこで食事するか、どこの学校に行くかなど、連鎖反応はあらゆる種類の判断に影響する。また、他者をまねる傾向に潜む根本的問題が、この連鎖反応から見えてくる。個人としては理性と自分の利益に基づいて行動しているつもりでも、実際には模倣の罠にはまっている場合があるのだ。

このような連鎖反応は、何かのブームのように比較的無害なときもあれば、ペットボトルの水や腎臓の待機者リストのように実害や命に関わる影響が出るときもある。腎臓移植のケースでは、19人も拒否しているのは腎臓に問題がある何よりの証拠だと思っても、断言できるのはリストの先頭の待機者が独自の判断をしたということだけだ。1人目が拒否したのは、その日に限って移動手段がなかったという単純な理由からだったかもしれない。その情報を持たない2人目は腎臓の問題だと考え、残りの待機者はただ前にならっただけだったかもしれない[41]。この幻想は結果的に、自分の選択だけでなくほかの全員の判断にも影響するのだ。

残念なことに、誰もが連鎖反応の一方的な被害者というわけではない。「物まねゲーム」をした人、とりわけ最初にまねした人は無意識にこの幻想を生み出し、踏み固めているのだから。

名声バイアスの魔法

私が博士課程の学生だったころ、夏に院生仲間の家で開かれたワイン&チーズ・パーティに招待されたことがあった。個人的に大好きなグレープフルーツのような香りのマールボロ産ソーヴィニヨン・ブランを持ち、着飾って出かけた。会場に着くと、噴水の音をBGMにしてウィステリアワインの華やかな香りが庭を漂っていた。誰もが会話を楽しみ、きれいに並べられたワインとチーズを礼儀正しく試食、試飲していたところに、聞き覚えのある声が響いた。「はいはい、みなさん！　ぼくが来ましたよ！」

「うわっ」と私は思った。「あいつか」

鼻持ちならないアンブローズだった。最後に「3世」が付くたいそうな名前で、その振る舞いはアイビーリーグの学生への偏見を体現したようだった。金持ちで教養があるのはいいが、そのことを自覚し、まわりに知らしめることに余念がなかった。その日はネイビーブルーのオーダーメード・スーツ、ピシッとした白のポケットチーフ、いつものボウタイという格好だった。

彼はワイングラスをカクテルフォークで叩いて注目を促してから、はきはきと話しはじめた。「どうも、みなさん！　ちょっと手を止めて、まずこちらを味わってみてくれ！　うちの一家の友人がソノマでやっているブドウ園から取り寄せた、貴重なビンテージだ。どうぞグラスを新しいのに取り替えて」[42]

私たちが新しいグラスに取り替えたのを確かめてから、アンブローズは持参したレッドルビーのワインを少量ずつ注いでまわった。「まだ飲まないで」と彼は指示した。「グラスのなかでまわして、ワインの跡を見て。その次は嗅《か》いで」

私は慇懃《いんぎん》に従った。

「いよいよ一口含んで、口のなかでまわして、最後に飲み込んで」

「うーん」誰かが声を漏らし、アンブローズの目を見て言った。「おいしい！」

私も一口飲んでからまわりを見た。全員がうなずいて同意している。とても信じられなかった。酢みたいな味がするのに。私の舌がおかしいのか？　風邪を引いて味覚がやられている？　それとも、みんなの好みに追いつけないほど私の舌が子供なのか？

そこに私たちの教授（ここではスミス博士としておく）が到着した。その場の学生は全員、教授の統計学の講義を受けていた。フランスで最も過小評価されているワイン産地はどこかを「重回帰分析」という統計手法を用いて割り出す宿題があった（興味のある方のために言うと、正解はラングドックだった）ので、教授が正真正銘のワイン愛好家だと皆わかっていた。教授にもこのワインの感想を聞いてみたい。

「ああ、スミス博士！　博士もぜひ！」アンブローズは声高に呼ぶと、教授にワインを注いだ。

「ぼくが持ってきた特別なワインです」

教授は一口含んだが、すぐに地面に吐《は》き出して抑揚なく言った。「コルクくさいワインですね」（コルクくさいワインとは、ソムリエ風に言えば2、4、6－トリクロロアニソール、略称TCAという物質に汚染されたワインのことで、体が濡れた犬や汚れたトイレのようなにおいがする[43]）。私は、にやけそうになるのを必死でこらえた。

私以外の学生たちがそのにおいと味を感じなかったか、アンブローズの口車に乗せられたかのどちらかにちがいなかった。しかし、教授が真実を口にするまでは、誰しもアンブローズの言うことが正しいかのように振る舞ったのだ。

人間はしばしば、自分よりも物知りだと思われる人に調子を合わせてしまう。「もうすぐ世界は終わる」という小学6年生の言葉は信じなくとも、医師や科学者から同じことを聞かされれば、より重く受け止めざるを得ないだろう[44]。午後には自宅周辺の雷雨確率が75パーセントになると気象学者のベテラン予報士が言っていたら、レインコートを持って出かけるはずだ。

しかし、アンブローズの件はこれでは説明がつかない。彼は自分がワインの専門家だとは吹聴していなかったからだ。すると、彼がワインについてよく知っているとその場の人々が短絡的に考えたということになる。もしも、金持ちで教養があり、爪《つめ》を完璧に手入れしてボウタイを締めたアンブローズがあなたの集団に颯爽《さっそう》と現れ、メンバーの誰かが彼に関心や敬意を払ったとしたら、あなたもアンブローズを何かの専門家として受け入れる可能性が十分にある[45]。

なぜそんな行動をとるのか？　専門知識は嗅ぎ分けにくいことがわかっている。そこで、専門知識と相関関係にあるものを代わりに利用する。アンブローズの一件では、高級な服と名門校特有のアクセントにだまされたわけだ。学術用語で「名声バイアス」と呼ばれるこの魔法にかかると、財産や肩書き、美貌、服装、持ち物といった、名声のシグナルでしかないものを、（あまり関係ないのに）本当の専門性の証《あかし》と受け取ってしまう[46]。女優のグウィネス・パルトローのようになりたいから、彼女がプロデュースするブランドのグループを好むのも同じ理屈だ。

視覚的な権威のシンボルは、とりわけ効果が大きい。1984年におこなわれた研究がある。若い男性がパーキングメーターに入れる小銭を探しているふりをするかたわら、中年の男性が通行人に声をかけ、彼に10セント硬貨をくれないかと頼む。中年男性の服装は3通りあり、1つ目は「ホームレス」、2つ目は身なりのいい「ビジネスパーソン」、3つ目は制服を着た「消防士」だ。すると、頼みを聞き入れた被験者の割合は、ホームレスの格好で45パーセント、ビジネスパーソンの格好で50パーセント、消防士の格好で82パーセントとなった[47]。

このような見かけの名声と権威への服従は、周囲に流される性質と同じく根が深い。肩書きなどの単純なものでも名声バイアスへの呼び水になる。1966年、研究チームによってこの理論が検証された。看護師のところに「医師」を名乗る人物が電話をかけ、「明らかに過大な量の」未認可薬物を投与するよう指示するという実験だった。驚くことに、95パーセントの看護師が指示に従った。見かけの権威と（裏づけもない）医師の肩書きが持つ絶大な影響力が、よく示されている[48]。

さらに悪いことには、真の専門性を判別するのが苦手なために、ただ自信ありげに見えるという理由だけで相手に従ってしまう事態が起こる。相手の自信に満ちた態度からは、自分が知らないことを知っていそうな印象を受けるものだ[49]。19世紀なかばのニューヨークに、サミュエル・トンプソンという詐欺師がいた。トンプソンはいい身なりをして、知り合いのふりをしてターゲットに近づいた。信頼を得たと見るや、お金や懐中時計を借りたまま姿を消した。ニューヨーク・ヘラルド紙の記者が彼につけた「コンフィデンスマン（自信の人）」というあだ名は、詐欺師を指す言葉として定着した[50]。自信と幻想は、いつの時代も手を組み合う仲間同士だ。

幸いなことに、事実に基づく情報（ワインがコルクくさい、チューリップの球根に5万ドルの価値はないなど）がもたらされると、ほとんどの連鎖反応は自己修正される。ただし、かならずではない。ある結果のために全身全霊をかけているとき、とりわけ自分の評判がかかっているときには、ゴールのほうを動かしてしまう。チャールズ・マッケイのように、真実に気づくことを望まず、直視するのを避けるためにあらゆる手段をとるのだ。この誘惑は簡単に起こるが、逃れるのは難しい。

評判の連鎖反応

１９９６年、ニューヨーク大学の物理学教授であるアラン・D・ソーカルが、ポストモダン思想専門の学術誌ソーシャル・テクストに「境界を侵犯する――量子重力の変換解釈学に向けて」という論文を発表した。筆者によると概要は次のようなものだが、これを読んでどのような論文だと思うだろうか？

本論の目的は、量子重力に関する最近の発展、すなわちハイゼンベルクの量子力学とアインシュタインの一般相対性理論がただちに合成、後継される物理学の新興分野を考慮し、これらの深い分析を一歩進めることにある。量子重力においては、本文で述べるように、時空多様体は客観的物理現実としての存在を停止し、幾何学は関係的かつ文脈的に変化し、従来の科学の基盤たる概念的カテゴリー（存在そのものを含む）は問題化および相対化される。この概念的革命が、ポストモダン的で解放に資する未来の科学の内容に与える影響を論じる〔51〕。

ちんぷんかんぷんの学術用語だらけで訳がわからないと思ったなら、100パーセント正しい。ソーカルは専門用語をひたすら詰め込んだだけの論文を人文科学誌に提出したのだ。6人の編集者による査読の結果、受理されたうえに真面目な学術論文として科学特集号に掲載された。

その後、自分の論文はでたらめだったとソーカルは暴露する。学術出版に物申したいことがあって骨を折ったのだ。ソーカルが白日のもとにさらしたのは、大勢の学者がラピュタの住人のような発言によって称賛されている事実だった。ラピュタはジョナサン・スウィフトによる

1726年の風刺小説『ガリバー旅行記』に登場する空飛ぶ島で、そこに住む狭量な理論家や学者は、役に立たない非実用的な研究に明け暮れている。言うまでもなく、完全に現実離れした人々への当てこすりだった。

スウィフトのように、ソーカルは「偶有性《ぐうゆう》」「反覇権《はけん》」「認識論」といった脱構築主義で人気の用語をふんだんに使って、論文を滑稽《こっけい》な大作に仕上げた。「高名な数学者や物理学者からきわめて愚かしい引用をし、それを柱に論文を構築しました。彼らを称揚し、互いに関連づける主張をでっち上げたのです」とニューヨーク・タイムズ紙に語っている。「エビデンスやロジックの標準を遵守することはまったく不要だったので、最初から最後までとても簡単にできました」[52]

人文科学や文芸批評の専門誌に載っている雲をつかむような話を揶揄《やゆ》する一方で、ソーカルは難解な用語や概念をあえて使うことを皮肉ってもいた。これはあらゆる学術分野の有力な派閥にも特徴的に見られる行動であり、極端になると同じ専門の学者でも筆者の本当に言いたいことが理解できないことも多い。

ソーシャル・テクストの共同創設者兼編集長でニューヨーク市立大学教授でもあったスタンリー・アロノヴィッツは、不快感も露《あら》わに反論した。「〔ソーカル博士は〕我々を認識的相対主義者だと言うが、そうではない。彼は間違っている。誤解した原因の1つは、教養がなく教育水準が高くないことだ」[53]。それに対してソーカルは、「ソーシャル・テクストが私の論文を受理した事実によって、理論（ここではポストモダン的文学理論を指す）の知的傲慢《ごうまん》さが論理的極致に達していることは例証されている。物理学者の意見を仰がなかったのも驚くに値しない」と再反論した。さらに、ソーシャル・テクストの世界では「理解不能性が一種の美徳になっており、引喩や暗喩、地口でエビデンスとロジックを代替している。私の論文は、この十分に確立された分野のきわめて控えめな例にすぎない」とも指摘した[54]。

学究や法曹、医療といったホワイトカラーの専門職は、このような評判の連鎖反応にとりわけ陥りやすい。評判がすべてだと、職業のピラミッドの頂点にいる面々の意見が増幅されるからだ。主張の善《よ》し悪《あ》しはかならずしも関係なく、彼らの言うことが正しいとほかのメンバーが期待するためにそのようなことが起こる[55]。調子を合わせるメンバーの大多数は、自分のキャリアを守ろうとしている。

たとえば、かつて一般的におこなわれていた扁桃腺《へんとうせん》摘出手術を考えてみよう。科学的な根拠や成果も示されないまま、「医師の専門的意見」という気まぐれだけに基づいて何十年も続けられた。20世紀のピーク時には何百人もの子供がこの手術を受け、それが原因でケガ人や死者まで出た。それでも、ついに徹底的な検証がおこなわれると、科学的根拠のなさから急速に廃れていった[56]。

自分の評判に関わるからという理由で権威に従うと、特定の人物の言葉にばかり耳を傾けるせいで新しい情報が入ってこなくなり、この種の連鎖反応を止めるのが非常に難しくなる。そこでは、自分が加担している主張が正しいかどうかはあまり問題にならない。それでも、足並みをそろえている連中が間違っているはずがないと、残りのメンバーには思えるのだ。

このような連鎖反応は強固なように見えるが、幸いなことに、実際にはジェンガのように弱点がある。その肝心要《かなめ》のブロックを取り除いてやれば、タワー全体が崩れ落ちる。

「なぜ」を問う力

腎臓廃棄の問題を思い返してみてほしい。何かいい解決法が思いつくだろうか？　信じられないかもしれないが、ごくシンプルな対策がある。あまりにもシンプルで誰からも見過ごされていたその対策は、マサチューセッツ工科大学（ＭＩＴ）の研究者、ジャン・ジュエンジュエンによって発見された。それは、待機者が腎臓をパスしたら「なぜ」拒否するのかをかならず申告するというものだった。「国外旅行をする」「ひどい風邪を引いた」「適合度が低い」というふうに。このわずかな追加情報があるだけで、待機者は現実にピントを合わせ、よりよい個人的判断をくだせるようになる。そして、健康な腎臓がこれ以上、集合的幻想の犠牲になるのを防ぐことができる[57]。

この解決策は、腎臓の待機者リスト以外にも適用可能だ。「なぜ」を問うことは、あらゆる連鎖反応を免れる手軽な万能ツールになる。このシンプルな問いの力があれば、自分の知識を捨てて他者の意見に従うことがなくなる。むしろ、必要に応じて自分と他者の考え方を組み合わせ、よりよい情報を集めて最終的に決断をくだせるようになる。

相手に「なぜ」と尋ねるのは不作法では、と思う人もいるかもしれない。たしかに、あからさまな聞き方は失礼に感じるときもあるだろうが、実際のところ、誰でも自分の意見や好みの理由づけを明かすのが好きなものだ。ハーバード大学の研究によれば、「中絶についてどう思うか」といったセンシティブな問題であっても、自分の考え方を相手と共有すると内在的な満足感を得られるという。考えを尋ね合い、披露し合うだけで、仲がより深まるのだ[58]。

親しい家族や友人との最近の会話を思い出してみてほしい。何について話しただろうか？　会話のあとでどう感じただろうか？　統計的には、2人がそれぞれ会話の最大40パーセントを自分の感じたことや体験したことの共有や議論に使ったはずだ[59]。1人が会話を独占するのではなく、バランスがとれているように感じたのではないだろうか。話したあとには、つながることの幸せと爽快感を覚えただろう。

実際、自分について話すことで得られる満足感は、金銭や食事のような客観的報酬に匹敵する。ソーシャルメディアへの投稿の80パーセントがプライベートな（率直に言えば、だいたいは取るに足りない）考えや体験で占められている理由も、これで説明できる。神経学的にも、人間には個人的情報を開示する欲求があり、情報を共有するたびに脳の報酬系が刺激されて体に純粋な快感がもたらされると判明している。言い換えれば、胸の内を明かすのは悩みや興奮のせいばかりではなく、内在的な動機もはたらいているのだ[60]。

個人的情報を開示する傾向は人間らしさの一部であり、人類が生き延びる助けになってきた（フェイスブックの商売も助けているが）。他者とのつながりを築き、絆《きずな》を深めやすくしてくれる。また、専門性の共有を通じた知識の交換と蓄積を促すことで、先導や指示、学習のチャンスももたらす[61]。

突き詰めれば、「なぜ」という問いに実質的なマイナス面はなく、プラス面は数多くあることがわかる。社会的結びつきを深めるだけでなく、連鎖反応が起きても速やかに根絶することができるようになる。相手が「あの人とあの人がそうしたから」以外の理由を説明できないときには、群れに巻き込まれて集合的幻想に陥る危険があると察知できる。「なぜ」と問うことで暗幕を取り払い、他者の行動や主張の裏にある真実を明らかにできる。

同様に、このシンプルな問いかけには即席の（しばしば不正確な）推測だけに頼るのを予防し、連鎖反応の発生を未然に防ぐ効果がある。他者の選択の裏にある理由づけを解明すれば、その行動原理が自分の価値観や優先事項に合っているか評価し、さらにはその判断が自分の個人的事情に適しているかを検証することもできる。

最後になるが、他者を観察し他者に耳を傾けることで正確さを高めるのが望ましい一方で、自分の判断を捨てて無批判に他者（集団全体や権威者）に従いたくなる誘惑には抗わなくてはならない。それは面倒に思えるかもしれないが、自分で考えることは個人にとって重要なだけでなく、社会全体が健全に生き延びるためにも必要不可欠なのだ。

第2章　仲間のためなら嘘もつく——個の利益より集団の利益

いつの世も個人は集団に呑まれないよう足掻《か》かなければならない。

——フリードリヒ・ニーチェ

南米ガイアナのジャングルの奥地。かつてここでは人民寺院を名乗るカルト集団が、最寄りの飛行場から10キロほどの土地にジョーンズタウンと名づけて暮らしていた。人種平等とソビエト的共産主義を掲げて創設されたこの集落は、労働者階級の黒人を中心に1000人ほどのメンバー（過半数は女性）がおり、カリスマ性のあるジム・ジョーンズという男がリーダーだった[1]。集落の中心部にはトタン屋根の大きな東屋があり、学校や集会所として使われていた。周辺には果樹園や畑が広がり、製材所、蔵書1万冊の図書館、蚊帳《かや》で囲われた保育所もあった。人民寺院のコミュニティと共産主義の理想に帰依《きえ》するため、誰もが仕事と私有財産を捨ててジョーンズタウンに来ていた。ここがユートピアだと信じて。

しかし、その集落で性的暴行や拷問《ごうもん》をはじめとした数々の異変が起きているという証言が出はじめ、1978年11月にはカリフォルニア州選出議員のレオ・ライアンが調査のためにガイアナを訪れた。偏執的「預言者」のジョーンズは、ライアンの調査団が暴力と荒廃をもたらすと信者に警告した。ライアンは人民寺院の離反者数名を連れ出したが、飛行場に着いたところで同行者数名とともにジョーンズの手下に殺されてしまう[2]。ジョーンズは殺人のことを信者に話し、報復として集落全体が厳しく罰せられ、子供や年寄りまで拷問されるにちがいないと告げた[3]。さらに、「尊厳と名誉」を保ち、人種差別とファシズムへの抵抗を示すための最高のおこないは、集団自殺することだと(「白い夜」と呼ばれる、集団自殺のリハーサルがすでに繰り返し実施されていた)[4]。

それに賛同しなかった信者もいた。クリスティーヌ・ミラーもその1人。彼女は立ち上がり、「ソ連〔に逃げるの〕は手後れでしょうか?」と尋ねた。ミラーはジョーンズタウンに来るまえに大金を人民寺院の慈善活動に寄付した、古参の信者だ。ジョーンズの考えに口を挟んだことは以前にもあったが、これほどの重大事はないだろう。

死に急ぐことはない、とミラーは言った。ライアンに連れていかれた離反者はわずか数人で、ほかの全員が命を捨てるほどではないのではないか。「命があるところに希望もあるはずです」と、ほかならぬジョーンズの教えも引用した。さらに、みずからを高めるための導き手としてジョーンズを仰いできた信者の1人らしく、ミラーは大人から子供まで、それぞれの潜在能力に目を向けようと訴えた[5]。

その主張は当を得ていたが、彼女が立ち向かっているのは、生まれ変わりを信じ、しかもジョーンズの指示で命を投げ出すよう洗脳されている信者1000人分の信念だった[6]。同調者が出れば、その魔法を解くことができただろう。しかし、ミラーの言葉は反逆の宣言と受け取られ、嘆願もむなしく、ジョーンズの取り巻きをはじめとした連中の大声に掻き消された。「いますぐ命を捨てろとおっしゃるなら、準備はできています」とジョーンズに言う者もいた[7]。少し間を置いてから、ジョーンズは「薬剤（シアン化物を混ぜたフルーツポンチ）」を大きな桶《おけ》いっぱいに持ってこさせ、勇気を持って死と向き合うよう信者たちに告げた[8]。最初は子供たちだった。前に進み出るあいだ、音楽と激励と拍手が響きわたり、そこに悲しみの声も混じっていた。

毒薬を進んで飲んだ者、無理に飲まされた者、注射で摂取させられた者。それぞれ何人いたのかはわかっていないが、ミラーを含む900人以上がその日亡くなった。彼女は前方の席にいたため、おそらく大人のなかでは早い順番だっただろう[9]。

クリスティーヌ・ミラーは大勢の命を救おうとした。しかし最後には、人間性の根本にある2つの特性に屈することになった。それは、内集団《ない》に受容される欲求と、排斥に対する強い恐怖である。

家庭や隣近所、オンライン・グループや職場など、どのような集団であっても、社会的な生き物である人間は他者とつながることに喜びを感じる。しかし、集合的幻想についてもすべての集団が同じというわけではない。結びつきが最も深く感じられ、称賛や非難が最も重く響いてくる人々、すなわち内集団のことを私たちはいちばん大事にするものだ。内集団は、宗教や政治観、国籍、家族の絆を共有していたり、学校や職場の仲間、共通のブランドやスポーツチームのファン、同じフェイスブック・グループのメンバーだったりする。内集団に所属すると、幸福感や安心感が高まり、自分の存在や居場所がより確かなものに感じられる[10]。

近しいコミュニティとの結びつきを強める行動を、誰もが常にしている。服装の選択から人前での行動まで、あらゆることが特定の集団への所属証明になる。疎外感を味わいたくないから、そして外見や行動を社会的環境に合わせる重要性を理解しているから、人間は本能的に集団の規範に従う。そのたびに、集団の理想（と自分で思っているもの）を基準にして自己認識を再形成している[11]。

このプロセスから得られる満足感と安心感の源泉は、集団との心理的・感情的つながりを感じたい欲求が大きい。それはつまり、疑念によって連帯感が損なわれれば幻想が生まれるということだ。拒絶されているのは自分だけなのではないかと心配しだし、自分のおこないを後悔し他者の考えを誤解しはじめる。同じ心配が原因で、恐ろしいほど従順にもなる。また、「われら対やつら」という群れ的な思考が芽生え、自分の集団の名のもとに信じられない危害を加えてしまうこともある。このような群れの引力は、条件がそろうと「アイデンティティの罠」にまで強化される。そうなれば、私的価値観を偽ったり個人的に支持していない考えを推したりするようになり、ついには潜在的な味方まで傷つけるのだ。

このアイデンティティの罠は集合的幻想を生み出し、生きながらえさせるだけでなく、ジョーンズタウンの悲劇のように集団自体を壊滅に追いやることさえある。

仲間と敵

産み落とされた直後の、母親とつながりを結ぶ瞬間は、人間の幸福の根源中の根源だ。赤ん坊が保護者とつながりを結べなければ、成長に支障をきたして命を落としてしまう。生まれてまもないころに拒絶された孤児の多くが精神や行動に大きな問題を抱えるようになる理由は、愛着障害（養育者との愛着が形成されなかった子供に情緒や人間関係の面で問題が生じること）で説明できる。進化の視点から考えると、所属への欲求は助け合いと守り合いを促し、人類が生き残るのに役立ってきた。限られた資源をめぐる競争に個人ではなく集団で臨めば、数の力の利益を簡単に得ることができる。種の存続のため、これを実際の神経化学的欲求とするように人間の体は進化したのだ[12]。

他者との結びつきを感じると、脳はオキシトシンを分泌する。これは絆ホルモンとも呼ばれ、家族をはじめとした自分のコミュニティのメンバーへの愛情を高めるはたらきがある。また、外的脅威から内集団を守るため、必要なら個の利益よりも集団の利益を優先させた行動を促しもする。2015年の研究では、オキシトシンを投与された被験者は投与されなかった被験者と比べ、内集団メンバーの誤った考えを受け入れやすいという結果が出た。このホルモンを投与されると、「内集団びいき、自チームのための嘘、内集団の福祉への自己犠牲的貢献、内集団の選好への同調、外部者の脅威に対する積極的防御が高まる」と筆者らは結論づけている[13]。

オキシトシンにより、個人的には嫌いな立場にも従ったり、一時的に支持を表明したりする可能性が高まるということだ。このような絆ホルモンの報酬を求めて、人間は他者との関係に資する行動を優先する傾向がある。その行動をとる根拠が希薄あるいは些細《ささい》であっても関係ない。大事な人たちに受け入れられたり愛されたりする快感を得るだけのために、自分のコミュニティから期待されることをしたくなるのだ。

この種の絆形成とそれにともなう犠牲については、1985年のジョン・ヒューズ監督作品〈ブレックファスト・クラブ〉がヒントを与えてくれる。この古典的映画は、5人の問題児が罰を受けるため土曜日に登校するシーンから始まる。図書館に入って着席すると、「自分はどういう人間か」についての作文を書くよう先生に指示され、軟禁状態に置かれる。

観客には5人がそれぞれ秀才、スポーツマン、不思議ちゃん、お嬢さま、不良であることがはじめに提示される。しかし、面白おかしく、ときにシリアスな会話を重ねるうちに、5人はそのキャラクターの殻を少しずつ破っていく。スポーツマンは自分の弱さを打ち明け、お嬢さまはいまの暮らしにうんざりしていると言い、不思議ちゃんは胸の内を正直に話し、秀才は最近自殺しかけたことを告白する。不良は5人で図書館を抜け出したことがばれないよう、自分がおとりになる。本作のクライマックスである、お互いが絆で結ばれるシーンでは、5人ともマリファナでハイになり、図書館で踊ったり笑いころげたりする。そうして〈ブレックファスト・クラブ〉が結成され、これからも土曜日に罰を受けに集まろうと約束が交わされた。課題の作文は、反抗心を込めて連名でこう書いた。「自分はどういう人間かをわざわざ書かせようなんて、頭がどうかしていると思います。先生にはどうでもいいことでしょう？　だって先生は自分の見たいようにぼくたちを見て、単純な言葉と便利な定義にぼくたちを押し込めるんだから」[14]

アメリカ文化では、その人にしかできない最大限の社会貢献をするために「自分探し」をする若者が多い。成功して個人的幸福を得るには、内なる動機、自信、自立心が欠かせないと考えられている。しかし、〈ブレックファスト・クラブ〉はそれを皮肉るかのように、アイデンティティと人間性一般についての真実を深くえぐり出している。「あなたは誰？」という問いには、個としての特殊性だけを答えればいいわけではない。所属する集団にも着目する必要があるのだ[15]。

自分と似たような考え方や信条を持つ人には自然と引きつけられるものだ。18世紀の倫理学者アダム・スミスは、これを「精神の調和」と呼んだ[16]。意見を共有するメンバーと一緒に過ごすと、信頼と協力、平等性と生産性が高まって集団のアイデンティティが強化される。現実を共有することは、共通の認識を持つだけでなく、似た感覚と世界観を身につけることにもつながる。これは自分たちについての中核的な価値観と信条を保持するのに役立つ。また、意義と自尊心を与えてくれもする。そして、群れの共通体験を確認するような決定や交流がなされるたび、その報酬として調和の幸福を味わうことができる[17]。

自己認識とは、個としての特徴と内集団への帰属意識が入り交じったものだ。実際のところ、個人的アイデンティティは社会的アイデンティティと密接に絡み合っており、脳はそれらを区別できない。実験では、被験者が自分について話すときと、最も親近感がある集団について話すときでは、脳内の同じ神経回路が活性化することがわかっている[18]。所属したい欲求が誰にでもある理由はこれで部分的に説明できるが、まだほかにも理由はある。

ある考え方を自分の経験に基づいて形成するのではなく、その考え方への感情的結びつきが先に立つと、確証バイアスが生じやすい。内集団ですでに確立されている結論を補強するために、どんな証拠でも利用してしまうのだ[19]。そして、この共有された感覚が強くなるほど、内集団の理想（と自分で思っているもの）にますます同調したくなる。内集団のために時間や労力、信念を費やしたあと、つまり所属することが個人のアイデンティティの一部になっているときは特に、せっせと強化してきた内集団の世界観を守ろうとする。また、内集団に所属していない人々に対して、友好的な態度をとらなくなる[20]。

内集団の敵対勢力が負けるところを見ると快感さえ生じることが、神経科学で証明されている。プリンストン大学の研究者による実験では、大リーグのレッドソックスとヤンキースの熱烈なファンに両チームの試合映像を見せながら、fMRI検査をおこなった。ひいきチームの選手がいいプレーをすると、脳の報酬系が活性化した。これだけなら驚くに値しないが、被験者が敵チームのミスを見たときにも同じ反応が起きた。つまり、内集団に所属すると、競争相手のメンバーの敗北を面白がるという悪趣味な副作用が出るのだ[21]。

このように、内集団への所属が持つ引力は強烈だが、さらに強いのが排斥への恐怖だ。人間の社会的アイデンティティは群れと固く結びついているので、追い出されることは死の宣告に等しい。そして、よく注意していないと、この恐怖のせいで最悪な形の集合的幻想に陥り、それを拡散さえしてしまう。

拒絶への脳の警告

排斥を意味する動詞ostracize（オストラサイズ）は、ギリシャ語のὄστρακον（オストラコン）に由来する。これは古代ギリシアのアテナイで政治家や自慢屋、不正直者、さらには一般に不快な人を追放するときに使われていた一種の投票用紙だ。投票用紙といっても実際には陶器の破片であり、まだ弾劾裁判制度がなかった紀元前5世紀に、アテナイ市民は同胞として好ましくない者1人の名前をその陶片に刻んだ。

毎年、投票者は広場に列をつくり、オストラコンを瓶《かめ》に入れていった。投票が終わると結果が集計され、最多得票者の追放が決まる。荷物をまとめて立ち去るのに10日ほどが与えられ、10年後まで戻ってくることは許されなかった。しかし、10年が過ぎればまたアテナイで生活し、仕事につくことができた。市内に残した財産もきちんと保存されていたという。

メガクレスという人物は戦車競馬にのめり込んでおり、母親も横柄だという理由で追放された。また、軍人テミストクレスや英雄ペリクレスの父親といった有力者も追い出されている。

私が気に入っているのは、歴史家のヘロドトスに「アテナイで誰よりも素晴らしく尊敬すべき人物」と評された、政治家アリステイデスが追放されたときのエピソードだ。字を書けない男性が、本人とは知らずにアリステイデスに代筆を頼んだと言われている。きっと2人はこんな会話をしたのではないだろうか。

「だんな、ここにアリステイデスって書いてもらえませんか？」

アリステイデスは顔をしかめて言った。「それはかまいませんが、なんの恨みがあるんです？お知り合いですか？」

「いや、全然知らないんですけどね。みんなに〝正義の人〟なんて呼ばれてるのが癪《しゃく》にさわるんですよ」

アリステイデスは自分の名前をオストラコンに刻み、男性はそれを瓶に入れたという[22]。

現代社会では投票で10年間追放されることは考えにくいが、排斥される恐怖は常にある。前帯状皮質という脳領域の全体が、否定的な評価がわずかでもないか継続的に見張っているのだ。この脳領域は社会的苦痛と肉体的苦痛の両方に関わっており、fMRIによるリアルタイムスキャンでは、拒絶されたときと痛みを感じたときに同じ神経機構が反応するのがわかる[23]。排斥された人には血圧の上昇と、ストレスホルモンであるコルチゾールの増加が見られることもさまざまな研究で示されている[24]。感じている苦痛が社会的なものでも肉体的なものでも、脳は同じ警告を発する[25]。事実、社会的拒絶による苦痛は、慢性的な腰痛や出産の痛みにたとえられるほどだ[26]。心が傷つけば、その痛みは脚を折ったときに匹敵するだろう。

このような社会的苦痛を味わうのは難しくない。排斥に関する心理学の研究では、やんわりと無視されただけでも苦痛が起きることが示されている。さらに悪いことに、それは日常的に、ときには毎日のように発生するものだ。40人を対象に、コミュニティで経験した排斥行為を日々記録させた研究がある。報告された700件以上の排斥行為には、些細なもの（バスや電車で乗り合わせた人から挨拶されなかった、友人がメールにすぐ返信してこなかったなど）もあれば、より深刻なもの（パートナーに無視されたなど）もあった。そういった行為を受けると、とりわけ友人や身内が相手のときには、所属感や自制心、自負心が下がった。また、自分がいる意味を感じにくくなったという[27]。

心のセンサーは拒絶に敏感にできていて、それが非対面でも明らかにわざとでも同様に苦痛を感じる。サイバーオストラシズムと呼ばれる、インターネット上での無視や排除を受けた感覚は、対面での拒絶よりも簡単に発生するが、その肉体的・精神的な苦痛は遜色《そんしょく》ない。問題は、誰もが「いいね！」や即時的な満足感を欲しがり、何千人もの仮想の「友達」がいる現代では、無視されたと感じやすいことだ。たとえば、近況報告へのレスポンスが遅いぐらいのことでも排斥を感じ得る。サイバーオストラシズムに苦しんでいる人は、かけがえのない所属感を失い、自負心も削られる[28]。それでもなお、人とつながるためのテクノロジーへの欲望は、つながりが切れたときの苦痛を上まわるらしい。

受けた拒絶がどの程度のものであっても、それに対する心の警報にはフル作動の設定しかないようだ[29]。社会的拒絶に一瞬さらされただけでも、命の危険と同じぐらいのストレスが生じる[30]。例をあげよう。3人でキャッチボールをしていたら突然、これといった理由もなく

1人がのけ者にされ、ほかの2人だけで遊びはじめるという定番の実験がある。サイバーボール課題と呼ばれるオンラインバージョン（実際にはプログラムが相手）もあり、世界中の何千人もの被験者が参加している。どちらの実験でも、2～3分の社会的排斥を受けただけで、悲しみや怒りをはじめとした「強い負の感情」が生じる［31］。つまり、実験という人工的な状況で、見知らぬ人やコンピューターを相手にしていても、疎外感と不快感が湧き上がるのだ［32］。

さらには、他者が排斥されているところを目撃するだけでも、自分が当事者であるかのように不快感が生じる。この本能的な感情移入は、人間に欠かせない奥深いものの証拠という意味では安心材料だ。しかし、当事者も目撃者も同じぐらいの社会的苦痛を受けることは、排斥に対する神経反応の弱さを浮き彫りにもしている［33］。ちょっとしたはずみで作動するネズミ取りのように、手に余るほど過敏で、適度に調節することができない。

実際、社会的排斥への無意識の反応の強さは、通常なら揺らぐことのない内集団と外集団の境界線を消失させるほどだ。恐怖や自己不信、精神的苦痛に呑み込まれると、排斥しているのが味方なのか敵なのかわからなくなり、目の前の状況を見失ってしまう。たとえば2006年の研究では、オーストラリアの被験者にサイバーボール課題を与え、ほかの2人は白人至上主義団体KKKのメンバーだと伝えた。悪名高い差別主義者にのけ者にされようが、自分なら痛くもかゆくもないとほとんどの人は思うだろう。しかしこの条件下でも、排斥された被験者は苦痛を感じたのだ［34］。

このような心理的な負担に加えて、排斥を怖がる理由がほかにもある。集団はそれをためらいなく利用して意思を主張し、目的を達成しようとする。

反逆者への圧力

1930年代にアメリカ中西部の町の貧困地区で生まれ育ったジョニー・ロッコは、「毎日がおれの命日さ」とうそぶく不良少年だった。11人きょうだいの下から2番目で、いつもぶたれたり無視されたりしていた。父親は酒とギャンブルが好きな乱暴者で安定した職につけず、母親は病気がちでほとんど何もできなかった。父親は酒に酔った勢いで仲間と大げんかになって亡くなり、5歳のジョニーが看取った。兄も弟もしょっちゅう殴り合いで血だらけになっていた。食べ物はわずかしかなく、家賃もほとんど払えないありさまだった。

家族全体が「ペテン師、泥棒、トラブルメーカー」の烙印《らくいん》を押され、ジョニーは生まれながらにマイナスからのスタートを強いられていた。そんな世界とは折り合えないという思いが、成長するうちに大きくなっていく。「どこにも属さない。好いてくれる人は誰もいない。こっちから好きになったり、信頼したりできる相手もいない」と彼は当時を振り返っている。一家は貧困地区のなかを転々とし、ジョニーは学校に行くようになってから7年のうちに6回も転校した。彼の先生の1人は、「見たこともないほど難しい少年だ。教室にいつかない」と書いている。クラスメートからは仲間外れにされ、誕生日パーティに呼ばれることもバレンタインデーにカードやプレゼントをもらうこともなかった。

12歳になると、ジョニーはカウンセラーの助けで短期講座を受け、カトリック系の私立学校に入学した。最終的には文字が読めるようになり、何学年か進級することができた。行儀よく振る舞うよう努めたが、真面目なときと感情に流されるときの波はなくならなかった。大勢のガールスカウトの前で陰部を露出し、公共施設をめちゃめちゃに壊し、子供たちを焚《た》きつけて人家にレンガや石を投げつけさせたあげく、公立学校に送り返される始末だった。それでも、私立学校の女子修道院長だけは愛想を尽かさず、「この子を見捨てないで」とカウンセラーに頼んだ。「ジョニーはときどき、人が知らないところですごく努力しています。行動を抑えられないことが多いけれど」

その願いもむなしく、兄たちと同じようにジョニーは警察の世話になることが増えていく。近所で問題が起こるたび、一枚噛《か》んでいるのではないかと警察に疑われた。そして、夏のある夜、ジョニーは2人の仲間と人家に押し入り、50ドルの宝石を盗んだ。自白によれば、地元ギャングのリーダーを息子に持つ未亡人のハットフィールド夫人にすぐに売ったという。

裁判が開かれると、カウンセラーがジョニーのために嘆願した。地元の警察官の1人も、ここ数か月はジョニーの素行が改善されてきていると有利な証言をした。しかし、最後に裁判官は答えを出さなければならない。「ジョニーをいかに処すべきか？」[35]

時は流れて1940年代後半、ミシガン大学の博士課程で社会心理学を研究していたスタンレー・シャクターは、被験者にこの物語を読ませ、自分ならジョニーにどのような判決を言い渡すか考えさせた。社交の場で意見の隔《へだ》たりがどう扱われるかを明らかにするのが目的だった。被験者は4種類の「社交クラブ」から1つを選び、8〜10人のグループで45分間の話し合いをする。被験者には秘密だったが、各グループには3人の実験協力者が混じっていた[36]。話し合いのテーマは、ジョニーの処遇だ。非行少年用の学校に入れるか、州が管轄する養育家庭に預けるか？　あるいは、その他の罰を与えるべきか？　1（愛だけ与え、罰は与えない）から7（厳しい罰を与える）の7段階で自分の立場を決める。

次に、各自が選んだ数値を共有するのだが、3人の実験協力者は最後にまわり、あらかじめ割り振られていた立場を表明する。「逸脱者」は、過半数が選んだのと正反対の意見を言い、頑《がん》として変えない。「日和見《ひよりみ》」は、最も人数が多い意見につく。「転向者」は、はじめに極端な意見を言うが、最後には多数派の意見に変える。

いずれのグループでもほとんどのメンバーはジョニーに同情的で、2〜4の立場を選んだ。

いきおい、逸脱者は7を選んで厳しい罰を主張することになるが、それに対する反応は特徴的だった。判で押したように、話し合いは逸脱者への熱心な説得から始まったのだ。しかし、しばらくすると誰もが匙《さじ》を投げはじめる。逸脱者に向かって話すのをやめ、事後の相互評価ではほかのメンバーは他のメンバーより好感度が低いと答えた。また、重要なタスクの処理能力に欠ける、最も劣ったメンバーとの評価もくだした。

シャクターは、集団に逆らう度合いが高いほど、そのメンバーに向けられる好意は低くなることを明らかにした[37]。また、社交の場での対立にどのように対処して結束を図るかについて、驚くべきことも判明した。結束力が強いグループほど、逸脱者を拒絶・排斥するまでの時間が短い傾向にあったのだ。該当するグループのうち75パーセントは、議論開始から35分後には逸脱者とのやりとりを完全に絶った[38]。集団の結びつきが強いほど、多数派と異なる考え方のメンバーが拒絶される可能性が高いとシャクターは結論づけた[39]。

別の言い方をすれば、集団は逸脱行為の処罰と最小化のためのツールとして排斥を利用するということだ。当然、内集団と揉《も》めることは誰もがなんとしても避けようとする。しかし、意見衝突はえてして起こるものだ。本当に自分の頭で考えている人にとっては不可避と言っていい。では、内集団が推している意見に密かに反対しているときは、どうすればいいのだろうか。

衝突後の選択肢は3つ

最近、友人のスーザンが、職場での悩みを聞いてほしいと電話をかけてきた。テクノロジーや金融、エネルギー分野の大企業を得意先に持つ大手コンサルティング会社でシニアリサーチャーとして働いており、出産育児休暇から復帰した直後だった。

大学院卒業後に入社した当時は、「夢のような仕事」が見つかったと言っていた。有名企業であり、給与も福利厚生も申し分なし。業務内容も同僚のことも気に入っていた。従業員の成功を後押ししてくれる会社で、本当に有意義な仕事につけた確信があったという。持続可能エネルギーへの貢献など、よりよい世界を実現するための企業理念にも共感できた。

その仕事はすぐに、スーザンのアイデンティティに欠かせない要素になった。まさに模範的な従業員で、2年後に第一子の産休を取ったときには、変わらぬ情熱を持って職場復帰してみせると意気込んでいた。

ところが、ようやく仕事に戻ってみると、残念な知らせが待っていた。上層部からの突然の命令で、スーザンはテクノロジー部門から異動させられ、会ったこともない上司のもとでエネルギー業界の新しいクライアントを担当することになったのだ。

最初の大きな仕事は、石油や天然ガスの採掘手法であるフラッキング（水圧破砕）の工法と工程に関する楽観的な報告書を作成することだった。そこまで電話で話したスーザンは、半分キレていた。「なんの相談もなく異動させて、おまけにこんなゴミみたいな会社のゴミみたいな仕事をやらせるのよ。ほんと、フラッキングの利点について語れなんて！」

私はスーザンが天然資源保護協議会（NRDC）や350・orgのような国際環境NGO（非政府組織）によく寄付しているのを知っていたので、この怒りようにも驚かなかった。私なら化石燃料を褒めたたえる仕事は絶対に頼まない。

「上司とは話したの？」

「もちろん。でも、話さないほうがよかったかも」

「どうして？」

「このクライアントと仕事すると私たちの評判まで落ちるって言ったの。環境法を何から何まで破ってるくせに、ほとんどお咎《とが》めなしになってるような会社でね。ペンシルベニアとミズーリの地下水や大気を汚染しているのに。私たちの掲げてる理念とは真逆。私たちの社是には、持続可能性のことが謳ってある。それでこの仕事を受けたら、共犯者だとPRするようなものよ」

「その意見に対しては、なんて？」

「鼻で笑われたわ。もう契約書にサインしてあるんだから、疑問を感じるだけでもプロ失格だって。きっちりスケジュールどおりに仕上げろって」

「それじゃあ、また別の部署に異動願いを出すのはどう？」

「そうしたいんだけど、時間がないの。受理されるまえに資料の締め切りが来ちゃう。このまだと、信念を曲げてべた褒めするはめになる。そんなの良心が許さないわ。毎晩、悪夢を見るに決まってる。いまだって子供の夜泣きで寝不足なのに！」。いっときの間があってから、私はゆっくりと言った。

「その調子だと、いまの仕事は続けられない？」

「ええ、辞めるつもりよ。でもダメ、いますぐは無理ね。転職先を探すのに少しかかるし、お金は必要だもの」

私はスーザンのことを思うとやりきれない気持ちになった。何かいい方法はないのか？　まだ出てきていないアイデアはないだろうか。

スーザンの問題を自分のことのように感じる人は多いだろう。誰でも一度や二度は、身動きのとれない状況に置かれたことがあるものだ。結局、スーザンは自分の倫理観を抑えつけて職務に徹し、資料を完成させて署名をした。しばらくはそのまま働いていたが、最後にはより価値観の合う会社に転職した。

実利やアイデンティティなど、理由がなんであれ、個人の価値観が群れの価値観と衝突したときの選択肢は3つと決まっている。群れに逆らって排斥のリスクを負うか、思い切って群れを離れて自ら排斥されるか、群れに従って反発心を引っ込めるかだ。

3つ目の選択肢は経済学者のティムール・クランが言う「選好の改竄《かいざん》」であり、理想的ではなく不快感さえ起こさせるが、その瞬間には理に適った実際的な選択肢のように見える[40]。問題は、自分の認識や想像よりもはるかに深く長期的な影響が意図せぬ形で現れることだ。群れに属するためにねじ曲げた本心を発信すると、望んでもいないことが助長されて集合的幻想が勢いづくことになる。

嘘が真実になるとき

考えと行動にズレがあると、違和感が生じる。この感覚を社会心理学者のレオン・フェスティンガーは「認知的不協和」と名づけた。違和感は気持ちが悪いので、ズレを直さなければならない。それには行動を変えるか正当化するかの2通りあるが、通常は正当化が起きやすい。

たとえば、お金をもらって嘘をつくと何が起こるかを観察したフェスティンガーの研究がある。被験者の大学生は、長時間の退屈な実験に参加したあと、次の参加者に楽しくて興奮したと嘘の感想を言うよう指示される。その報酬として1ドルまたは20ドルが与えられた。その後、本音の感想を尋ねたところ、対照群（報酬を与えられなかった被験者）と20ドルを受け取った被験者は、つまらなかったと答えた。しかし、1ドルもらった被験者は、より好意的な感想だった。

この結果をフェスティンガーは次のように説明する。20ドルを受け取った被験者は、その報酬のために嘘をついたのだと自分を納得させやすい。しかし、1ドルしかもらえなかった被験者は、自分の嘘を正当化する材料に乏しい。そこで認知的不協和が起き、正当化の材料を埋め合わせるために自分の意見を変えた。「楽しいと言ったのは、本当に楽しいと感じたからだ」と。つまり、本当は退屈な実験だったとわかっていても、自分がついた嘘を反映させる形で現実を再調整したのだ[41]。

このように、注意していないと自分の嘘を信じ込んでしまうのが、個人の考えを偽ることの第一のリスクだ。それだけではない。嘘をつくのが難しい理由として、真実を偽っているときには相手に見透かされているような感覚が（実際には見透かされていなくても）つきまとうことがあげられる[42]。この心理的効果を最初に研究したコーネル大学の心理学者トーマス・ギロビッチは、「透明性の錯覚」と呼んでいる[43]。この錯覚に陥った人は、実態以上に自分がひどい嘘つきであるかのように感じる。

プレゼントをもらって気に入ったふりをしたことぐらいは、誰にでもあるだろう。相手を嫌な気持ちにさせず、親切に親切で応えるごく一般的な礼儀だ。ところが、その精神に則って嘘をいくつも重ねると、相手にばれるのではないかと誰でも心配になる。そして、その負い目の裏返しとして、相手の読心能力を実際よりも高く見積もるのだ。とりわけ不安や恥、嫌悪といった強い感情を抱いていると、はっきりと見透かされている気になる。

ある研究で、被験者は無表情のまま15杯の赤い液体を飲むよう指示された。そのうち10杯にはおいしい飲み物、残りの5杯には明らかにまずい飲み物が入っており、それらがランダムに並んでいる。ビデオカメラがまわるなか被験者が飲み終えると、その映像を10人に見せたら何人がまずいコップを言い当てられると思うかを質問される。半数の5人前後を予想する被験者が多かった。しかし実際には、被験者のまずそうな顔を正確に見抜いた人は、3分の1ほどしかいなかった[44]。

このように自分が見透かされていると過剰に見積もる傾向は、いたるところで現れる。嘘をついているときのほか、相手への同情に気づいてほしいときや自分の好みを察してほしいときなどには、他者の「透視能力」を過大評価してしまうものだ[45]。そして、嘘が見透かされている気でいると、取り得る選択肢がまったく変わってくる。

あなたが所属グループの考え方に賛成だと嘘をついたとしよう。その後、グループ全員がいる前で、そのことについてメンバーの1人と対立した。1つの選択肢は自分の嘘を取り消すことだが、すでについてしまった嘘なので周囲からは偽善者と見られるおそれがある。もう1つの選択肢は、グループにいつづけるために嘘を繰り返すことだ。こちらを選ぶと、自分は賛成しているという幻想を維持し、本心を裏切りつづけることになる。さらに、グループへの忠誠を疑われないようにするため、自分の立場をエスカレートさせるようになる（内心では反対なのに、グループの考え方を熱心に実践するなど）。

　このように自分の嘘から注意を逸《そ》らそうとする行動は珍しくない。テッド・ハガードは、大学で神のお告げを受けて福音派の牧師になることを決意した。ハガードが１９８０年代なかばにコロラド州コロラドスプリングスで創設したニューライフ教会は、地下室での少人数の集まりからまたたく間に拡大し、アメリカ最強のメガチャーチ（巨大教会）と呼ばれた２００５年には1万１０００人の信者を抱えるまでになっていた[46]。最盛期だった２０００年代はじめの年間予算は１２００万ドルにのぼり、ハガードは4万５０００の教会をまとめる全米福音同盟（ＮＡＥ）の会長に上り詰めた[47]。

　福音派の牧師の例に漏れず、ハガードは同性婚に反対していた。それも公然と非難するにとどまらず、同性婚禁止をコロラド州憲法で定めるべきという立場だった。「同性愛への考え方は議論するまでもありません。聖書に書いてありますから」と彼は主張した[48]。ハガードと信者たちを取り巻く状況は、２００６年に一気に暗転する。その年の冬、マイク・ジョーンズというパーソナルトレーナー兼男娼が、ハガード自身も同性愛者であると暴露したのだ。「同性婚への反対を説きながら、裏では同性愛におぼれているのが腹立たしくなった」とジョーンズはロッキーマウンテン・ニュース紙に語った[49]。「この偽善を隠しておいてはいけない。

ハガードは大勢に影響を与える立場にいて、同性婚を非難している。ところが、みんなの目が届かないところでは、自分がその行為をしている」[50]。このスキャンダルを受けてハガードはNAEの会長を辞任し、自分が創設した教会の上級牧師職からも追われた[51]。

私見になるが、ハガードが自分を偽って反同性愛の教義に与《くみ》したことは彼自身と家族、福音派の信者に傷を残しただけでなく、彼が密かに所属していた同性愛者のグループをも傷つけた。その名声と権威を考えれば、1人の認知的不協和が国全体を振りまわしたと言える。

所属するために個人の規範を犠牲にすると、気づかないうちに自負心がすり減り、短期的にも長期的にも個人の健康に悪影響がおよびかねない[52]。たしかに、内集団の考え方に反感を覚えつつ所属することを選んだとしても、それは1つの判断として尊重されるべきだ。しかし、もしそれが誤解に基づいていて、実際には誰もが反感を抱えているとしたらどうだろう。そのような誤解を起こして自分の願望や本質を偽ってまで所属しようとすると、幻想を生み出し存続させる片棒を担ぐことになる。そして、事がさらに大きくなっていく。周囲を欺《あざむ》く判断には、社会の進歩を止めるような共通の誤解が助長されるという重大な集合的影響があるからだ。

アメリカ南部における人種差別撤廃運動の歴史のなかに、興味深い例が隠れている。人種差別に終止符を打とうとした法律や裁判所命令はいくつもあったが、社会の変化はゆっくりとしか起きなかった。それには明確な理由がある。おかしなことに、自分以外の白人は差別撤廃に反対しているという思い込みが白人のあいだにあったのだ。1960〜1970年代に、ウェズリアン大学の社会学教授ヒューバート・オゴーマンが明らかにしたところによると、差別に賛成の層は、周囲の人々も差別賛成の立場だと考える割合が高かった。一方、差別に反対の層は、自分だけが差別反対の立場だと誤認している割合が非常に高かった。「厳格な人種差別に価値を見出している白人ほど、同じ地域に住む白人の過半数も同意見だと推定する傾向が見られた」とオゴーマンは指摘している[53]。他者の考えを読みちがえて自分の本当の意見を言わなかったがために、白人たちは個人の規範を損ない、内心で望んでいた平等の進展を遅らせてしまったのだ[54]。

差別撤廃に関するこの誤解は、数々の研究で繰り返し証明されている。白人の百貨店支配人は、顧客が嫌がるという誤った忖度《そんたく》から、黒人の店員を雇わなかった。1969年のデトロイトでは、黒人と白人の子供同士で遊ばせることに市民の75パーセント以上が賛成していたのに、自分と同意見の市民は3分の1しかいないという思い込みがあったことがわかっている。こうした誤解が従来の制度的差別をしぶとく支えつづけた。たとえば住宅購入や賃貸契約にまつわる差別的条項や地域指定といった制約により、黒人をはじめとしたマイノリティが何世代にもわたって良質の医療や教育、住生活などの機会を奪われた[55]。また、誤解により補強され、いまでもアメリカ人同士の意識的・無意識的な行動に影を落としている偏見もある。

オゴーマンが1976年に発表した論文の一節は、まるで現代の私たちに語りかけているかのようだ。

小規模で比較的親密な集団のメンバーでも、ほかのメンバーの価値観や態度を頻繁に見誤る。より大規模で人間味の薄い状況では、似たような社会的アイデンティティを持つ既知および未知の他者が関わることで、この形態の無知はよりいっそう発生しやすくなり、社会の変化が加速している時期においては広範な影響をおよぼす傾向にある。このような環境下では、人々の支持が比較的少ない道義的規範が多数派を代弁する考え方のように誤解され、かなりの影響力を持つことがある[56]。

その行き着く先は、有害きわまる自己成就的予言だ。周囲の人々が持っている意見について無批判かつ不正確な推測をし、自分が少数派になることを恐れた結果、誰も支持していない考え方を生きながらえさせてしまう。そればかりか、現状に反感を持っている層が現状を積極的に維持する側にまわるため、その幻想を崩すことが不可能になる。これが、所属への欲求がアイデンティティの罠に落ち、他者を傷つけ社会の進歩を妨げる共犯者と化す仕組みである。

社会的ポートフォリオを多様化する

人民寺院のジム・ジョーンズは、クリスティーヌ・ミラーたちを勧誘したとき、信者として完全に服従するよう仕向けた。ジャングルの奥地で集団生活を始めるまえでさえ、持ち物や家を手放させ、ときには子供の養育権すら信仰のために放棄させていた。ジョーンズタウンに移住すると、信者はパスポートと薬を取り上げられ、外界との連絡はすべて検閲されるようになった[57]。ほかに社会的つながりを持たず、ジョーンズの私兵に四六時中監視されていた彼らには、手の打ちようがなかった。

この事例からは、メンバーが注意していないと集団にカルト的支配力が備わる可能性があることがよくわかる。自分が所属する集団や同じ集団にいるメンバーのことをおおむね均質だと思っていると、社会的アイデンティティは単純化して柔軟性を失い、社会的相違への受容性も低下する。群れへの同調が自意識と結びつき、何を犠牲にしても同調しようとする。また、溶け込んでいないメンバーへの疑念が膨らんでいく[58]。

このようなアイデンティティの罠にはまった人は、理由を見つけては境界線を引き、「自分たちと違う」人々を排除する。多様性豊かで外部交流がある集団への許容度が下がり、ステレオタイプを真に受ける。社会を白と黒で塗り分けることで心地よさと安心感を得ようとするのだ[59]。心理学者のマリリン・ブルーワーが同僚のキャスリーン・ピアスとともに発表した

2005年の論文では、次のように予測されていた。「個人あるいは社会システムが心理的・経済的・政治的な損失に見舞われるとき」、不確実性を減らしたい切なる欲求を動機として、排他性の高さと複雑性の低さで世界を単純化できるカテゴリー分けが求められ、それに基づいて社会的アイデンティティが定義されるようになる。その結果、差別の増加と変化への反発が起きるという[60]。

では、このアイデンティティの罠を回避するにはどうすればいいのだろうか? 答えはシンプルな事前対策、アイデンティティの複雑化にある。つまり、カルト信者のように1つの集団にすべてを捧げるのではなく、さまざまな集団に所属するのだ。社会的アイデンティティのポートフォリオを健全化・多様化するとも言い換えられる。どのような関係の集団を選んでもかまわない。個人的にポジティブな意義を感じる集団であればいい。スポーツや音楽のファン仲間、読書会やゲーム大会や勉強会、ガレージバンドや合唱団。そのほか、意欲が湧いて定期的に幸せを感じられる集団を選ぼう。たとえば私の妻は、倍以上も年上の人が集う犬の散歩会に参加したが、それまで赤の他人だった人たちと意気投合したと、本人も驚いていた。

あなたが社会的ポートフォリオを拡充すると、単一グループの落とし穴がなくなり「われら対やつら」の呪いが解けるだけでなく、社会全体に直接的な恩恵がもたらされる。社会的アイデンティティの1つについて拒絶感や劣等感を味わっても、別の社会的アイデンティティに気持ちを向ければ自負心を支えられることが研究で示されている。ヨーロッパ系アメリカ人の女性を対象とした実験では、まず自分の民族的アイデンティティと性別的アイデンティティの強さを申告させ、続いてテストを受けさせた。成績を伝えるときには、アジア系アメリカ人の女性のほうがいい点数だったと伝える。すると、民族と性別に同じぐらいのアイデンティティを感じるとはじめに言っていた被験者が、性別よりも民族のほうに強いアイデンティティを感じると答えを翻《ひるがえ》した。同じ性別のなかで劣等感を味わったため、代わりに民族をアイデンティティの柱に据えたのだ。

このように複合的なアイデンティティを持つと、自分にうまく「代役」をあてがうことができる。それは自尊心を守り、人と比較される恥ずかしさを和らげるのに役立つ〔61〕。また、群れから認められたと感じるたびに脳から軽い報酬シグナルが出るので、所属する群れの数を無理のない範囲で増やせば、幸福を得る機会を最大化できる〔62〕。

アイデンティティ複雑化の利点はまだある。2000年代はじめ、マリリン・ブルーワーはソニア・ロッカスとともに、複数の群れに所属することの知見をもう1つ明らかにしている。自分の集団により豊かな多様性を感じると、レジリエンス（回復力）が高まるうえ、世界観が全般的に寛大で、分け隔てなく、深みあるものに変わるのだ〔63〕。また、交友関係の幅を広げると、よりよい情報と多面的な見方を得ることができ、単一グループの幻想に陥りにくくもなる[64]。

このように、社会的アイデンティティのポートフォリオを拡充することは、自分のためになる有意義な行動だ。しかしそれだけでなく、集団にとっても価値が高い。個人の免疫系を鍛《きた》えるにはさまざまな菌やウイルスに触れる必要があるのと同じく、集団も変化に適応しなければ繁栄することはできない。知識とアイデアの多様性を高めることは、私たち全員を強くしてくれるのだ。

第3章　裏切りの沈黙——脳が求める多数派の安心感

沈黙が裏切りとなる時代が来る。
——マーティン・ルーサー・キング・ジュニア

想像してみてほしい。あなたは2000年代後半のオランダにいて、女子大学生をしている。ある日、社会科学専攻の講義棟を歩いていると、研究への協力者を募集するチラシが目にとまった。「美しさを見る」という社会心理学の実験をおこない、人は顔の魅力をどう認識するかを調べるという。あなたはファッション雑誌をよく読んでいて、審美眼にはちょっと自信がある。チラシには、パリとミラノでも同時に実験をおこなうと書かれている。「これ、いいかも」と思ったあなたは、応募することにした。

数日後、健康に関する経歴調査書（閉所恐怖症かを問う質問もあった）に記入し、実験本番の日程を決めた。説明によると、脳をスキャンされながら、さまざまな女性の顔にどれほど魅力を感じるかを採点するという単純な実験らしい。1時間だけ審査員のまねごとをすれば、科学に貢献できるのだ。

実験の日、白衣を着た助手に案内されて部屋に入ると、幅の狭いベッドが置かれていた。片方の端は、なにやら巨大な白いプラスチック製のドーナツのようなもののなかに突っ込まれている。ドーナツの穴の部分は、ベッドと人体がちょうど収まるぐらいのチューブ状だ。「これがｆＭＲＩ装置です」と助手は言った。ベッドに横になると、4つのボタンがあるコントローラーを2つ手渡された。「これから写真を見てもらうので、1（まったく魅力的でない）から8（とても魅力的）で評価してください」とボタンを1つずつ指差しながら助手は言った。「回答時間は1枚につき3～5秒です」。そう言うと助手はあなたの耳をヘッドフォンで覆い、頭のまわりに何かをはめて固定した。目の前にある小さな鏡には、チューブの奥に置かれた画面が映っていた。

「気分は悪くありませんか？」と尋ねる声がヘッドフォンから聞こえた。

「大丈夫です」と答えるものの、どこか心細くて薄ら寒い気がする。

できるだけ動かないようにという声がしたかと思うと、ベッドがスライドしてチューブの奥まで入れられた。1分ほどしたところで、鏡に映っている画面が起動し、女性の顔が表示された。濃いアイメイクに、薄い微笑み。髪は脂っぽい。画面はすぐに暗くなり、いちばん下に1～8の数字だけが並んでいた。あなたは6点のボタンを押した。画面の6が緑色の四角い枠で囲われ、その数秒後、8のところに赤い枠と「＋2」の表示が現れた。「パリとミラノから参加しているヨーロッパ人女性」は、平均で2点高く評価しているようだ。

「ふうん」とあなたは思う。「変ね。何か見落としたかな?」

次の顔が表示され、fMRI装置のガタガタ、ブンブンいう音が気になりながらも写真に集中した。そうして延々50分も顔の採点を続けた。

実験後、控え室でくつろいでいると、さっきとは別の助手が入ってきた。もう一度、今度はfMRIなしで顔の採点をしてほしいという。これまたさっきとは別の部屋に通され、気分が悪くないか確認されたあと、同じ画像を見せられた。ただし順番は異なっており、ヨーロッパの「平均値」は表示されない。回答時間の指定もなく、自分のペースで進められた。

その採点もすむと、いくつかの質問があって実験は終了となった。あなたは科学に貢献できた喜びを胸に、家路につく。

科学に貢献できた――それは間違いないが、あなたが思いもよらない形で、だった。じつは、説明されていた実験の背景は、真っ赤な嘘だったのだ。実験の真の目的は、大勢の顔についてのあなたの意見が、他者による採点を知ったあとでどのように変化するかを観察することにあった。ヨーロッパ人女性の「平均値」として示された採点は架空のもので、あなたの意見と異なる採点が交じるように設定されていたのだ。パリもミラノもまったく関係なかった。だが、その実験結果にはあなたも目を奪われるだろう。

集団から逸脱したと知った瞬間、被験者の脳内でエラー反応が出るところをｆＭＲＩはリアルタイムにとらえていた。神経学的レベルでは、これは予測と異なる結果に遭遇したときと同じ反応である。このような予測の誤りは通常、ミスとして刻み込まれる。脳がミスを記憶し、次にそのミスを繰り返しそうになったときには違う行動をとるよう命令を出すのだ。これが車の運転やスキーの滑降であれば、素晴らしい機能だ。しかし、集団のなかにいる場合に同じ反応が起きると、意見の違いは修正すべきエラーとして脳に処理される。言い換えれば、集団の総意と思しきものに同調しようとする無意識の衝動が人間にはあるということだ。

また、実験の後半からは、被験者の採点がヨーロッパの参加者の「平均値」に近づくように変化したことがわかった。これの意味するところを考えてみてほしい。被験者は、アイデンティティに関わる内集団からの圧力にさらされていたわけではなく、２都市の女性の集団における平均がどうなっているかを知らされただけだった。そのうえ、この集団は目の前におらず、匿名（そもそも架空）なのに、その意見は被験者を同調させるのに十分な効果を見せたのだ［1］。

その理由は、たとえ集団への帰属意識がなく、集団の意見がただの幻想だったとしても、人間は多数派につこうとすることにある。本能的に行動していると、脳は社会的状況で真実とうわべを区別してくれない。

これが起こると、「総意の罠」に陥ることになる。この罠によって引き起こされる集合的幻想は、嘘よりも沈黙を根源としている。それは誤解の霧が全員を包み込んでしまうまで広がりつづける沈黙だ。声なき総意は、間違ったことをしている実感が湧かないので、きわめて有害である。無批判に模倣するのではなく、アイデンティティのために自分を偽るわけでもない。それでも、総意の罠がもたらす沈黙は、ほかの2つの罠に劣らぬ傷を社会に負わせる。そして最悪なことに、私たちはそれをいつもやっているのだ。

人は共通認識にしがみつく

魚が捕食者から逃れるため群れの中心に寄っていく本能を持っているように、人間は生存率を上げるため多数派につこうとする［2］。集団と思しきもの（前述の実験のように、それが架空のものだったとしても）からはみ出すと、ひどく心もとなく感じるものだ［3］。この多数派指向のバイアスは、幼いころから認められる。1歳7か月の赤ん坊でも、はじめて接するおもちゃのなかから1つ選ぶときに大人の多数派を見るという研究結果がある［4］。意図的な圧力や動機づけがなくても、総意と思しきものに合わせることを人間は好むが、そこには生物学的な仕様という単純な理由が潜んでいる。

排斥に強い不安を感じるように、社会的孤立には生物としての恐怖がともなう。孤立は排斥よりも見えにくいところで緩慢に進行し、精神も肉体も強く蝕《むしば》む。たとえば、認知能力の低下や認知症のほか、ストレスの上昇、不眠、うつ症状、潜在的脅威への過度な警戒心などが現れる［5］。

対照的に、多数派についているときは、個人よりも強力なネットワークとつながっていると感じられる。これには双方向的なメリットがある。個人にとっては多数派の力が盾《たて》となり、自分にもその力が宿ったように感じる。一方、個人が同調への思いを強くするに従って、集団は影響力が高まり影響範囲が広がっていく。それゆえ、多数派の一部でいると掌握感が得られ、それは集団の力とともに強化される。信条と規範を共有していると、「あの人たちに権力があるということは、自分にも権力がある」と思いがちなのは、これが理由だ。このような権力の感覚は脳の報酬系を刺激するため、赤ん坊のおしゃぶりのように脳が欲しがってやまない。また、多数派の数的優位は、うわべの優越的地位と影響力という満足感をもたらす。盾は要塞と化すのだ。

問題は、この孤立への恐怖と多数派としてのメリットという独特の組み合わせのせいで、総意と思しきものならなんにでも同調しようとする動機が働くことだ。それゆえ、流動的な社会的判断が求められていて、いくつかの（たいていは2つの）競合する考えが多数派を争っているときには、ほとんどの人が日和見を決め込む。形勢の針がはっきりと振れると、人の多いほうに与して利益に預かる。孤立を避けつつ、多数派に所属するあらゆるメリットを享受しようというわけだ[6]。

この現象の一例が1965年9月のドイツ連邦議会選挙で見られた。世論調査では、二大政党の与党・CDU(キリスト教民主同盟)と野党・SDP(社会民主党)の支持率が45パーセントずつで拮抗し、膠着《こうちゃく》状態が何か月も続いた。しかし、投票日の数週間前に風向きが変わり、CDUの支持率が突如10パーセントも上がった。勢いそのままに、CDUはSDPを9パーセント上まわる票を獲得した。

なぜ形勢が突然動いたのか、誰もが首をひねった。世論調査の集計ミスではないかとの憶測が真っ先にあがった。しかし、社会調査・情報伝達研究者のエリザベート・ノエル゠ノイマンが投票前の半年間について研究したところ、特定の出来事がきっかけで浮動票が一気に動いたことが示唆された。1965年5月にイギリスのエリザベス2世が訪独したことが関係しているのではないかとノエル゠ノイマンは仮説を立てた。女王に付き添ったのはCDUのルートヴィヒ・エアハルト首相だった。それで支持者の士気が上がり、公然とCDUへの支持を口にするようになった。一方のSDP支持者は勢いをくじかれ、口をつぐみ声を潜めた。CDUを推す声が高くなり、選挙に勝つ見込みが大きいような印象を与えた。かくして、態度を決めかねていた有権者はCDUの名前をにぎやかに囃《はや》したてるバンドワゴン(楽隊車)に乗せられることになった[7]。

この「バンドワゴン効果」を説明したのはノエル＝ノイマンが最初だったが、それ以前からよく見られる現象である。とりわけ政治の世界では顕著で、投票前の世論調査結果をニュースで見る機会が多い人ほど、選挙戦で目立っていた候補者に投票する傾向にある。

2020年のアメリカ大統領選挙も例外ではなかった。前年の春に出馬表明したころは、ジョー・バイデンは有力候補者のバーニー・サンダースとエリザベス・ウォーレンに押されぎみだった。サンダースとウォーレンが左派と若年層に支持されている一方、穏健派と年配層には支持を広げていないことに目をつけたバイデン陣営は、2月のサウスカロライナ州での民主党予備選挙の際に高校の体育館で演説をおこない、同州民主党の支持基盤であるアフリカ系アメリカ人との絆を強調した。このメッセージは、ニュースとソーシャルメディアを通じて拡散された。予備選挙の結果、バイデンはアフリカ系アメリカ人の票の64パーセントを獲得することに成功した。これで選挙戦の潮目が変わり、ほかの州の有権者も次々にバイデン支持に流れていった。一度勢いを得てしまえば、勝ったも同然だったのだ[8]。

サウスカロライナ州の予備選挙のあと、エイミー・クロブシャー（上院議員）が選挙戦から撤退したが、あなたがこの候補者の熱烈な支持者だったらどうしただろうか。クロブシャーの主要な公約を友人や家族に推しつづける？　それとも単純に、候補者のなかでいちばん人気のバイデンで妥協する？

バンドワゴンの音が聞こえはじめると、自分の好みを偽ることはなくても、最有力でない候補者については話さなくなるものだ。バンドワゴン効果は、人気のない意見を口にしづらくさせるのである。つまるところ、人気がありそうな勢力を支持しようとする人類共通の傾向は、世論調査とメディアが民主主義とその機能に対して不当に大きな影響力を持つ原因となり、一国の政治にまで害をおよぼしている[9]。

もちろん、バンドワゴン効果は政治の世界だけの話ではない。自分がとっている立場に不安を感じたり、風向きが変わりそうだと思ったりしたときに口を閉ざす、この慎ましい性質は、誰の人生にも繰り返し表れる。孤立の恐れと多数派への指向（選挙の場合は政治的敗北への絶対的恐怖とも言える）によって判断がねじ曲げられるほど、声をあげることは少なくなる。逆に、多数派の側にいると、「そこらへん」のほとんどの人に同意される確信があるため、なんのリスクも感じずに意見を公言することができるのだ[10]。

安全第一がもたらすもの

あなたが市議会に初当選したとしよう。なにかと議長の助言を乞わなければならない立場だが、市政に携わり関心ある問題に取り組めることにやりがいを感じている。

初登庁の日から難しい議題が待っていた。住宅当局からの報告によれば、補助金付き公営アパートメントで犯罪や薬物使用が増えているという。このアパートメントは需要が高く、入居資格を満たす高齢者や障害者をはじめとした大勢の待機者がいる。そこで、薬物関連の犯罪で逮捕された入居者を立ち退かせ、犯罪に関わる可能性が低い待機者を入居させたいというのが当局の希望だった。

理に適った計画のように思えた。立ち退くのが独身者なら問題ないだろう。しかし実際には、薬物関連の逮捕者は18歳未満のティーンエイジャーがほとんどだという。そうなると問題は難しくなる。薬物を売っている未成年者を立ち退かせて家族を離れ離れにするべきか、それとも子供のおこないを理由に一家全員を立ち退かせるべきか？　また、きちんとした処罰が与えられなければ、大人の薬物ディーラーに運び屋として使われることになるのではないか？

あなたは、家族の支援と犯罪者の更生のための予算を増やすべきだと考える。ほとんどの議員も賛同してくれるだろう。少なくとも、計画のよい点と悪い点について丁寧に議論されるはず——そう思っていたところ、議長が単刀直入に言った。「薬物を売りさばいているような子供は、すでに家族から切り離されているでしょう」。逮捕歴があれば12歳から立ち退き対象にするべきだとし、さらにこう続けた。「私のやり方でいけば、離れ離れにはなりませんがね。家族全員を立ち退かせますから」[11]

その言い方の強さとあけすけさに、あなたは耳を疑う。人の考えは読めないものだと痛感しつつ、議場を見まわす。ほかの議員が自分に賛同してくれるかどうか、確信が揺らいだ。「みんな議長に賛成なのかもしれない」とあなたは思う。実際のところ、住宅問題は専門分野ではなく、強いこだわりもない。「発言しても仕方ないな。私の意見で採決が変わるとも思えないし、最初から反抗的だと見られるのも損だ」

そうして、あなたは最後まで黙っていた。

このような居心地の悪い沈黙を決め込むことは、認めるのが嫌になるほど頻繁にあるものだ。とりわけ、公言するのがはばかられる動機があると沈黙を破りづらい。たとえば、あなたの高校生の子供が特定のスポーツチームに入りたいとか、コンクールで優勝したい、地元の名門大学に進学したいと思っていて、高校の評議会にさきほどの議長が席を占めているとしたら、楯《たて》つくことなどあり得ない。また、口をつぐむと仕事の上で有利になる場合もある。昇進をねらっている人なら、上司が不適切な冗談を言うのを聞いても、止めるのは得策ではないと感じるはずだ。

ここで、こう思う人がいるかもしれない。「言いたいことはわかった。でも、沈黙を守って成り行きを見ることになんの問題がある？　自分が思う真実を口にしていないのは事実だけど、沈黙は何もしなかっただけであって、自分から何かをしでかしたわけじゃない。実害はないだろう？」

ところが実害はあるのだ。それも、さまざまに形を変える実害が。短期的には、嘘に調子を合わせた自分自身が傷つく。また、ほかのメンバーを重要な新情報から遠ざけ、有害ながら正統的な規範を強化することになり、集団にとっても害となる。そして長期的には、沈黙が原動力となって幻想が生まれ、長く維持されるのだ。

沈黙が発するメッセージ

イヴァン・ベルトラミは、歯を見せて大きく笑った顔が印象的な青年だった。フランスのマルセイユで医師として働いていた１９４０年代はじめには、ナチスとその傀儡《かいらい》政権のヴィシー・フランスを憎んだ。みずからはカトリックを信仰しながらもユダヤ人に友好的で、自宅やインターン先の病院にかくまったこともあった。連絡員としてレジスタンスに協力し、警察の手入れや一斉検挙の情報が入ればユダヤ人に注意を呼びかけた。連行されかけたユダヤ人を助けたことさえあった。弟がナチスに逮捕されブーヘンヴァルト強制収容所に送られたあとは、ヴィシー政権の協力者とゲシュタポのメンバーを殺害することを目的とした地下組織の指揮を執った[12]。

ここで、自分が１９４２年のイヴァン・ベルトラミになったと想像してほしい。いま、あなたの知り合いでもある地元マルセイユの警察官1人がユダヤ人を検挙しているところに出くわした。警察官は怒鳴りつけながらも頬《ほお》を涙で濡らしている。葛藤していることは誰の目にも明らかだが、泣き叫ぶユダヤ人を家畜運搬車に押し込むのをやめようとはしない。

あなたは心のなかでつぶやく。「あの人は自分が恥ずかしくないのだろうか。なぜこの惨事に立ち向かおうとしない？　私のようにレジスタンスに参加することだってできるのに。自分のしていることが正しいとでも思っているのか、それともほかに選択肢はないと感じているだけなのか」。その後、このときの様子を振り返ると、新たな疑問が湧いてくる。「まわりで見ていた人たちはどうなんだ？　ユダヤ人への仕打ちに本当に賛成なのだろうか？　いまごろみんな私に対して同じ疑問を感じているかもしれない。しかし、何か言おうものならその場で逮捕されたにちがいない。それでレジスタンスを危険にさらすわけにはいかなかった」

もちろん、これは極端な例だが、第1章で述べた、壁の通気口から煙が出てくる実験を思い出してみてほしい。火事かと思うほどだったのに、多くの被験者が周囲から浮くのを恥ずかしがって騒ぎ立てなかった。意見を発するコストがごくわずか、または完全にゼロであっても、沈黙を決め込んで表面的な安全を得ようとする傾向が人間にはあるのだ。自分や周囲への直接的な脅威を前にして口をつぐむときには、この傾向がいよいよ有害になる。

誰でも生活のなかで、ちょっとしたことだが明らかに悪いおこないを助長してしまうのは珍しくない。子供への体罰や動物への虐待、金銭的な不正、セクハラ、パワハラ、人種差別など、ありがちな悪事を目撃して声をあげなかったとしても、日常は続いていく。しかし、集合的沈黙による傷は深い。直接の被害者だけでなく、目撃者全員が痛みを負う。さらには社会全体が苦しむことになる。その悪事を自分は問題視しないというメッセージを、沈黙を通じて発信するからだ。互いを模倣する人間にとって、この行動の影響は指数関数的に大きくなる。「みんな」が自分と同じことをしていると、「みんな」もその悪事が問題ないと考えているという推測が成り立つ。

ナチスの支配下にあったフランスのように、明らかな権力の不均衡やより一般的な不平等がある状況では、沈黙がエスカレートしやすい。権力側に反対意見を述べることは死活問題であり、その末路を考えれば呑み込むのが普通だ。そして、誰かが勇気を持って言い出してくれれば自分も同調しやすいのに、と胸の内でつぶやく。ワンマン社長と同じ会議に出席したことがある人なら、お気に入りの部下かリスク許容度の高い社員しか物申すことはできないとわかるだろう。それ以外の出席者は皆、忙しそうに資料をめくるだけだ。権力者から非難されるおそれがあると、どうしても口を閉ざしがちになる。なにしろ子供のころからそのように訓練されてきたのだから。しかし、仲間内のプレッシャーが強く、権力者に真実を伝えるのが難しいビジネスの世界では、沈黙は危険な行動規範だ。企業内の沈黙についての研究によれば、重要な懸念を上司に言い出せないと一度でも感じたことがあるという回答が85パーセントにのぼった。別の研究でも、社員が声をあげようとしなかった、またはあげられなかったことが原因で、企業に大きな問題やアクシデントが起こったと93パーセントが回答する結果となった[13]。

組織的行動に関する文献には、従業員が遠慮して間違いを指摘したり潜在的リスクを進言したりしなかったときにどうなるかを示す実例が豊富に出ている[14]。NASA（アメリカ航空宇宙局）では、スペースシャトル・チャレンジャー号に装着されたOリングに不具合のおそれがあったが、上司のことを怖がっていたエンジニアは報告しなかった。致命的欠陥を負ったチャレンジャー号は1986年1月28日の寒い朝に打ち上げられ、73秒後に爆発した。乗組員は全員死亡し、世界中がショックを受けた[15]。フォルクスワーゲンでは、高圧的で権威主義的な社風がエンジニアをディーゼルエンジンの排ガス検査不正に走らせた。この件が明るみに出ると、100億ドルを超える罰金と信用の失墜がフォルクスワーゲンを待っていた[16]。また、率直な物言いが美徳とされるシリコンバレー企業でも、行きすぎれば解雇の憂き目を見ることも少なくない。ティムニット・ゲブルというアフリカ系アメリカ人女性のAI（人工知能）研究者は、グーグルのテクノロジーに批判的な研究論文を発表したことから、同社での職を失った[17]。

個人の収入や名声、企業の利益にまで影響するような職場では、権力者に真実を伝えるのはなおさら気が重いものになる。キンバリー・ジャクソンの体験もその1つ。コロナ禍のさなか、メディケイド（低所得者向け医療費補助制度）の対象になっている高齢者と障害者が介護施設を退去させられ、自分の職場である精神病院に移ってくる件数が跳ね上がったことにジャクソンは気づいた。介護施設は、認知症の症状をわざと精神病の証拠ととらえているように思われた。この仮説を裏づける、介護施設からの退去の一般的なパターンがあった。利益を主目的とする高齢者福祉企業が、精神病だと主張して利用者を病院に移送し、再入居を拒否する行為が全米で横行していたのだ。これは「患者放棄」と呼ばれ、違法である[18]。しかし、ジャクソンがこの件をニューヨーク・タイムズに語ると、雇用主であるインディアナ州クラウンポイントのニューロビヘイビオラル病院は、メディアに関する従業員規則を破ったとして即刻解雇を言い渡した。ジャクソンの反応は清々しいほどシンプルで、「間違ったことを見つけて、声をあげただけです」という[19]。それには勇気を振り絞る必要があったことだろう。ジャクソンの姿勢を見習えば、誰もが大きな恩恵を受けられるにちがいない。

次の例は、炭鉱業からだ。アメリカでは炭鉱労働者健康監視プログラムのもと、1970年から無料の胸部レントゲン撮影をはじめとしたスクリーニング調査を提供している。しかし、炭鉱労働者の3人に1人しか検診を受けていない。塵肺《じんぱい》を早期発見するには若い労働者ほど受診する必要があるが、実際に受けにくるのは退職間近の年配労働者がほとんどだ。なぜだろうか？

政府に寄せられた炭鉱労働者のパブリックコメントからは、検診の秘匿性と雇い主からの報復が不安視されていると明らかになった。健康上の理由による解雇は法律で禁じられているが、差別的待遇や契約打ち切りの理由はなんとでもつけられる。ある組合労働者は、「炭鉱で塵肺にかかったと証明できる社員を会社はいちばん嫌がります」と語る[20]。報復される心配がなかったとしたら健康上・安全上の危険を報告できるかという質問に対して、そう思うという回答は2割にとどまった。対照的に、部下は潜在的危険を気兼ねなく指摘してよいと考える上司は95パーセントにのぼった[21]。寒さで手足が凍えて無感覚になるように、このコミュニケーションの断絶は個人にも組織にも命取りとなる可能性がある。

太古の昔から、最高権力者は圧力と威力を用いて人々を従え、沈黙を醸成してきた。しかし近年は、ソーシャルメディアの登場で状況が変わった。情報の民主化が進み、従来よりも不誠実で広範なまったく新手の強権主義が現れている。

オンライン上の架空の多数派

ローリー・フォレストは小さな町で歯科医をしている。赤褐色の長い髪を青いメディカルキャップにきちんと収め、知性を感じさせる優しい緑の目をフェイスシールドで覆う。パステルカラーの手術着と青白いゴム手袋を身につけて「怖いお医者さん」が完成すると、にっこり笑って穏やかな自信に満ちた声で患者に話しかけ、歯の治療に取りかかる。こうして昼間は薄暗い人間の口に没頭する毎日だが、夜にはきらきらと輝く別世界が口を開けてフォレストを待っている。

それはヤングアダルト（YA）小説の執筆だ。このジャンルとの出合いは、10歳を過ぎた4人の娘たちからの熱心な勧誘がきっかけだった。「ファンタジーはあまり読んだことがなかったんですが、あんまりしつこく『ハリー・ポッター』を差し出してくるので」とフォレストは回想する。「最後には根負けして。でも読んでみたらすごく面白い。娘に勧められた作品はなんでも読むようになりました」〔22〕。熱烈なファンになってまもなく、日常生活で目にしていた偏見や同性愛嫌悪にインスピレーションを受けて自分でも創作しはじめた。2017年はじめには、魔法とドラゴン、勇気とロマンスを盛り込んだデビュー作『ブラック・ウィッチ』の出版準備が整った。しかし、作品のテイストに似た黒魔術のような運命が待ち受けていた。

発売日の数週間前、事前に作品を読んだYAファンタジー・コミュニティのソルト夫人のようなブロガーが、次のような痛烈なレビューを投稿した。「『ブラック・ウィッチ』ぐらい危険で攻撃的な本ははじめて読んだ。結局は白人向けに書かれている。自分は差別主義者ではないと思い込んでいて、有色人種のことを人間扱いする自分は評価と称賛を受けるにふさわしいと考えているタイプの白人だ」。本作では、人種間対立と人種差別を描くため、差別思想を持った集団に「純血」「混血」といった言葉をあえて使わせていた。その部分を前後の脈絡なく引用し、怒りをぶつける標的としてレビュー記事に貼りつけていたのだ[23]。

ブロガーは数千人のツイッター・フォロワーにレビューの拡散を求め、社会正義と制限なき鋭い批判を標榜《ひょうぼう》する一派をツイッター上に形成した。わずか数日のうちに、発売中止を要求するネットの声が著者と出版社に殺到した。また、不買運動が起こって書評共有サイトのグッドリーズで1つ星評価が大量につけられたが、レビュアーの多くは作品を読んでもいなかった。発端になったブログ記事の閲覧数が万単位で伸びはじめると、批判派は好意的なレビュアーを集中攻撃して黙らせていった。なかにはナチス崇拝者や白人至上主義者となじるものまであった[24]。

反偏見・反人種差別のメッセージをデビュー作に込めていたフォレストは、いわれなき非難にショックを受け、激しく動揺した。しかし、あれこれと考えたすえ、批判派が想定していなかっただろう行動に出る。レビューの声に耳を傾けることにしたのだ[25]。作品をきちんと読んだレビュアーの意見は、ネットで湧いた批判とまったく異なる結論にいたっていて、大いに慰められた。最後には、予定どおり発売を目指すことに決めた。

本書の執筆時点で、『ブラック・ウィッチ』はアマゾンで星4・5、グッドリーズで星4・

08の高評価を得ている。2017年にグッドリーズに投稿された質問には、「根底にある人種差別的な純血神話をまったく批判していない」本が、どうして「2017年に、しかも若い読者に向けて出版されるのか」と書かれている。27件の返信がついており、「まさにその批判が本全体に込められてます」「いいから読め」などといった好意的意見ばかりだ[26]。

質問をした当人は、返信に対してまったく返事をしていない。恥ずかしくて黙ってしまったのだろうか？　2017年にエミリー・メイが投稿し、1971件の「いいね！」がついた4つ星のレビューを一部抜粋する。「私の意見では、『ブラック・ウィッチ』は人々が抱えている偏見について考え抜かれた作品だ」「著者はすべての人種を複雑で思いやりある存在として明確に描いている」。このレビューは、現在6作を数える「ブラック・ウィッチ・クロニクル」シリーズが複数の言語に翻訳され、世界的成功を収めている理由の一端を説明している[27]。

フォレストの経験からは、愚かな口封じが自己増殖し、触れるものすべてを傷つける様子がよくわかる（中傷した1人も同じ体験をしている）。また、多勢に無勢と沈黙を決め込むとき、それが実際には多数派を装った、声が大きいだけの少数派であることが多いという教訓も与えてくれる。

さらに、声をあげて中傷に立ち向かうときも相手に合わせて攻撃的に振る舞う必要はないと証明しているエピソードだ。

デジタル技術がまだなかったころは、主流でない考えを広めるにはその価値を根気強く説明しなければならず、それ相応の手間がかかった。いまや、必要なのはソーシャルメディアのアカウントだけだ。

ソーシャルメディア・プラットフォームは、自分の主張を広めたい者にデジタルな権力闘争の場を提供する。そこでは多数派と思しきものを直接に統率し、反対派には剝き出しの感情をぶつけて黙らせる戦いが繰り広げられる。ローリー・フォレストのように、これに巻き込まれた人は数知れない。ソーシャルメディアによって増幅されたネットいじめは、沈黙と報復の両方を助長し、最終的には誰もが避けたいと思っている社会的非難と二極化、恐怖を生み出す。

映画プロデューサー、ハーヴェイ・ワインスタインのような性的加害者の責任を追及するためにソーシャルメディアを使うのは、間違いなく公共の利益になる。しかし一方で、かつては上位者が権力を振りかざしておこなうものだった弱い者いじめが、ソーシャルメディアによって民主化された側面があることは否めない。ソーシャルメディアを使えば、画面をタップするだけで非難やヘイトの嵐を起こすことができるのだ[28]。

左派思想の著書を遺した学者のマーク・フィッシャーは、SNSなどで特定の対象を糾弾するキャンセルカルチャーを「吸血鬼の城」と呼び、徹底的に抗戦した。ツイッター上の嵐が持つ「包み隠さぬ獰猛《どうもう》さ」と厳しい攻撃性に取り憑《つ》かれた人は、自制が利かなくなり、著名人を絶え間なく追及し個人的に中傷する。対象者が過ちをおかしたかどうかに関係なく、このオンライン攻撃は「恐るべき残渣《ざんさ》、すなわち良心の呵責《かしやく》と魔女狩り的道徳観の悪臭」をあとに残す。恐怖を振りまき、いじめを引き起こす有害な暗雲だ〔29〕。

さらに悪いことに、ソーシャルメディアでは言葉を省いて離れた相手とやりとりするため、軽々しく判断したり一人前の複雑な人間としての個人を否定したりする土壌となる。目に触れるのがコメントや写真、動画だけだと、架空のステレオタイプで飾り立てた小箱に相手のアイデンティティ全体が収まっているように見える。そこから組み上がるごく単純化された他者像は現実の姿とはかけ離れているため、いじめる側は不安なく過激化し、守勢にまわった被害者を冷酷に打ちのめす。フィッシャーが指摘した、個人全体が「判断ミスを含む一言や過失的行動のみに基づいて定義される」流れは、このような仕組みによる〔30〕。

実在の人物によるネットいじめでは生ぬるいとでもいうのか、ここ数年は新たないじめ主体が現れている。ソーシャルボットと呼ばれるオンラインロボットは、主流でない考え方を増幅し、人間の多数派指向のバイアスを悪用する兵器にたやすく転用できる。遊園地にあるゆがんだ鏡のように、誰が多数派なのかの認識さえねじ曲げる力がある。大量のアカウントという証拠を突きつけ、ただのプログラムを本当の人間と誤認させるのだ。たとえば、私の友人の共和党員がトランプ前大統領についての批判的な意見をツイッターに投稿したところ、有名アカウントだった彼のもとには憎悪に満ちた返信が押し寄せた。「出所はたった数千人ほどだとわかっていたけど、地球上の全員に追いまわされているような気分だったよ」と彼は胸中を語った。その一件のあと、ツイッターは使わなくなったという。

このような自動化された偽物のアカウントは、「いいね！」、シェア、ソーシャルメディアへの投稿といった、人間の特定のオンライン行動をまねるようにつくられている。プログラムによっては、まともな討論の場を自分の意見や引用した言葉であふれ返らせたり、特定の人物や投稿への「いいね！」を水増しして人気を誤認させたりする（「総意の捏造」とも呼ばれる）ことができる。ある研究者は、こう指摘している。「1人が大勢を操作しようと試みる能力を、ボットは大幅に増強します。フェイスブックの友達に、いつも政治的な論戦を仕掛けてくる困った人はいませんか？　その友達が総勢5000のボット部隊を手に入れたら、もっとひどいことになりますよね」[31]。実際、ソーシャルボットはそのような使われ方をしている。

ソーシャルボットがつくり出した張りぼての多数派には、偽情報を駆使して「沈黙の螺旋」を発生させる力もある。これは、人々が自己検閲によって押し黙ったときに起こる現象を表す、ノエル＝ノイマンの用語だ[32]。たとえばロシアでは、ウラジーミル・プーチンと政策へのあらゆる批判をかき消すために数年前からボットが使用されている。ボットの利用価値に気づいた政治指導者はほかにもいる。ベネズエラ大統領のニコラス・マドゥロもその1人。2013

年10月31日、ツイッターはマドゥロの投稿を直接リツイートするようプログラムされていたボット・アカウントを一挙に6000以上閉鎖した。利用規約で禁じられている、「アカウントやコンテンツを実際よりも人気がある、またはアクティブであるように見せるための、偽りのエンゲージメント」[33]に該当したからだ。ボット・アカウントは全フォロワーの0・5パーセントにすぎなかったが、一斉閉鎖後はマドゥロの平均リツイート数は81パーセントも激減した[34]。

経済学者のファアン・モラレスはこの出来事を研究し、ボットがオンライン人気の認識に与える影響を掘り下げた。半年間に投稿された20万件以上のツイートを分析したところ、親マドゥロの自動リツイートが急減したのと入れ替わりに、マドゥロ批判の声と反対派への支持が高まったことがわかった。つまり、ボットが人工的に水増ししていた多数派は、ベネズエラでの政治的議論に沈黙の螺旋を発生させていたのだ。水増しが止まると見せかけのマドゥロ支持派が一気に減り、ボットがつくり出した幻想ではなく現実に基づいた世論が形成されるようになった。また、たとえ少数派であっても、ベネズエラ市民は本心を語ることに対して以前ほどの恐怖を感じなくなったという[35]。

あまり知られていないが、ソーシャルメディア上のやりとりの19パーセントは、すでに人対人ではなく人対ボットになっている。ソーシャルメディア・ネットワークの統計モデリングに基づく研究では、参加者の5～10パーセントに当たるボットを紛れ込ませるだけで、議論を誘導し、全参加者の3分の2以上に支持される圧倒的多数派を形勢できることが明らかになっている[36]。

ソルト夫人のような力ある非主流派が、現実を映さない立場を行使し、社会を覆う無知に助けられ、日和見主義者の声なき支持を利用しはじめると、ハリケーンのように猛烈なゆがんだ社会的勢力に急成長する。そうしてできあがる集合的幻想は、ごく少数の支持しかないのに多数派の影響力を振りかざし、大衆の力を利用して危険きわまりない沈黙の螺旋の罠を仕掛けるのだ。

みずから口を閉ざす人々

1965年のドイツに戻ろう。SDP（社会民主党）支持者は、自分たちの沈黙がCDU（キリスト教民主同盟）優勢という幻想を助長していることに気づかなかった。そこから発生した沈黙の螺旋に着想を得て、ノエル＝ノイマンは口を閉ざすという隠れた危険な共犯行為についての考察を深めていった[37]。

自分の考えが現状維持賛成派との争いを招きそうだという思いが強くなると（相手が家族や友人、隣人の場合は特に）、共通認識のゆがみも著しくなるものだ[38]。『裸の王様』のように、真実は蓋をすべき大きな秘密と化す。しかし、現実には「王様は裸だ」と言い出す勇気を誰も持てず、全員が黙ったままになることがほとんどだ。沈黙することを選べば、少数派である王様の愚かなごますり連中が見かけの多数派になる可能性が高くなる。

疑問を呈《てい》して対立を招いたりせず、口を閉ざしているのが気楽だと感じる状況は誰しも経験があるだろう。しかし、場違いだとか面倒だなどという言い訳は、弱い者いじめを後押しすることにしかならない。久しぶりに会った親戚の差別発言を聞き流す、同僚が上司から受けている不当な扱いに目をつぶる、議長がくだした不適切な判断に反論しない――こういった小さな選択の1つひとつが、その場限りの表面的な一体感に一役買うことになり、それがさらに巨大で広範な幻想の呼び水となる。

間違いなく言えるのは、あなたも私もいままさに集合的幻想に巻き込まれているということだ。透明な網に向かって泳ぐ魚の大群のように、私たちは知らないうちに同調と自己検閲という柵のなかに引き込まれている。自己検閲する生得的な性質が、ソーシャルメディアの影響で転移しているのだ。

現在の状況を1950年代初頭と比べてみよう。当時のアメリカは、ウィスコンシン州選出上院議員のジョセフ・マッカーシーが数百人もの人々を共産主義者として反政府活動や国家反逆罪のかどで告発したことをきっかけに、赤狩りの時代に突入していた。全米に蔓延《まんえん》し社会基盤に浸透する「共産主義者の脅威」という偏執的な恐怖が噴出した。下院非米活動委員会が旗振り役となり、国務省や学術界、映画産業、労働組合などで働く大勢の無実の人々がキャリアを絶たれた（同性愛者も安全保障上の脅威であるとして容疑をかけられた）[39]。俳優や監督ではチャーリー・チャップリンやオーソン・ウェルズ、ルシル・ボール、ダニー・ケイ、音楽家ではレナード・バーンスタインやピート・シーガー、科学者ではアルベルト・アインシュタイン、作家ではラングストン・ヒューズやベルトルト・ブレヒト、ダルトン・トランボなどがいた[40]。

ただし、赤狩りの最盛期でも、本音を話すことへの恐怖が支配的になったわけではなかった。以前よりも言論が制限されていると感じると調査に回答した人は、13パーセントにとどまった[41]。マッカーシズムが社会に汚点を残し、13パーセントが民主主義国では大きすぎる割合だったことは事実だが、その数字は現代アメリカの分極化した状況と比べればやはり小さなものだったと思わされる。

いまの私たちは、さらに危険な自己検閲がはびこるなかを生きている。ケイトー研究所による2020年7月の調査では、私的な意見を気持ちよく公言できるかを尋ねた。3分の2近く（62パーセント）のアメリカ人がノーと答え、自分の考えが攻撃的だと思われないか不安だと明かした。民主党支持者（52パーセント）、無党派層（59パーセント）、共和党支持者（77パーセント）、いずれも過半数が同じ気持ちを抱いているという結果だった[42]。

みずから口を閉ざす人々というと、権力者からの報復を恐れる、かつての権利なき労働者のイメージを思い描くかもしれない。しかし、現代版の自己封殺は「機会均等」であり、人種や経済状態、政治思想、学歴によらず、誰もが影響を受ける。

たとえば、幅広い知的考察と実験を旨とする高等教育機関では、より柔軟な考え方と多様な少数意見を擁護する姿勢が豊かだと思うかもしれない。しかし、大学に勤めた私の経験から判断すると、自己検閲の多さでは学術界もほかの領域と変わらない。２０１９年の調査では、高校卒業未満では27パーセントが自己検閲すると答えたが、この割合が高卒者では34パーセント、大学経験者では45パーセントにのぼった[43]（大学院修了者ではさらに上がるだろうと私は思っている）。

少数派としての不安を抱えているのが自分だけだと思い込むと、ほかの人は多数派と同意見だという前提に立って他者の行動を誤って解釈しやすい。そして、「あんなに大勢の人が間違っているわけがない」と考えて声をあげなくなり、その沈黙が今度は周囲に同じメッセージを発する。それを受け取った人は、所属するために模倣または追従することになる。知らないうちに全員が同じ理由から大規模な自己検閲ゲームをプレーしており、そのことにいつまでも気づかない。こうして集合的幻想が生まれ、沈黙を食らう怪物のように急成長する。

声をあげると命に関わるような独裁国家に暮らしているなら、沈黙することも必要だろう。

しかし、口をつぐんで集合的幻想をのさばらせるのは、自分と他者を積極的に危険にさらすことにほかならない。あらゆる立場の人が自分の考えをオープンに共有することが健全性と活気につながる民主主義国家ではなおさら、この種の沈黙は有害である。また、いますぐしなければならない対話がなされなくなり、建設的な議論が妨げられることにもなる。たとえば気候変動問題については、相手と意見が合わないという思い込みや、このテーマを議論する資格がないと思われる不安から、自分の意見を呑み込みがちだという調査結果がある[44]。そうして対話しないでいると、興味がないという誤った印象を与え、文字どおり地球をおびやかす結果となる。

言うまでもなく、意見表明へのハードルは人によって異なり、その高さも誰が味方でどれほど親近感があるかによって変わり得る[45]。多くの人は、自分の意見に対する公の支持があってはじめて発言する。ごく少数の人はなんとしても意見を譲らない。ほとんど全員一致にならなければ意見を言わない人もいる。多数派につきたい人や、最後まで黙っている人もいる[46]。

あなたが発言するハードルがどの高さであっても、自分の意見を呑み込むたびに沈黙の螺旋が勢いづくことはぜひ覚えておいてほしい。1人また1人と巻き込まれるうち、言葉を濁したり言い訳したりする人が増えていき、非倫理的な行為や明らかに抑圧的で不公正な慣習や規範に隠れたお墨付きを与えることになる。螺旋はそうして巨大化していく。最終的に、この個人否定のシステムはあらゆるところで幅を利かせ、常態化する。誰もが受け入れるようになる。こうして、沈黙を通じて全員が自発的な共犯者になるのだ。

疑いの種を撒く

南北戦争終結後、奴隷の身分から解放されたローレンス・ウェアは、離散させられた家族を探して徒歩でジョージア州からサウスカロライナ州まで移動した。見込みは薄く危険は多い旅路だった。場所の見当はついているが、無事にたどり着いたとしても、戦後の混乱のなかですでに引っ越しているかもしれない。ケガを負い、命を落としていることもあり得た。玄孫《やしやご》のタラナ・バークは言う。「この話を聞くといつも思います。〝どうしてこんなことができたのだろう？　白人の自警団に捕まって殺される不安はなかった？　着いたときに家族がいなくなっている不安は？〟。だから祖母に尋ねたんです、どうしてこの旅に出られたと思うかと。祖母は言いました。〝できると信じなくちゃならなかったんだよ、きっとね〟」[47]

いまはバークも、セクハラと性的虐待について何世紀も続いてきた沈黙という共犯行為を断ち切ることを目指している[48]。バークが始め、世界中に広がった「Ｍｅ《ミー》 Ｔｏｏ《トゥー》（私も）」ムーブメント。そのきっかけになった暗澹《あんたん》たる統計結果を彼女はよく引用する。たとえば、毎年女の子の４人に１人、男の子の６人に１人が性的暴行を受けている。トランスジェンダーの女性の大多数も同様だ。多くの先住民女性と障害者も同じ被害を受けている。黒人女性の6割は18歳未満で性暴力を受けたことがある〔49〕。

バークはニューヨークのブロンクスで生まれ育ち、30年近いキャリアを社会活動と周縁化された若者の支援に捧げてきた。「ミートゥー」の原点は、アラバマ州のユースキャンプで働いていたときに出会った13歳の少女だった。ある日、少女はこっそりと近づいてきて、性的暴力を生き延びた体験を明かした。バークは圧倒され、言葉を失った。「心の準備ができていなかった」とのちに語っている。少女を助けたいとは思ったが、ほかの人に託すしかなかった。少女は二度とキャンプに来ず、バークは何が起きたのかいまでも気にかかっている。罪悪感がぬぐえず、何度も繰り返し自問した。「どうして一言、〝私もよ《ミートゥー》〟と言えなかったのだろう？」〔50〕。

２００６年、バークは最初の一歩を踏み出す。ソーシャルメディアのマイスペースに女性支援団体のページを開設すると、徐々に運動は広がり、注目を集めていった。そして２０１７年10月、ハリウッドの映画プロデューサー、ハーヴェイ・ワインスタインが長年にわたり大勢の女性に性暴力をおこなったとして告発されると、本格的に火がついた。ソーシャルメディアに「#MeToo」があふれ、セレブもこの運動に参加した〔51〕。女優のアリッサ・ミラノは、こうツイートした。「セクハラや性的暴行を受けた女性全員が〝ミートゥー〟をステータスとして書けば、問題の重要性がみんなに伝わるかもしれない」〔52〕。すぐに世界中の何百万という人が反応し、「ミートゥー」の体験談を投稿しはじめた。バークが言うように、「これは共感という遠くまで届く力によるムーブメントなのです」[53]。

誤りに対して声をあげる人は社会を改善する力を持ち、その勇気からしばしば英雄扱いされる。もちろん、誰もが信念の強さに基づいて行動し、重要問題について沈黙しないのが理想ではある。しかし、最も勇気ある人々でも、発言にともなう肉体的・経済的・社会的なリスクを負えないときがある。たとえば、ハラスメントを告白した女性の多くは、自分と家族の身の安全が心配でならなかった。人気キャスター、ビル・オライリーのセクハラ疑惑が持ち上がったときに沈黙を破った女性の1人、ウェンディ・ウォルシュは、「子供は大丈夫か、仕返しされないかと心配でした。怒った男性が何をするか知っているので」と打ち明けている。単純に仕事をなくすわけにはいかないという人もおり、その場合は「調子を合わせる」というつらい決断をすることになる[54]。

ただし、沈黙以外の選択肢がないということではない。選択肢はいくつもある。総意の罠から逃れる単純な方法の1つは、統一見解と思しきものに小さな疑問をぶつけてみることだ。ほんの小さな疑いの種でも、見かけの多数派が本当の多数派なのか、その意見は正しいのかを判別するのに十分使える。たとえば、「まだ決めていないんだ」とか、「こっちの価値もわかるけど、あっちのほうも」などと言ってみる。また、別の選択肢を提示するために「友達の場合は」

とか、「何かで読んだんだけど」と言うのもいい。こうすると、自律感を保ちつつ、もっともらしい否認をすることができる。また、発言を尻込みしていた人に逃げ道を与えることにもなる。多くの場合必要なのは、ほんの少しの優柔不断な態度やどっちつかずの意見だけだ。あなたが重い扉を開ければ、周囲の人も勇気を持ってついてこられる。

反対意見を出しても、かならず集団の怒りを買うとはかぎらないと思い出すことも重要だ。まったく逆の展開になることが多い。第2章で見た不良少年ジョニー・ロッコの処遇を話し合う実験では、多数派は「逸脱者」をすぐに排斥するどころか、説得して考えを変えさせようとした。反対意見を出すことは、ほかのメンバーが本音ではどう思っているかを知る優秀な方法なのだ。どちらか一方を強く推す意見ばかりなら、それが集団の本当の考えだと判断できる（もちろん、多数派の考え方に合わせる必要はないが、多数派と錯覚することは少なくなる）。逆に、あなたの意見と合致または同調する声が多ければ、全員が沈黙の螺旋にとらわれていたことがわかる。いまこそ逃げ道を広く開けるべきときだということも。

ただし、いくつかの注意点がある。まず、疑いの種を撒《ま》くなら、本物でなければならない。本気で信じていない考えや思い入れのない意見を出しても効果は薄い。肝心なのは、ほかのメンバーから正直な考えを引き出すことだ。また、討論のうまい人がしているように、相手側の意見にどのような利点があるのかを把握する必要がある。自分にとって重要な問題について、多数派の意見になんの利点も見出せないなら、なぜ発言をためらっているのかを自分に問いかけよう。

肉体的・経済的な強制手段をとられるのが心配なら、匿名で意見を述べたり、似た考えの人を連れてきたりするとよい。その問題が非常に重要なら、試す価値はある。先述した理由のどれかが沈黙の原因になっているのか自問し、判断基準を自覚するようにしよう。

口をふさいでいる封印が破れれば、集団の立ち位置がわかる。開かれた逃げ道を使う人が出てくるなら、いままでの立ち位置が幻想だったという証拠だ。以降は全員でより正直に話し合い、真実に向き合うことができるようになる。これは隠れている集合的幻想をあぶり出すのに役立つプロセスだ。この議論を深めれば、自分も同調するかどうかを冷静に判断する材料になる。また、個人的な意見を偽りなく話し、ほかのメンバーの気兼ねをなくすのにも役立つ。ばらばらの個人では、明らかな多数派に囲まれたときに心細くなるものだ。しかしときには、誰か1人が真実を語りさえすれば、幻想を打ち砕いて再発を防ぎ、現実についての正確な共通認識を打ち立てることができるだろう。

第2部

社会に潜む罠

人間は自分ひとりでは生きていけない。私たちの命は何千本もの見えない糸で結びついており、この共感の糸を通じて自分の行動が原因として伝わり、また結果として戻ってくる。

――ハーマン・メルヴィル

第4章　模倣の本能——他人のまねが絆をつくる

人間は同調によって半壊するが、同調がなければ全壊することになる。

——チャールズ・ダドリー・ワーナー

次ページの2つの図を見てほしい。右図の3本の線のうち、左図と同じ長さの線はどれだろうか？

答えは誰の目にも明らかだ。

では、これが実験の一部であり、あなたのほかに7人の参加者がいるとしよう。あなたは2つの図をじっくりと見て、左図と同じ長さの線はCだと確信する（実際、それで正解だ）。1人ずつ答えを発表するよう指示されるが、席の並びからあなたの順番は最後になる。

7人とも自信を持って答えていたし、その答えも一致していた。左図と同じ長さの線はBだ、と。

いよいよあなたの番が来た。もう一度図を見比べてみる。みんなには何が見えているんだ？

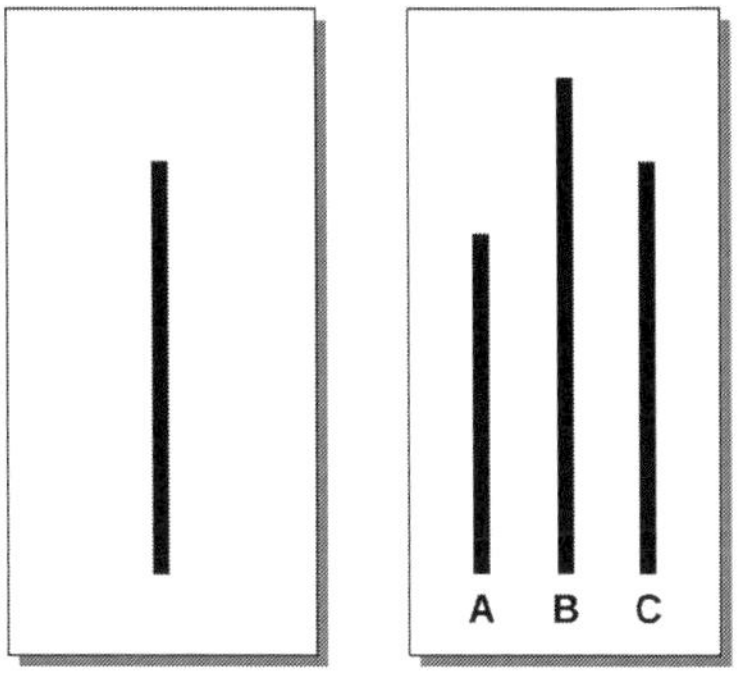

7人とも見まちがえているんだろうか？　自分の目が信じられなくなってきて、どうしたらいいかわからない。あくまでも自分が正しく、まわりが間違っていると言い張るべきか？　それとも、本当にBが正しい答えなのか？　あなたなら自分の信じる答えを言うのと、自分の目に映るものを否定してまわりの言うことに従うのと、どちらを選ぶだろうか。

この実験には、ほとんどの心理学的実験と同じく、被験者に知らされていないことがある。まず、あなた以外の7人は実験協力者で、被験者のふりをしている。また、全員が間違った答えを言い、明らかな正答がそうでないように振る舞っているのも実験者の指示だ。

自分ひとりにしか見えていないものでも、それは真実と言えるだろうか？　ほとんどの人はイエスと答えるだろう。真実は誰にも曲げられない、と。しかし、心理学者のソロモン・アッシュは、それとは反対の結果を1950年代に示した。

アッシュは大学生を対象にして、この有名な実験をおこなった。同じように8人グループで複数回おこなったところ、123人の被験者の3分の2が多数派のまちがった答えに1回以上同調した。多数派の圧力に負けずに自分の答えを貫いた被験者もいたが、全体では間違った答えが37パーセントにのぼった。まわりに同調した被験者は「自分になんらかの一般的欠陥があると思い、なんとしても隠さなければならないと考えた。それゆえ、みずからへの長期的な影響に気づかぬまま、必死に多数派に交じろうとした」とアッシュは結論づけた[1]。

実験後、自分が何回まわりに同調したかを尋ねたところ、すべての被験者が実際よりも少ない数を答えた。さらに不可解なことに、自分にも多数派と同じものが見えたと断言し、おのれの目を信じない被験者が何人もいた。アッシュは首をひねった。彼らは自分の答えが間違いだと知りつつ同調したのか、それとも集団の力が彼らの認知を本当に変えたのか？　その答えを得られぬままアッシュはこの世を去った[2]。

月日は流れ2005年、エモリー大学で心理学と神経科学を研究するグレゴリー・バーンズはアッシュの実験を再現した。1つの違いは、アッシュの時代には発明されていなかったfMRIを使ったことだ。この当時の最新技術により、決断をくだすときに被験者の脳内で何が起こっているかを見ることができた。すると、被験者が集団に同調するたび、強化と報酬の感覚を司る脳の部位が活性化していた。反対に、集団に異を唱えるときには、扁桃体（不快な感情とリンクしている領域）が「エラー信号」を発し、被験者が居心地の悪さを感じていることがわかった。最も興味深いのは、同調者の脳の視覚系に物理的な変化が見られたことだ。これは、実際に見えているものが変化したことを示唆している。つまり、一部の同調者は「制御された幻覚」とも呼ばれる錯覚に陥り、本当に自分の認識どおりの真実を語っていたのだ[3]。

アッシュとバーンズは、人間が集団側につくようにできていることを証明した。また、同調の罠に陥ってしまう理由も説明している。地球上のどの生物よりも、人間は高度に社会的な存在なのだ。この比類ない社会性によって人間は繁栄し、ほかの種《しゅ》には不可能なスケールで力を合わせることができている。これはいともたやすく集合的幻想に取り憑かれる原因の1つでもある。同調の罠にはまるのを防ごうと思うなら、その裏にある社会的本能をより深く理解する必要がある。

サル対赤ん坊の社会的テスト

人間の赤ん坊、成長したチンパンジー、大人のオランウータン。このなかで、道具を使い、いちばん大きなおもちゃの山を見分け、報酬のある場所を見つけるのがうまいのは誰だろうか？

人間の赤ん坊だと思った人は、間違いだ。

2歳児、チンパンジー、オランウータンという、種を超えた研究において、物理的環境に関連したテストでは全員だいたい同じ成績になった。しかし、コミュニケーションや相手の考えを推し量る能力に関連する社会的テストでは、赤ん坊が2倍以上の好成績を収めた。研究者は次のように結論づけている。物理的世界への対処では人間はかならずしもほかの霊長類よりも賢いわけではないが、観察学習や社会的指向性におけるチンパンジーとオランウータンのレベルは人間にまったくおよばない[4]。

これらの社会的スキルはどのように発達したのだろうか？　人類学では、狩猟採集をしていた約200万年前、協力し合う大規模な家族の群れで暮らすことにより、互いの生存可能性を高めていたと考えられている。予期しない環境を切り抜け、捕食者から身を守り、食糧などの必需品を得るのに有利なやり方だった[5]。また、この時代の人類は時間感覚を発達させ、チンパンジーとは異なる形で時間のコミュニケーションができるようになった。1年前の夏は暑かったとか1週間後には雪が降りそうだといった内容を、チンパンジーはしゃべれないとされている[6]。

ホモ・サピエンスが複雑な言語を話しはじめると、本格的な飛躍の時が訪れた。「この木の実は食べても安全だ」「この道具は動物の皮を剝ぐのにいい」「向こうに水がある」「こうすれば火をおこせる」といったことを、物理的な対象や文脈がなくても説明できるようになった。過去や未来のことを想像するだけでなく、他者の考えをその行動から推測しはじめた。こうして社会的生活の絡まり合いが強くなるにつれて、脳細胞の絡まり合いも強まっていく[7]。

無数の世代交代を経て、人間の社会的スキルとコミュニケーションスキルを支える神経回路は、チンパンジーの3倍の大きさにまで発達した。そうしてより高度な社会的頭脳を獲得する一方で、知識を互いに共有し、子孫に引き継いできた[8]。抽象的記号についての共通認識をつくり上げ、洞窟の壁に走っているウシやウマを描き、手の込んだ葬儀を営み、次々に現れる複雑な問題を協力して解決するようになった。文化と宗教を育み、「人生とは何か」「なぜ私は存在するのか」といった共通の問いを通じて絆を深めた。協力してこれらの疑問に答えようとしてきた結果が、地球上で最も

――支配的な種であり、社会的学習で最高の成績を取る赤ん坊なのだ。――

カメレオン効果

生まれたてのウマやキリンの映像を見たことがあれば、まだ体も乾かないうちに震える脚で立ち上がろうとする姿が目に浮かぶだろう。舐《な》めたり優しく押したりする母親の励ましのなか、この本能は生後1時間もしないうちに子供を突き動かしはじめる。DNAの導きで、捕食者から逃れるためにできるだけ早く歩きと走りを覚えるのだ。

人間の行動は、これとはまったく異なる。這《は》いはじめるのさえ生後半年ほどだし、歩くともなれば1年はかかる。人間の乳幼児期の長さは動物界で堂々の1位であり、母親の胎内にいるよりも長いあいだ周囲の大人に頼りきりになる。この不可解に長い無力な時期は、人間が二足歩行を始め、胎児の頭の大きさに対して母親の骨盤が狭いというアンバランスが生じたことと関係している。骨盤の構造のせいでそれ以上子宮にいられないため、未熟な状態で生まれざるを得ないのだ。それと引き換えに、適応と学習、生存のための高い能力を持った特別大きな脳を維持・発達させることができている。

生まれ落ちた瞬間から、非力な赤ん坊はすべての感覚を使って保護者をとらえ、泣き声で意思を伝えようとする。自分の頭を支えたり腕を自由に動かしたりするには数週間、空腹やお漏らし、疲れを泣き声以外の方法で伝えるには数か月かかる。しかし、その泣き声が大きな役割を果たす。保護者に愛情があれば、親子はともに絆ホルモンのオキシトシンを分泌する。大人は赤ん坊を守り、安全と安心を与えたくなる。赤ん坊はまもなく保護者の表情を見分けはじめ、まねするようになる。笑顔は笑顔を生み、興奮は興奮を生む。そうしてやりとりが交わされるたび、絆はさらに深いものになる[9]。

この模倣行動が、社会的存在としての振る舞いに不可欠な役割を持っている[10]。他者をまねる神経学的欲求はひとりでに起こるもので、なんの理由や意思がなくてもまねてしまう。なぜなのか?

その手がかりは、他者の行動を見たときに活性化する「ミラー・ニューロン」と呼ばれる神経細胞にある[11]。これは模倣だけでなく、他者の経験について理解・共感する能力に関わっている[12]。つまり、模倣のために体の準備がおこなわれるときも、見聞きするものを処理するようミラー・ニューロンシステムが指令を出している[13]。なんらかの動きをとらえると、脳は筋肉に対してまったく無意識のレベルで自動的に模倣の準備をさせ、それが他者の観察を通じてすばやく学習することを可能にしている。まねをする衝動は、社会的つながりを築くのにも役立っている。

私の同窓生でワシントン大学教授のアンディ・メルツォフは、赤ん坊が模倣から学習するところを観察してこのプロセスを解明した。この実験では、1歳2か月の幼児17人を母親の膝《ひざ》に座らせ、脳の活動を測定した。幼児の前には1人ずつ研究員が座り、あいだにおもちゃを置いた。これは一種のスノードームで、研究員が手や足で触れると音楽が流れ、なかでカラフルな紙吹雪が舞う。

測定の結果、研究員が足でおもちゃに触れると、幼児の脳の中央にあって感覚運動野とつながっている領域が活性化することが示された。右手や左手で触れたときには、幼児の脳の右側や左側が同じく活性化した。つまり、幼児は研究員の手足を自分の手足と結びつけ、模倣の準備として大人の行動を自分の体にマッピングしたのだ。「赤ん坊はあなたと自分の両方を見ているのです」とメルツォフは言う[14]。このような認知と運動制御の結びつきは、成長とともに強くなる[15]。保護者が乳幼児に関与することは、無意識的な相互模倣のパターンの構築につながる。それが愛情ある親密な関係を支え、共通の文化への積極的な参加を促すことになる。

この本能的な模倣は、大人になるとなくなるどころか、自然な振る舞いの一部になる。「カメレオン効果」という名前がつけられるほど一般的な現象だ。カメレオンが周囲の環境に応じて自動的に体色を変えるように、人間は他者を見ると同じ行動をとることが多くなる。ダンスをするときも、文字を書き、ボールを投げ、ナイフとフォークを使い、言葉を通じて自己表現し、そのほか無数の行動をするときも、そうして学習している。

たとえば、私の友人で歌手のジェニーは、音感が優れていて外国語の音を聞きとるのが得意だ（実際、数か国語を話す）。数年前、ジェニーは休暇で1週間、アイルランドのゴールウェイで過ごしたが、戻ってきたときには現地民のような発音になっていた。

「しゃべり方がすごいことになってるね」と私は言った。

ジェニーは声をあげて笑い、「そうなの、自分でも耳につくぐらい」と言った——こてこてのアイルランド訛りで。

1日もたたずに元のアメリカ風の発音に戻ったが、のちに話したとき、ジェニーはこう打ち明けた。「自分のなかで社会的分裂みたいな状態になっていたと思う。外国に行って帰ってくるたび、本当の〝私〟はどっちの人物なのか、いつそれを決めたらいいのか、わからなくなる」

このような社会的分裂を起こしたか、誰かが起こしているのを見たことがある人は多いだろう。それを社会適応や愛着、自分探しの一部としてすませるのは簡単だが、社会的・物理的な環境に応じて行動の「カラーリング」を継続的・自動的に変えているのが現実だ。

1999年にニューヨーク大学のタニア・チャートランドとジョン・バージがおこなった実験で、カメレオン効果の仕組みが明らかになった。互いを知らない2人の参加者（被験者は1人だけで、もう1人はサクラ）に、さまざまな色の写真を提示し、何が見えたかを尋ねる。写真は心理学的テストのために使うと参加者には伝えられたが、実際には被験者がサクラの行動をどれだけ模倣するかを観察するのが目的だった。

実験ではまず、サクラが写真の解釈を披露する。写っている人物の感情や事情にまで踏み込んだ内容であり、たとえばこのような具合だ。「チワワを抱いた男性の写真です。チワワの脚にギプスがはまっているので、骨折だと思います。男性は優しそうな見た目で、たぶんチワワのことで心を痛めていて、世話をしてやりたいと思っています」。次に、被験者が別の写真について説明する。これを交互に繰り返し、2人合わせて12枚の写真を見る。被験者はパートナーを替えて2回同じ実験をおこなう。2人のサクラはときどき貧乏ゆすりをしたり、手で顔をこすったりするが、一方は被験者とほとんど目を合わせず、微笑みかけることもなく、もう一方は被験者と目を合わせ、微笑みかけもする。

観察の結果、パートナーが微笑んでいるかどうかに関係なく、被験者は貧乏ゆすりと顔をこする行動を3回に1回ほどまねしていた。目に見える理由がなくとも人間は無意識に他者を模倣すると、チャートランドとバージは結論づけた。

カメレオンの場合、カモフラージュする目的は捕食者から身を隠すことなどと想像がつく。しかし、人間の模倣行動は説明がつきにくい。チャートランドとバージは、模倣の本能もカメレオンが色を変える能力と同じく、適応が目的だと仮説を立てた。2番目の実験として、今度はサクラが被験者の行動をまねしたところ、まねされなかった対照群よりもやりとりがスムーズで心地よかったという感想が多くなった。基本的に、人間はまねされるのが好きなのだ。自分の行動をまねする相手には、共感の結びつきをより強く感じる。つまり、模倣は一種の「社会的接着剤」を発生させ、それにより人々は自覚的な意図に関係なく引き寄せられてコミュニティを形成するので、生存の可能性が高まるわけだ[16]。

10代の若者グループを観察してみればよくわかる。身振り手振り、首のかしげ方、声の高さ。魚の群れのようにそろっている。そして赤ん坊と大人の例と同じく、彼らの行動は鏡映しで、誰かが微笑めばそれを見た相手も微笑みかえす。その回数が増えるほど絆が深まり、互いを守りたくなる――まさに若者が求めていることだ。この本能は強力で、とても礼儀正しい人に接しておけば、見知らぬ人と会っても礼儀正しく振る舞う可能性が高まるほどだ[17]。

しかし、この本能にはちょっとした欠点もある。他者の欲望まで自動的に模倣してしまうことだ。この癖はトラブルの種にもなる。

幻想が現実になるとき

あなたは映画館に入ったところだ。フードコーナーの列に並んでいると、バター風味のポップコーンの香りが漂ってきて、食べるところを想像しただけで唾液が出てくる。ナチョスを注文した人がいて、とろとろのチーズがかかった金色のチップスに目が吸い寄せられる。そのときまでは、小盛りのポップコーンとついでにグミか何かにしようと思っていた。が、立てつづけに2人がナチョスを注文し、明るく照らされた保温器のなかには残り1食分しか見えない。レジに着くころには、心は決まっていた。「ナチョスとグミをください！」と言ってクレジットカードを店員に渡すと、別のレジから「申し訳ありません、ナチョスはたったいま売り切れてしまいました」という声が聞こえ、思わずにやりとする。ただのフードコーナーのナチョスが、いつの間にかあなたを冷徹な実利主義者に変えていたのだ。ほんの少し前まではなんの興味もなかったものに、なぜこれほど魅入られたのだろうか？

フランスの歴史家・哲学者のルネ・ジラールはキャリアの大部分を費やし、人類の長い歴史からこの種の欲求を解き明かそうとした。ジラールの言う「模倣的欲望」は、自分のなかで発生するのではなく、他者の行動を解釈するところから発生するという。

模倣的欲望は、2人の人間が互いを自然とまねるような脳の仕組みになっているために発生する。意味のない抽象的な記号を見比べているときでも、より人気があると思われるほうを選ぶと脳が報酬を与えるのだ[18]（マイケル・ジョーダンの支持があるナイキのように、人気ブランドを買いたくなるのもうなずける。尊敬する人物が選んでいるブランドにお金を出すと、脳の報酬系に心地よい刺激がもたらされる。手に入れたバスケットシューズを履けば、自分も少しだけ速く走り、高く飛べるような気になる）。ジラールはもう一歩踏み込み、何かに対する他者の欲望を目にしただけで、実際には欲しくなくても同じものが欲しくなると考えた。それが起こると、脳は自動的に想像上の（ただし現実感を増した）ライバルに注意を向ける。

たとえば、子供のプレゼントを買いに玩具《がんぐ》店に来た人が2人いるとしよう。1人がキリンのぬいぐるみを見ているとき、もう1人も同じものに目をつけたのを察知すると、不安が湧き起こり、先に取らなければと手を伸ばす。それは相手への敵対心を示す行動であり、もう1人のほうもそのぬいぐるみが欲しいかのような行動に出る。

そのような競争の瞬間には、幻想だったぬいぐるみへの欲望が現実へと昇格する。実際に欲しかったかどうかに関係なく、2人とも欲しくなるのだ[19]。こうして、自分と他者に正直であろうとする気持ちがどこかに行ってしまったかのように、最後のナチョスに飛びついたり、三角関係に陥ったり、おかしな流行に乗ったりすることになる。

模倣的欲望の行き着く先は、いい結末と悪い結末の2つがある。いい結末は、集団内の結びつきが強まることだ。2人のメンバーが競争することなく同じゴールを目指せば（つまり、共有できるゴールであれば）、さまざまなことについて同じ望みを抱くようになる[20]。欲望の共有が知識と安全の共有につながることもある。時代を超えて愛されている歌を歌い、ハグし合い、オキシトシンを分泌し、愛と共感を育む。相手の立場になったところを想像し、どのような感情や欲望を感じるかを思いやる。また、互いの違いに気づき、多様な考え方へのヒントをつかむことさえ期待できる[21]。

もう1つの悪い結末も見てみよう。欲望の対象が分かち合えないときには、競争が起こり、敵対心が芽生え、暴力にまで発展する。このような欲望は、西洋文明の歴史上タブーとされている。古くはモーセの十戒に「隣人の家や財産をむさぼってはいけない」とある。しかし、おもちゃを取り合う幼児のけんか、離婚する夫婦による親権争い、土地の所有権をめぐる隣人同士のいさかい、政党によるネガティブキャンペーン合戦、貴重な資源をねらう国家同士の戦争など、実際には日常茶飯事だ。要するに、欲しいものが供給不足だと奪い合いが起きる。その奪い合いは欠乏感を深刻なものに見せかけ、競争意識はよりいっそう激しくなる。一部のアメリカ人が仕事と財産をこのゼロサムゲームの一部と考え、難民や移民に奪われると恐れているのは、その最たる例だ[22]。

他者が何かを欲する素振りを見せただけで競争本能の引き金が引かれた例を、ジラールは古今東西に認めた。生まれてから死ぬまで人間は社会的性質に突き動かされ、自分と相手を比べるときでさえ他者を模倣し、他者との絆を結ぼうとする。その過程で自分を変える動機として、自分の信条や考えだけでなく他者が見せる振る舞いがあるのだ。

誤った認識が判断をゆがめる

1996年に大学に入学した私は、池から海に出た気分だった。ユタ州オグデンのウィーバー州立大学は、ソルトレークシティの北、ワサッチ山脈のふもとにある。1889年創立で、あらゆる学問分野がそろい、2万4000人の学生が学んでいる。高校卒業者や高卒資格取得者なら誰でも入学でき、4年卒業率は平均12パーセントだ[23]。当時、学生1人あたりの平均授業料は6000ドルで、友人と家族からの援助を受けた私のわずかな資金でもなんとかまかなえた。

はじめは夜間講座に通った。最低賃金の仕事を掛け持ちして食いぶちを稼ぎ、睡眠時間はかなり短かった。高校の成績はよくなかったが、愚直に続けていたら成績優秀者向けの特別プログラムを受けることができた。心理学、歴史学、英語学を学び、どの教授にも文章を誉められた。人よりも文章力があると感じたことがなかったので、驚きだった。それでも光栄なことだったし、卒業するころには文才に自信がついていた。

そして、さらに驚いたことに、ハーバード大学の大学院への進学が決まった。新生活への準備に追われながら、「どうして私が?」という疑問が繰り返し浮かんだ。私の小さな家庭には経済的余裕がなく、アメリカをほぼ横断する旅のあいだはモーテルにも泊まらず、ミニバンのなかで寝た。有料道路の料金を小切手で支払ったものの、当然のように不渡りを起こした。なにしろ目的地に着くころには、ポケットに25セント硬貨が数枚というありさまだったのだから。ようやく到着したボストンだったが、大都会での運転は文字どおり命がけだった。数日後には大事故にあい、愛車は全壊、3歳の息子は大腿骨《だいたいこつ》を骨折した。ボストンの街からの荒っぽい歓迎だった。

ハーバードの学生寮に入居した私と妻は、泣き叫ぶ2人の子供を抱え、お金もなく、友人もいなかった。私は不安に押しつぶされそうになり、いつもいら立っていた。神聖なキャンパスを見まわすと、身なりのいい学生や、ツタを這わせたレンガの壁が目に入り、重度のインポスター症候群（他者から過大評価を受けていると思い込むこと）にかかって自分が詐欺師のような気になった。ここで私は何をしている？　この場所にふさわしくないことがバレたらどうなってしまうんだ？

それでも、自分に言い聞かせた。「少なくとも、いい文章は書けるか」

大学院で最初に受けた名物教授の講座ではまず、認知発達と象徴機能の発達についてのレポートを書かされた。丁寧に調査し、3週間かけて書き上げた。いい出来だと自信満々で締切日に提出し、教授からの反応を待った。

だが、返却されたレポートにはC＋という驚くほど低い評価がつけられていた。1枚目の下のほうには、教授の率直な言葉が書かれていた。「このレポートから判断するに、本学のレベルで成功するライティングスキルがあるのかはっきりしない」

講義が終わって自宅に向かうと、涙が込み上げてきた。自尊心は粉々だった。唯一のよりどころだった才能を否定され、自分の勘違いぶりを思うと、穴があったら入りたかった。自主退学も真剣に考えた。が、最後にはライティングを指導してくれる人が見つかった。普段は学部生を手助けしているらしかったが、私の世話も引き受けてレポートのたびに付き合ってくれた。学期が終わるころには、あの教授の講座でA評価を取り、名誉を回復することができた。

まわり道はしたものの、この経験から私は意外なほどシンプルな真実に気づいた。自分を知ることは、詰まるところ社会的な比較行為なのだ。「私はいい書き手か？」という問いへの答えは、誰と比較するかによって変わる。学部での私は、なかなかよい議論だと教授たちに思われるように単語と段落を並べられる比較的優秀な学生だったが、大学院では並以下だった。同じように、私は中学生と比べればバスケットボールがそれなりにうまいが、レブロン・ジェームズのようなNBA選手とは比べるべくもない。10代のころの私は棒高跳びが得意だったが、元大学チャンピオンだった父に比べれば素人に毛が生えた程度だった。「あなたはなんでも世界一完璧」という母の言葉を信じている人がいたとして、それは実態を十分に反映した評価ではない。

では、自分の立ち位置を知るにはどうすればいいのだろうか？

認知的不協和の概念を提唱した社会心理学者のレオン・フェスティンガーは、キャリアをスタートさせた1940年代後半に、他者と自分の比較に関する研究をしている。その出発点として、人間には自分の意見が正しいのか、自分のなかで他者より優れている能力は何かを知りたいという普遍的な動機づけがあると仮定した。自分の意見や能力について、まずは客観的な尺度を求めるものの、適した指標がない場合には次善策として、身のまわりで手に入る情報ならなんでも使うというのがフェスティンガーの結論だった［24］。それゆえ人間は本能的に、靴のサイズや物事の感じ方、頭のよさなどあらゆるものについて、自分の目から見た他者を基準にして測ろうとする。こうした自己評価は、自分の行動と世界の認識についての道しるべとなる。

大学院時代の私のように、意識して自分と他者を比較したときのことを思い出した人もいるかもしれない。しかし、本能から社会的情報がリアルタイムに吸収・解釈され、神経学的レベルでこのような評価がおこなわれる場合もある。脳における報酬の処理は、他者と比較した自分像によって左右される。それと同じく、これから何が起こり、自分に何が期待されているかを予想する能力は、無意識の自他比較に影響されながら成長する。個人の流儀に関係なく、自分よりも能力が高い人や低い人を目にすると、本能的な自己比較が誘発される。完全に無意識のことなのに、このプロセス全体が思考と行動に直接的・即時的な影響力をおよぼしている［25］。

2010年におこなわれた実験で、この仕組みが明らかにされた。被験者には映画鑑賞体験の研究だと伝え、上映前に好きな食べ物を取るよう指示した。すると、被験者が取った食べ物の量と種類は、社会環境を色濃く反映していた。前に並んだ人（サクラ）がたくさん取れば、被験者も多くの食べ物を取る。サクラの量が少なければ、被験者の量も少なかった。さらに興味深いことに、サクラと被験者は別々の部屋で食べたが、被験者は取ったものをかならず平げた。1人のときに取る量の2倍以上であっても、残すことはなかった。それはつまり、ただサクラのまねで多く取ったのではなく、サクラの欲望を目にして食べ物への実際の欲望が変化したということだった[26]。

比較本能によって人間は報酬と懲罰のシグナルに対してとりわけ敏感になっているため、深刻な問題につながることがある。自分が比較的うまくやっていると感じると、報酬を司る脳の部位が活性化し、ドーパミンとオキシトシンを分泌する。たとえば、フェイスブックなどのソーシャルメディアにある「いいね！」機能は、一種の報酬として作用する。これほど大勢の人が脅迫的に「いいね！」数を気にかけ、もっと増やそうとするのはそのためだ[27]。程度の差はあるが、人間は誰しもドーパミン依存症なのだ。

それに対して、自分が比較的劣っていると感じると、脳は肉体的苦痛を緩和するときと同じく内因性オピオイドを分泌する[28]。注意していないと、ここで悪い面が表に出てしまう。自分のことを比較的よく感じられるようにするため、他者を貶《おとし》めたり傷つけたりする。さらに、自己イメージが攻撃を受けていると感じると、誰かを見くだして自分を高く評価することが多くなる。それにより優越感が湧いてくるだけでなく、金銭を獲得したり競争に勝ったりしたときと同じ報酬系が刺激される[29]。

他者に対する優越感を得るためなら、大切なものを犠牲にする例も少なくない。1995年2月、ハーバード公衆衛生大学院の教員、職員、学生257人に実施された調査がある。さまざまな条件が組み合わさった2つの世界のうちどちらで暮らしたいかを尋ねるもので、たとえば次のような組み合わせがあった。

A　あなたの年収は5万ドルで、ほかの人の年収は2万5000ドル。

B　あなたの年収は10万ドルで、ほかの人の年収は20万ドル。

物価（すなわちドルの購買力）はいまと変わらず、AとBでも差はないものとする。

あなたならどちらを選ぶだろうか？

Aを選んだ人は、56パーセントを占める多数派の1人だ。こちらの世界では、Bよりも絶対額は少なくなるが、ほかの人と比べて多くの収入を得ることができる。過半数の人にとっては、金額の多さよりも優越感のほうが重要ということだ〔30〕。

この例からは、社会的比較を求める生物学的性質が持つ本当の暗部が見えてくる。人間にとって最悪の自分勝手な衝動を呼び起こし、自分のことをよく感じるだけのために誰彼かまわず傷つける行動に出るのだ。アメリカ南部で生まれ育ったリンドン・ジョンソン大統領は、とりわけ人種差別に関してこの邪悪さを理解し、その利用法を心得ていた。のちにホワイトハウス報道官となるビル・モイヤーズが、１９６３年に次のように語っている。

テネシー州でのことだった。パレードの最中、〔ジョンソンは〕標識の落書きに人種差別的な汚い言葉があるのを見つけた。その晩遅く、地元政府の高官がバーボンの最後のボトルを空けてホテルから立ち去ると、昼間の落書きについて話し出した。「あれの本質は何か教えよう。最低の白人に、自分は最高の有色人種よりも優れていると信じさせることができれば、その白人は自分がスリにあっていることにも気づかない。ふざけたことだが、見くだす対象さえ与えてやれば、喜んでポケットの中味を差し出すんだ」〔31〕。

しかし、ここに奇妙なことがある。人間は自分をほかの個人と比べるだけでなく、抽象的な集団とも比較するのだ。この性質はそのまま集合的幻想への入口になっている。

集団の強力な影響

被験者が食べ物の好みを集団の意見に寄せる様子を示した実験を、「はじめに」で紹介した。これを2015年に実施したスタンフォード大学の研究者たちは、他者に同意したときに脳内で発生する生物学的満足感が心変わりの原因だと考えた[32]。事実、仲間に調子を合わせたときに得られる神経的な報酬は、たとえ全会一致が想像上のものでしかなくても強力で、個人の利益より優先されることさえある[33]。親しい集まりで自分以外の全員が料理を多く取ったら、無理に流し込むことになるとわかっていても同じぐらいの量を取りがちなのは、そのためだ。しかし実際には、その場の全員が社会的調和による神経的な報酬のために我慢して食べているのかもしれない。

もちろん、集団に合わせて自分の考えや行動を変える理由はほかにも数多くある（アッシュとバーンズも認めた傾向である）。自分が現実を正しく解釈しているかを確かめたい、大昔には群れの一員として生き延びるのに必要だった社会的承認を得たい、自負心を維持したい、などだ。しかし、所属という基本的な欲求を満たしたいのが最大の理由だ。自分を集団と比較し、適合していることがわかれば報酬の反応が得られる。適合していなければエラー信号が発生して何かがおかしいと気づき、自分を変える。

集団の社会的影響力は、常識や経験的事実を抑えつけてしまうほど強力だ。たとえば、マラリアが一般的な地域では、蚊帳を使うのが理に適っている。蚊帳はエビデンスに基づく有名なマラリア対策だ。しかし、ほとんどの家庭に蚊帳が無償提供される地域でも、使おうとしない人がいる。ウガンダ農村部の8つの村でおこなわれた調査によれば、蚊帳の利用意向は集団の総意をどう認識しているかと強く相関していた。寝るときは誰でも蚊帳を使うと考えている人は、そうでない人の3倍も利用率が高かった。さらに、回答者の23パーセントは、コミュニティのほとんどの大人は蚊帳を毎晩使っていないと誤解していた。合計すると、蚊帳の利用に関するコミュニティの行動規範に対して、回答者の3人に1人が誤った認識を抱くか確信を持てないかしていた[34]。

しかし、「人々が状況を現実だと定義づければ、それは結果において現実となる」という、「はじめに」で述べたトマスの公理のとおり、蚊帳を使わないことの悪影響は現実のものだ。蚊帳を使いさえすれば、マラリア患者は7割近くも減らすことができるというのに[35]。このような集合的幻想が支配的なところでは、誤った認識が個人の判断をゆがめ、病人と死者が発生するのだ。

そこでは、重要だが見落としやすいことが起きている。集合的幻想が成立する原因についての中核的知見でもある。自分を集団と比べると、他者が本当は何を望み、何を考えているかに確信を持てなくなるのだ。その代わりに、他者の望みと考えについての推測がまたたく間に現実となる。

第3章の冒頭で見た顔の魅力に関する実験では、実在しない多数派にも人は所属したくなることが示されていた。また、個人のアイデンティティは社会的アイデンティティと密接に絡み合っており、脳はそれらを区別できないことも見た。これらの性質は、現在における集団への同調を引き起こすだけではない。過去の集団の亡霊が墓場からよみがえり、誰にも気づかれずに濃い影を落とす呼び水にもなるのだ。

第5章 多数派の恐ろしさ——「自分はバカじゃない」ルール

誰もが幽霊なのではないでしょうか。父と母からこの身に受け継いだものだけではありません。死に絶えた考えや、命なき古い信念、そういったものすべてです。活力はまったくない、なのに私たちにしがみつき、振り払うことができないのです。

——ヘンリック・イプセン

1986年6月の暖かい晩のこと。私はグリーンピースをフォークの背にのせて食べる練習をさせられた。どうしてこんな食事作法を身につけないといけないのか、まったくわからなかった。グリーンピースを食べるならスプーンを使えばいいではないか。それでも、言いつけられて仕方なくやった。

6年生が受けさせられる、「エチケット・ディナー」と銘打った通過儀礼だった。私を含めた30人の農家の子供が、着心地の悪い晴れ着姿で教会の体育館に集められた。講師が見ているまえで、正しい食べ方をマスターさせられるのだ。

体育館は高級レストランのように変えられていた。折りたたみ式の円卓が6脚。白いテーブルクロスが掛けられ、中央には花瓶が置かれていた。ランチョンマット、2種類のグラス（水用と、ワイン代わりのグレープジュース用）、白い木綿のナプキンまで、一式そろっている。着席したやんちゃ坊主たちは、さまざまな大きさの皿と数えきれないカトラリーに面食らった。前菜用の小さいフォーク、スープ用とデザート用の大小のスプーン。ナイフはバターを塗る用、食べ物を切る用、グリーンピースをフォークにのせる用まである。

会場の中央、バスケットボールのゴールの真下にいる明るい花柄ドレスの女性が、その晩の講師だった。ここではジョーンズさんと呼んでおこう。場が静まるのを待つあいだ、ジョーンズさんはしかつめらしくスツールに座り、センターコートの騒がしいテーブルのほうをじっと見つめていた。

最初に出てきたのは、小さいボウルに入れられたトマトスープとバターを添えた丸パンだった。マナーのお目付役を兼ねる給仕係の9人の女性が運んできた。私はじっと座っているのが苦手で、ましてや食べ物を前にして我慢することなどできなかったので、パンが置かれた瞬間に手を伸ばした。そのとたん、手の甲をぴしゃりと叩かれた。「みんなに行き渡るまで手をつけてはいけません！」と背後の女性が言った。定規のようなものを楽しげに振っている。私は椅子の背にもたれ、まわりの子供たちの視線を感じて頬が熱くなった。

「それでは」とジョーンズさんが高らかに言った。「右手を出して、みなさんの右側にあるいちばん大きなスプーンを取って、鉛筆みたいに持ってください」。私たちは言われたとおりにした。「スープをすくいます。スプーンはボウルの手前側から向こう側に動かしてください。こんなふうに」。優雅な動きだった。「スプーンいっぱいにすくってはいけません。こぼれますからね。すくったら口に近づけて、スプーンの横のところに唇をつけます。音を立ててすらないように！」

スープを首尾よく飲み終わると、次は小さなピンクの皿に盛ったグリーンサラダだった。今度は私の正面に座っていた女の子が叩かれていた。「食べ物をつつきまわしてはいけません！」と給仕係は言った。「それから、一度に一口ずつ、ちょっとだけ食べるんです。口のなかのものを呑み込むまで、新しく口に入れてはだめ！」

いちばん近くのワイングラスからグレープジュースを飲んだときには、ナイフの奥に置いてある、右側のグラスが自分のだということを教えられた。私は左利きのため、隣の子のジュースを飲んでしまっていた。ばつが悪い。

メイン料理のチキンがマッシュポテトとグリーンピースを添えられて調理場から出てきたときには、私たちはすっかり服従させられていた。噛むときは口を閉じる。肘はきちんとテーブルから離しておく。椅子にじっと座る。私は体育館の壁から出ているバスケットボールのゴールを見つめ、こんな時間の無駄をするよりも遊びたいと心底思った。

私の前に皿が置かれた。「チキンを切って、一口ずつ食べましょう」とジョーンズさんが指示した。「グリーンピースを食べるときは、ディナーフォークを左手に持って、メインナイフを右手に持ちます。ナイフを使って、グリーンピースをフォークの背中側に押しつけてください」。聞いただけでも難しく、悪戦苦闘したすえにようやく、グリーンピースをつぶすようにしてフォークにのせる技を会得した。マッシュポテトと混ぜてやると、なおさら簡単だ。われながら冴えている。

あの晩、教会の体育館ですべてを叩き込まれた。ナプキンをどう使うのか、食べ終わったあとカトラリーをどう置くのか、空いている手をどこに落ち着かせるのか——。しかし、いまここではじめて疑問を呈するが、なぜ20世紀のアメリカの農村に住む子供に、こんなバカげたルールを教える必要があったのか。行儀よく食事することは地元の信仰の一部でもなく、アメリカ文化のフォーマルな要素でさえなかった。では、なぜあんなことをさせられたのだろう?

社会上層への所属意識

かつて道具がまだなかったころ、人間は誰もが素手で食事をしていた(いまもそれが正しいマナーという国は世界中にある)。やがて食べ物をナイフで切り、スプーンですくうようになった。フォークは中東の上流階級では10世紀までに広く使われるようになっていたが、ヨーロッパに伝来したのは16世紀だった[1]。カトリーヌ・ド・メディシスは、1533年にイタリアからフランスのアンリ2世に嫁ぐと、フォークの広告キャンペーンのようなことをした。1560年代にフランスをめぐり歩いた際、各地で大規模な祭りを催し（飲食無料！）、そのなかで自分がナイフとスプーン、フォークで食事するところを見世物にしたのだ。食事のエチケットをみずから考案し、食事に招いた対立派閥のメンバーに教え込むことまでした。

華美なフォークセットはフランス宮廷で嘲笑《ちょうしょう》の的になりもしたが、カトリーヌの宣伝がきっかけとなって、いくつかの食事習慣と新しい食べ物（アーティチョーク、アイスクリームなど）がヨーロッパ中に広まることになった［2］。1633年にはイングランドのチャールズ1世が「フォークの使用は道義に適っている」と宣言し、西洋における食事の道具への支持は固まった。素手での食事は、ほどなくして上流階級の食卓から消えた［3］。

それ以降、食事習慣は「選ばれし者」と「下々の者」を区別する手段になった。英語では上座のことを「塩の上」、下座のことを「塩の下」と表現するが、これは食事の席で重要人物が塩を最初に使い、重要でない客や従者、下位者が後まわしにされたことに由来する［4］。チャールズ1世の時代の習慣はやがて変化したが、宮廷での行儀や文明人の作法として始まったものは根強く残っている。

現代の私たちも、柔軟にではあるが食事のエチケットに従っている。いろいろなルールには何か意義があるのだろうと思っているからだ。しかし、食事のエチケットは個人の衛生とは関係ないし、食糧管理の改善にも風味の向上にもつながらない。それでもルールに従いつづける真の理由は、社会の上層に所属していると示すことにほかならない。

エチケットの促進を目指すエミリー・ポスト協会は、ウェブサイトで次のように説明している。「食事の席は、粗相《そそう》や失態をおかしやすい難関。あなたが同僚や上司、顧客との食事を予定されているなら、ダイニング・エチケットを熟知しておくのが賢明です。ビジネスディナーやパワーランチは多くの重要な決定がくだされる場であり、社交的な食事は人間関係がつくられる場なのです」[5]。つまり、下々の者の1人と思われないようにしましょうということだ。宮廷の食事習慣が貴族社会の一員であることの証明だったのと同じく、「行儀よく」食べられるかどうかは現代でも気高さと特別さを示す重要なシグナルとなる[6]。

それでも、私がグリーンピースとフォークに抱いた疑問は消えない。イギリスではいまでも、スプーンやフォークの歯の代わりにフォークの背でマメを押しつぶすのが一般的だ[7]。しかし、その行動がアメリカのビジネスディナーの成功を左右するとは到底思えない。最近ではグリーンピースよりも寿司やパエリア、ブリトーと対峙《たいじ》する機会のほうが多くなった。それなのに若き日の私は、ユタ州フーパーの田舎町にイギリス女王をお迎えするかのごとく、憎きグリーンピースと格闘させられたのだ。

社会的規範の強制力

グリーンピースをフォークの背から食べるマナーの根っこにある真実は、有名な金魚鉢のジョークのなかに見つかった。ある日、2匹の若い魚が泳いでいると、1匹の年とった魚がすれ違いざまに「やあ、水の具合はどう?」と言う。その魚が行ってしまうと、若い魚の片方がもう片方に尋ねる。「水ってなんだ?」

社会的影響について考えようとすると、明白な強制（仲間内のプレッシャーなど）や無遠慮な操作（テレビ広告など）といった、目立った形態に意識が向かいやすい。一方で、社会的規範、すなわち他者と接するときにとるべき行動を定めた集団総意の不文律は、空気のように自然で当たり前と感じられるので思い浮かばない。疑問を呈されることも滅多にない。しかし、本当は疑問に思わなければならない。社会的規範は集合的幻想の大きな原因の1つだからだ。

すでに見たように、人間は誰もが他者を模倣し、集団に所属し、多数派につきたがる生得的な根深い願望を持っている。これらの願望により、社会の道しるべとして行動規範に頼りきることになる。灰色の脳細胞は生まれ落ちた瞬間から私たちを家族や友人、民族とのなれ合いに向かわせるが、社会的規範というさらに謎めいたブラックボックスは、暗雲のように群れにつきまとい、見えない強制力を発揮して私たちを知り合いでもない集団と結びつけるのだ。

社会的規範は生活のいたるところに浸透している。服装や食べ物、食べ方から、自己表現やコミュニケーションの方法、祝祭や追悼の仕方までもが規定される。一度でもその存在に気づくと、映画〈マトリックス〉の赤い薬を飲んだかのように、社会的規範が目について仕方なくなる。

たとえば、誰かに会えば自然と「こんにちは」と言い、調子はどうかと尋ねる——真面目な答えを期待していなくても。「お願いします」「ありがとう」と言い、相手の目を見ながら話す。レストランでは店員にチップを渡し、げっぷをしたら「すみません」と言い、鼻の穴を（少なくとも人前では）ほじらないようにする。口にものを入れたまましゃべらず、トイレのあとには手を洗い、パーティで注目を浴びようと少し遅れていく。葬儀には黒い服で参列する。花嫁以外の女性は結婚式で白い服を着ない。混み合ったエレベーターでほかの人の正面には立たない。空いている映画館で見知らぬ人の隣には座らない。男性なら、公衆トイレで隣に立つのもやめておこう。

どれも起源は曖昧で、目的は濁った水槽よりも濃いベールに包まれているが、社会的規範は通常、絶対の真理のように扱われる。しかし実際には、ほとんどの行動規範は恣《し》意《い》的で、ただ単にカトリーヌ・ド・メディシスのような大昔の権威者が命令したことから始まったものだ。元々が恣意的であるため、時代や地域によって大きな違いがある。韓国では赤いインクを使わないが、これはかつて物故者の名前を赤字で戸籍に書き込んでいたからだ[8]。ブラジルのヤノマミ族は、死んだら魂《たましい》は特別な儀式によって精霊の世界に旅立つと言われ、安心して永遠の眠りにつく。その儀式とは、火葬した遺骨をオオバコと混ぜてスープをつくって全員で飲むというもので、一族と死者とのつながりを祝福し強化する意味合いがある〔9〕。また、イタリアに行ったらワイン以外の飲み物で乾杯の輪に加わってはいけない。趣味が悪く縁起もよくないと思われ、店や家から追い出されてしまう。

3つの行動規範

文化の違いはあるものの、行動規範は3つの一般的カテゴリーに分類できる。まず、「協調」の規範は、個人の行動が全員の利益になるよう調整するのに役立つ。物理的な行動と公共の安全に関わっていることが多い。たとえば交通規則。私はキューバが大好きなのだが、夜に運転するのだけは生死に関わる問題だと2018年のクリスマス休暇のときに学んだ。キューバの農村部では交通規則が「推奨事項」ぐらいに思われており、違反はまったく珍しくなかったのだ。交通法規がきちんと執行されていない土地で運転したことがなければ、道路の片側を走るという協調の規範による安心感と信頼感はわからないだろう。

次の行動規範は、群れへの所属に関係している。特定の集団への所属資格を示す規範だ。このいわば「忠誠」の規範は、職場のドレスコード（僧侶なら袈裟《けさ》、ホワイトカラーならスーツ）、話し方のルール（友達同士ではタメ口、職場では丁寧語）、スポーツチームの応援作法（統制されたチャント）などがある。忠誠の規範は誇示することだけが目的であり、「われら」と「やつら」を区別するためにある。なお、私がグリーンピースの食べ方を仕込まれた理由も、これで説明がつく。農家の息子という実態を隠し、礼儀正しい階級のよくしつけられたメンバーであることを証明させられたのだ。

集合的幻想をもたらす社会的規範として最も示唆に富むのは、私が「自分はバカじゃない」ルールと呼んでいるカテゴリーだ。これの目的は2つある。公正さや助け合いといった社会のためになる価値観を持っていると示すことと、自分本位の行動を抑制して集団の福祉を高めることだ。この種の社会的規範はコミュニティにおける各自の道徳的スタンスを判別するものが中心であるため、違反すると反応が起きる。

イギリスと旧植民地での行列の習慣がいい例だ。先頭に人が立ったら、あとの人は秩序だって行儀よく並ばなければならない。列を乱したり横入りしたりするのは不正行為で御法度だ。イギリス社会史の研究者によれば、この行列規範は19世紀前半、農村から都市への移住が始まり買い物の場所が市場《いちば》から商店に変わったときに生まれた。市場のように客が群がってばらばらに売り手の注意を引くよりも、列をつくって待つほうが都市の商店では理に適っていた。また、より改まった店内の陳列が控えめな行動を促した面もある。第二次世界大戦中には、行列に並ぶことが自分の義務を果たし順番を待つことと結びつけられるようになった[10]。

この特別な「自分はバカじゃない」ルールを破れば、ほかの全員に負担をかけることになるため、目撃した人から感情的な反応が起こる。私の妹のミッシーは2018年のブラックフライデーのとき、開店前のウォルマートの外で列に割り込んできた人に激高したことがある。大型店舗がおもちゃやゲーム機、テレビなどの売れ筋商品を大幅値引きする日だ。ミッシーは暖かい服をこれでもかと着込み、日付が替わる数時間前から折りたたみ椅子を店のすぐ外に置いて陣取っていた。コーヒーを入れた魔法瓶を手に、何週間も前から温めてきた戦略を振り返っていた。

ミッシーは何事にもやる気満々なタイプだ。その夜は、通常3000ドルの75インチ薄型LEDテレビが数量限定で1300ドルに値引きされるということで張り切っていた。テレビ売り場に最短で行けるよう、30センチ四方の床材の継ぎ目を1つひとつ頭に叩き込んでいたほどだ。目当てのテレビを手にしたら、自室の壁に設置するまで放すつもりはなかった。

のちにミッシーは私にこう言った。「テレビの在庫が何台あるかわからなかったけど、先頭から10番目だったから十分行けると思っていた。でも、開店1時間前になって2人連れが列の前のほうにしれっと入ったの。こっちは11番目になっちゃった。マジでむかついた！　人間のすること？　あり得ない！」

行列規範の違反に憤ったのはミッシーだけではなかったという。「みんなでブーブー言ったわ。何してるんだ、列から出てけ、引きずり出すぞって。一瞬、力尽くになりそうな雰囲気だったけど、2人はようやくあきらめて逃げていったわ」[11]

ミッシーが横入りした2人に思ったように、「むかつく」ことをあなたが体験したと仮定して、神経科学的な観点から検証してみよう。たとえば、かぶりついたリンゴが温かかったり、歩道で排便している人を見かけたりしたらどう感じるだろうか？　物理的な不快感を覚えても、列への横入りを目撃しても、脳はまったく同じ反応を示すことが明らかになっている。嫌悪は自然な反応で、危害から自分を守れという脳からのメッセージだ。そのときの嫌悪感は偶然の産物ではない。島《とう》皮質と呼ばれる脳の専用部位が行動規範を追跡しており、違反行為を検知すると嫌悪感をもよおすようになっている。列への横入りを見たときにｆＭＲＩに入れば、島皮質が活性化するのがはっきりわかるにちがいない。バカなことをすれば、まわりからは腐ってウジの湧いた肉を見るのと同じ目を向けられるということだ[12]。

社会的規範が人間同士のやりとりの潤滑油となり協調を促すとすれば、集団が規範の網を張りめぐらせる利点もうなずける。しかし、社会的規範が気にかかるのは集団内にいるときだけではない。実際、脳は規範を絶対的に欲することがわかっている。文字どおり、どこからともなく規範を生み出してしまうほどだ。

多数派の影響は事実も変える

あなたが1927年にコロンビア大学の学部生だったとしよう。心理学の研究に協力してほしいと大学院生から頼まれ、引き受けたところだ。研究室に入ると、院生から実験概要の説明がある。どうやら認知能力に関するものらしい。案内された実験室は真っ暗で、手伝ってもらいながらテーブルについて座った。テーブルにはボタンが設置してある。光が動くのが見えたら、どれぐらいの距離を移動したか当ててくださいと言い残し、院生は部屋を出ていった。

暗闇にひとりきり。そう思ったとたん、「用意はいいですか」という院生の声がスピーカーを通して聞こえ、小さな光が現れた。前方の近いところを漂っている……それとも遠くなのか？あまりにも暗くてなんとも言えない。光は一方向にすうっと動いたかと思うと、すぐに消えた。どれぐらいの距離を移動したか？　それを言い当てるのは不可能だ。月は地面に近いところでは大きく見え、空高くのぼっていると小さく見えるが、実際に伸び縮みしているわけではないことは誰でも知っている。地面の近くだと木や建物と比較したサイズが認知されるにすぎない。そのような判断基準がない場合、目に映るものはどのように理解されるのだろうか？

じつは、実験で現れた光は静止していた[13]。暗闇の光の動きに関する生理学的な認知は、「自動運動効果」と呼ばれている。自分では光に目が「固定されている」と感じるが、実際には完全に動かさないでおくことはできない。静止したものを見つめている目では、網膜を制御する筋肉が無意識に細かく動き、それを別の動きで元どおりに調整するということが起きている。普段はこの小さな「綱引き」は意識されないが、暗がりに固定された光だと際立つのだ[14]。

こうして起こる目の錯覚は、19世紀の天文学者が静止した星や惑星を動く物体と誤認したときにはじめて知られるようになった。第二次世界大戦中には、パイロットが暗闇を飛行中、自分と同じスピードで飛ぶ多彩な光の球を目撃した。この現象はフー・ファイターと呼ばれ、自動運動効果の一例であることがのちに明らかになった。飛行と疲労による効果が加わり、噂と憶測で尾ひれがついたのだ[15]。

1930年代、コロンビア大学の博士課程に在籍していたトルコ出身のムザファー・シェリフは、自動運動効果を実験テーマに選んだ。「外的な準拠枠がすべて取り払われたとき、人間はどのように行動するか」がシェリフの問いだった。その答えは、単独か集団かによって異なっていた。自動運動効果に繰り返しさらされると、人の反応は一定範囲の値に収束し、それが一種の個人的基準になる。必要なら脳は比較的安定した規範を継ぎはぎし、無意味から意味をつくり上げさえもする。

一方、集団のなかにいて全員の答えを聞いたうえでは（「光は左に15センチ動いた」など）、自動運動効果への反応はまったく違ったものになる。このような集団の状況だと、みずからの個人的基準ではなく最も支持者が多い見方に合流するのだ[16]。これは多数派の反応が非現実的・非理性的であっても、実験参加者が互いに知り合いでなくても当てはまることをシェリフは明らかにした。

このような集団の基準は、持続的な効果を持っていた。集団から切り離され、自由に考えを言える状況になってからも、参加者は相変わらず(いまは存在しない)集団内で共有された規範に基づいて自分の見たものを解釈したのだ[17]。興味深いことに、多数派の見方に影響された人は自分が意見を変えた事実を頑として認めないことをシェリフはのちに発見した。実験参加者は能動的に判断していたのであり、自動的に同調していたわけではなかったということだ。しかし同時に、規範に強く影響されてもおり、完全に自由な選択をしたわけでもなかった[18]。暗室のごとき無秩序な世界に秩序を見出そうとするとき、脳は新しい準拠枠を求める。そこで社会的規範を骨格として使い、そこに筋肉と皮膚と衣服をまとわせて生きようとする。しかし、1つの疑問が浮かぶ。なぜそれほど社会的規範に頼るのだろうか?[19]端的に答えるなら、私たちの脳に怠け癖があるからだ。

脳からのエラー信号

神経学的レベルでは、規範への依存は脳が「大食らい」であることと関係している。認知活動の95パーセントは無意識であり、頭蓋骨《ずがいこつ》に収まっている拳《こぶし》2つほどの大きさの記憶装置は肉体的エネルギーの約2割を消費することが神経科学で明らかになっている。外国語の学習や楽器の演奏といった大変な認知的作業をすると、テレビを視聴するときよりも1時間あたり約100カロリー多く使われる（残念ながらジムの代わりになるほどではない）[20]。しかし、脳の労力の大半は、肉体の普通の機能を維持することに割かれている。

脳がこれほど多くのエネルギーを必要とするため、規範には重要な役割がある。荷物運搬用の動物のように多くの認知的負荷を引き受けることで、意思決定と執行を司る脳内部位をより切迫した問題の対処に使えるようにしてくれる。基本レベルの予測可能性をもたらす、信頼度の高い自動操縦装置のようなもので、私たちの神経学的ハードドライブをオーバーヒートさせかねない余分な仕事を肩代わりしているのだ。

脳は規範の予測可能性に目がなく、チャンスがあれば飛びつこうとする。シェリフが示したように、そのためならみずからの現実認識さえ投げ打ってしまう。自分の基準を編み出すよりも、道路の片側を走ったり行儀よく列に並んだりといった共通基準に頼ることを選ぶ。なぜなら単純に、そのほうが容易だからだ。私にグリーンピースの食べ方を仕込んだ女性たちは、振る舞い方を自分で考える手間を省いてくれていた。教会の体育館に集まった子供たちに「交通規則」を教えることで、ほかの作業に脳を振り向ける余裕をもたらしていた（それが私の場合はエチケット・ディナーからの逃げ道を探すことだったわけだが)。

社会的規範に違反した人を見ると、リンゴをかじった跡に虫食い穴を見つけたときと似た感じを覚えるのと同様、誰しも自分が社会的規範に背くことを忌み嫌う。なんらかの規範を破ったときの内的反応は、電気ショックのように実感と痛みをともない、それには異状を告げる神経学的なエラー信号が関わっている。集団の意向に背く度合いが大きいほどエラー信号も強くなり、白黒がつけられないときでもそれは変わらない。

たとえば、私ははじめて香港に行ったときに行列規範をうっかり破ってしまったことがある(香港といえば旧イギリス領だ)。地下鉄が来るのを待とうとして、ボストンやニューヨークの人々がするようにホームの端まで行ってドアのところの近くに立った。ほかの乗客たちが礼儀正しくつづら折りの列をなしていることに気づいていなかった。周囲からの刺すような視線を感じ取ったのは、一緒にいた息子だった。「パパ、あっちだよ」と言うと、列のうしろのほうに連れていってくれた。暗黙の協調の規範に背いたことがものすごく恥ずかしかった。これでは観光に来た「醜いアメリカ人」そのものではないか。自分の過ちに気づいたときは、頬が熱くなって胸が苦しくなり、人目のないところに逃げたい衝動を抑えるのに必死だった。過ちを感じる脳領域の前帯状皮質にすっかり支配されていた[21]。

しかし面白いことに(というか恥ずかしいことに)、そのエラー信号は息子にルール違反を指摘されるまで届いていなかった。自分の振る舞いに準拠枠を持っていなかったからだ。それまで香港を訪れたことがなく、旅行の準備をしたときも息子とどこに行こうか、何を食べようかということばかり考えて、文化的規範を学ぼうとしなかった。ガイドブックにも地下鉄でのエチケットは書かれていなかった。だから普段どおり、ボストンにいるときのように振る舞った。それが息子に規範を教えられたとたん、確かな生理学的反応が起きて自分の過ちを思い知ったのだった。

また別のときには、上海を訪れた。ツアーガイドに昼食をごちそうしようと思い、高級レストランを選んでもらった。店に向かう途中、上海ではアメリカのようにチップを渡すと侮辱的で失礼だと思われるとガイドに教えられた。これには驚いた。かつてウェイターとして働いた身からすると、信じられなかった。ひょっとしたら、店員へのチップを減らさせて自分が多くもらおうと企んでいるのではないか――そんなことも少し思った。

食事中は、ガイドが本当のことを言ったかどうかの確証を得ようと、周囲に目を走らせた。が、判断がつかなかった。というのも、中国人が現金を使っているところをそもそも見ない。ウェイターは英語を話さず、私は中国語を話さない。携帯電話がインターネットに接続できず、信頼できるのはガイドしかいないのだった。ジレンマと闘うあいだ、頭のなかでエラー信号が発生しているのを感じた。居心地の悪さ、慚愧《ざんぎ》の念、正しいおこないへの欲求にさいなまれていた。外国人だから現地の習慣に不案内でも大目に見てもらえるかもしれないが、どんな形であれウェイターを侮辱することになるのは気が引けた。

けれど最後には、この問題に窮余《きゅうよ》の策が見つかった。私たちのテーブルの前には大きな窓があったので、帰り際に現金を窓敷居に置いたのだ。これなら絶対にうまくいくという確信があった。チップが規範に背くという話が本当なら、テーブルに置かれていない現金は置き忘れということになる。話が嘘だとしたら、チップを置く場所も知らない変わり者と思われるだけですむ。

じつのところ、この体験があまりにもいたたまれなかったので、1日に2回もあのエラー信号責めにあうのはごめんだと、その日の夕食はホテルで食べようと心に決めたのだった。このエピソードから学んだのは、人間は行動規範の遵守または違反に対する生理学的反応を、自分の認知が現実を映している証拠として解釈しがちだということだ。ツアーガイドがなんと言おうと、チップを渡さないのは道義にもとると私には感じられた。また、あらゆる社会的影響を支配するトマスの公理が社会的規範にも当てはまることも、この体験で再確認できた。頭のなかの考えと目の前の現実につながりがなくとも、結果によってその考えは現実となる。それはどれだけ不合理な社会的規範であっても変わらないのだ。

トマトが有毒となった理由

あなたは16世紀のスペインに暮らす、レースの襟《えり》の衣装を着た裕福な貴族だ。ある晩、城の広い食堂に入り、暖炉の前に腰かける。テーブルには贅沢な夕食が用意された。イノシシ肉のプラムソースがけ、付け合わせの根菜、焼きたてのパン、深いルビー色のワイン。磨き上げられたピューター製の皿には、はじめて見る香り高い果物ものっている。先日アステカを征服した冒険家、エルナン・コルテスからの到来物だ。みずみずしい赤い果肉を切り、しげしげと眺めてから口に入れた。「うむ、美味である！」と思わずつぶやく。その晩は大いに食が進み、最後には苦しいほど満腹になって皿を向こうに押しやった。

しかし、しばらくすると口のなかに金属のような変な味を感じ、夜更けには激しい腹痛に襲われた。頭もがんがんと痛み、手足の指がうずきだした。ベッドから転がり落ちるように這い出すと、床に吐いた。夜が明けると昏睡《こんすい》状態で見つかり、次の日には息を引き取った。

コルテスがアステカからヨーロッパにはじめてトマトを持ち帰ってまもなく、食べたあと死ぬ事例が続々と出て、貴族たちは誰も口にしなくなった。それから数百年ものあいだ、トマトは有毒だと決めつけられた。しかし、本当の原因は貴族が使っていたピューター製の皿だった。この時代のピューターには鉛が多く含まれており、それがトマトの酸で溶け出して料理に付着し、鉛中毒という当時は正体不明だった病気を引き起こしたのだ。こうしてヨーロッパの貴族たちは何世紀もトマトを避けつづけることになった。その理由が追究されることはなかった。そもそも追究するいわれがなかった。身を挺して定説を確かめるなど、愚か者のすることだった。結果として真実は埋もれ、トマト犯人説を信じた人々は先祖伝来の社会的規範に素直に従った[22]。人口のほとんどは木製の皿を使っていたが、貴族をまねてピューター製の皿を使ってもなんの問題も認められなかったため、民衆もトマトに毒があると思い込んだのだった(ありがたいことに、その認識は1800年ごろに変わりはじめた。無鉄砲だったのか好奇心が勝ったのか、イタリアの労働者階級のあいだで「ピッツァ」という食べ物にトマトソースが使われ出したのがきっかけだった)[23]。

規範を正当化するためなら、人はどんなことでもする。それが忠誠や倫理観を示す規範なら、なおさらだ。「だからどうした」と思う人がいるかもしれない。「トマトを食べられない人がいたからといって、特に害はないのでは？　採れたてのトマトにオリーブオイルをかけて塩とバジルを振ったおいしさを、何世代もの人々が知らなかったのはもちろん気の毒だ。けれど、トマトを食べなかったせいで命を落としたわけでもないし」。しかし、より深い部分に目を向ければ、自分たちの考えが本当に現実に基づいているかを確かめずに生きることが、何世紀もまかり通っていた。人々の無知のためにトマトは非難の的になったのだ。

植えつけられた習慣

うかつに規範の片棒を担げば、根本的な過ちをおかすことになる。注意していなければ社会的規範をたやすく集合的幻想に変えてしまうこの過ちを、私は「カンディードの錯誤」と呼んでいる。

18世紀なかばのヨーロッパで啓蒙運動が起こると、フランスの神学者や聖職者、学者、政治家、軍人による権威主義的で浮世離れした世界観が、少しずつ合理性と科学への信頼に取って代わられるようになった。啓蒙運動の代表的なフランスの哲学者、ヴォルテールが著した『カンディード、あるいは楽観主義説』は、非常に機知に富んだ小説だ。

主人公のカンディードは無垢な少年時代に、家庭教師のパングロス博士から、この現実は「あらゆる可能世界で最善のものである」という世界観を教え込まれる。その教えを嘲笑うかのように、地震や火事、飢えや異端審問、不正や拒絶などの耐えがたい苦しみがカンディードやまわりの人々を襲う。しかしパングロスは、そういった災難（およびそれを助長する社会的規範）もごく自然な人生の一部であり、受け流して許容すればいいと言って丸め込む[24]。リスボンで火山の噴火と地震にあったときには、こう言ってカンディードをなだめようとする。「これもすべて最善なのだ。なぜなら、リスボンに火山があるなら、ほかの場所ではあり得なかったのだから。なぜなら、物事が現実のありようでなくなることは不可能なのだから。なぜなら、すべては最善なのだから」[25]

カンディードはパングロスの楽観的な思想体系から離れはじめ、「すべてが最悪のときでさえ、なおすべては最善だと頑固に言い張ること」は、分別なく規範にとらわれた正真正銘混じりけなしの愚行だと悟るのだった[26]。

現にあるのだから、その規範は（パングロス風に言えば）善であり望まれているのだろうと普通の人は考える。そもそも、誰からも望まれず気に入られもせずに、古い考えが長いこと残りつづけるなんてどうしてあり得る？　その問いには、社会的規範がとてつもなく除去しづらいというシンプルな答えがある。

スウェーデンでの出来事を見るとよくわかる。1967年9月3日午前5時をもって、スウェーデンの道路は左側通行から右側通行になることが決まっていた。この日は「ダゲン・H」と呼ばれ（スウェーデン語でダゲンは「日」、Hは「右側通行《フーガートラフィーク》」を意味する）、ドライバーは運転習慣を一夜で変えることを迫られた。近隣諸国はどこも右側通行だったため、スウェーデンで衝突事故が多発していたが、ほとんどの国民はルール変更に積極的ではなかった。その民意を押しきり、政府は多額の費用をかけて数年がかりの大規模な広告宣伝・教育キャンペーンを実施した。ダゲン・Hのロゴが、女性用下着や牛乳パックにいたるまで、そこらじゅうに印刷された。地方自治体は道路の表示を塗り替えなければならなかった。ダゲン・Hの前日には、約36万の道路標識が取り替えられた[27]。
右側通行に変わってしばらくは、ねらいどおり事故件数が減少した。しかし、１９６９年にはまた以前の水準に戻ってしまった[28]。この結果を見て、ダゲン・Hにあれだけの税金をかけた意味はあったのかといまでも思うスウェーデン人もいるかもしれない。本質的には、政府は新しい社会的規範の設計に挑んだ。しかし、ただ単に交通標識を取り替え、法令の条文を書き換えるよりもはるかに複雑な変更であることを思い知った。それはいわば、すべての左利きの人に一斉に右手を使うよう要求するようなものだった。世代を越えて植えつけられた習慣を変えるのは、非常に難しいのだ。

単純な調整だけにとどまらない場合、規範はさらに除去しにくくなる。たとえば、かつては当たり前にされていた握手の習慣。起源は古代メソポタミアで、見知らぬ相手と会ったときに自分は武器を持っておらず、害意はないと示すことが目的だった[29]。「自分はバカじゃない」ルールを把握した人間だと証明したとも言える。理に適った実用的なアイデアだった。

問題は、握手が病気の感染経路にもなることに当時は誰も気づかなかったことだ。19世紀までは科学者も医者も、コレラや腺ペストといった病気の原因は「瘴気《しょうき》」、すなわち腐敗した物質や汚れた水などから生じる有毒な気体だと考えていた[30]。転機は１８４７年だった。ウィーンの病院で働いていたハンガリー出身の産科医、センメルヴェイス・イグナーツは、ある病気のパターンに気づく。当時、大勢の女性の命を奪っていた産褥《さんじょく》熱による死亡率が、病棟によって異なっていた。医師や医学生が近くの手術室で死体解剖をしている病棟では、助産婦が働いていて死体解剖がおこなわれない病棟よりも死亡率が3倍も高かったのだ[31]。

センメルヴェイスは「死体の粒子」が産褥熱を引き起こしていると考え、午前の解剖をしたあとと産婦の診察をするまえに塩素水で手を洗うよう医師と医学生に要請した。この習慣変容により、1842年に16パーセントだった産科の死亡率は1848年には2パーセント強にまで下がった[32]。センメルヴェイスの仮説は医学界から相手にされなかったが、手洗いはのちに医療関係者のあいだでルーティンとなった[33]。いまではインフルエンザのシーズンが来るたびに、保健当局が人々に握手のあとに手を洗い、できれば握手を控えるよう呼びかけている（あまり効果はなかった）。

この頑固な行動規範が変わるには、パンデミック級のショックが必要だったようだ。新型コロナウイルス感染症が爆発的に流行し、世界の人々は握手せずに挨拶することに慣れなければならなくなった。私は相手への敬意を欠いているようで落ち着かず、拳や肘を突き合わせるたびに昔ながらの行動規範を懐かしく思っている。

常に警戒を怠らない

ここで少し、「はじめに」で取り上げたエルム・ホローに戻ろう。この町の規範の1つに、絵札を使ったトランプ遊びの禁止があった。その習慣の元をたどると、貴族に対する「清教徒の毛嫌い」に行き着くとリチャード・シャンクは考えた。絵札は王室を称えるものと見なされていた。その絵札を禁止することにより、清教徒は君主制反対の立場への忠誠を示したのだ。しかし、エルム・ホローの人々は、王の圧政からとうに解放された20世紀アメリカに暮らしていた。規範の実用性も妥当性ももはや失われているのに、隣人たちが支持していると誤解して従いつづけたのだった。

これが規範の問題点だ。存続してほとんどの人が従っているから、全員がその規範を支持していると考えてしまう。その誤解は、実際には誰も望んでいない不文律を支える共犯行為に直結する。カンディードの錯誤をおかし、個人の価値観に背く規範に同調する人が増えれば、誰もが集合的幻想という亡霊を追い求める結果になる。

こうして社会的規範が変質すると、同調バイアスにより取り返しのつかない判断ミスをすることもある。人種差別や性差別などの偏狭な考えのように、誰も本心では許容していない破壊的な行為に社会全体が加担してしまう。そして、それが起きているわけを誰も知らないので、変質した規範は岩の下のガラガラヘビのように身を潜めている。目に見えないため誰も恐れないが、噛まれればその毒はきわめて強い。それゆえ、悪質な規範に別れを告げる第一歩は、無視することではなく常に警戒を怠らないことだ。

ここで、社会での重要性に見合った扱いをされないことの多い人々、すなわち芸術家の出番となる。考えてみてほしい。偉大な芸術は規範に鋭い目を向け、観る者に新しい認識方法を提示するものだ。ストラヴィンスキーの〈春の祭典〉、ゴッホの〈ひまわり〉、エウリピデスやヴァーツラフ・ハヴェルのような詩人の手になる劇など不朽の名作の数々が、私たちの「金魚鉢」を満たしている規範のことを考えるよう迫ってくる。人間が同調のためにしている愚かな行為を笑いぐさにもする。眠りから目覚めさせることもある。また、人の偽善や破壊性を浮き彫りにして感情を逆なでする芸術もある。この点が重要だ。

たとえばシェイクスピア劇は、社会的規範が崩壊したときに起こることを巧みに写し取っている。男が女に、女が男に間違えられたり、階級が異なる人物の立場を入れ替えたりと、他人のことを誤認や誤解した結果を見せて社会的混乱を戯画化するのがシェイクスピア喜劇の典型だ。最高の芸術は規範に疑いの目を向けさせるだけでなく、最悪の規範がなくなればよりよい社会が実現することに気づかせてもくれる。

大きなサイが皮膚についた寄生虫を鳥についばませるように、人は社会的規範と互恵関係にある。社会的規範によって、集団は協力と連携が強まる。個人は予測可能性が高まり、エネルギーの消費が減る。ほとんどの場合、これはウィンウィンの関係だ。規範が包摂的で社会のためになり、私的な価値観を反映したものであれば、人間の善の部分が増幅される。そうして得られる個人と集団の繁栄は、社会的規範なしでは不可能だ。

しかし、社会的規範は浸透力と強制力が強く、見直される機会がほとんどないため、有効期限が切れても残りつづけるリスクが常にある。社会的規範が変質して私的な価値観を抑圧し、大勢の人に恩恵よりも被害をもたらすようになれば、破壊的な事態はもう避けられない。人々は同調と集合的幻想の底流に引きずり込まれることになる。

集合的幻想の原因は、時代後れの規範だけではない。もしそうだったら規範に対する健全な懐疑主義の確立を提案して本書を締めくくるところだが、そうはいかない。集合的幻想が形成される第二のルートは、浸透性も即効性もはるかに高い。そして悲しいことに、そこでの私たちは集合的幻想の被害者であると同時に、発生源でもあるのだ。

第6章　安全さの落とし穴──「みんな」の価値観は誤解だらけ

最も誤りの大きい物語とは、よく知っていると思い込んでいて、いっさい調べたり疑ったりしない物語である。
──スティーブン・ジェイ・グールド

12歳のとき、私は自分で掘った社会的同調の落とし穴にはじめてはまった。

そのころは、ユタ州のグレートソルト湖のほとりにある、エルム・ホローに似たフーパーという農村に住んでいた。小学6年生らしく、仲良しグループに自分の居場所を欲しがり、同い年のわんぱくな5人組の1人だった。よくあることだが、社会のルールを破ることが大事な通過儀礼だったので、私たちはタバコに興味を持つようになった。

ジョーはひょろっと背が高く、ロックスターのようなタイプで、仲間内では最高にクールだと思われていた。マーティンという反抗的な性格の兄がいて、嚙みタバコのニコチンによる快感はこの世でいちばんだと日頃から吹き込まれていた。

ある日の午後、人目がなく台所の窓から親に見られることもない大きな灌漑《かんがい》用水路のほとりにジョーが皆を集めた。上着のポケットから円形の容器を取り出すと、ひそひそ声で言った。「いいものを見せてやるよ。おまえらもやったほうがいいぜ！　野球選手はみんなやるんだ。女にもモテる！」

タブーを前にして全員がぶるっと身震いした。ジョーはおもむろに容器を開けると、細かく刻まれた茶色い物体を少しつまみ、上唇の裏に入れた。「ほら、やってみろ！」と言い、私に容器を差し出した。

私はタバコをじっと見て、それから仲間たちの顔を見まわした。2人ほど目を合わせなかった。半端なく嫌な感じだが、ここが正念場だ。できるだけ少ない量をつまみ、ジョーがやったように上唇と歯のあいだに押し込んだ。ものすごい味とにおい。雑草を燃やしたみたいに、刺激臭とニコチンの痛みでぼろぼろ涙が出た。

皆は黙って見ていた。ジョーが嚙んでみろと言うので、私はそうした。ひどい味がますますひどくなった。それでも、反芻《はんすう》するウシのように嚙みつづけた。それから1時間近く、ジョーはもっと口に入れろと私たちにせっついた。

私は粘土《ねんど》のような塊に耐えられなくなった。けれど、最初に吐き出すのはダサい。そんなふうに考えていたら、うっかり吞み込んでしまった。

皆が吐き出したあと、「おまえのタバコは？」とジョーが尋ねた。

「呑んじゃった」と私は答え、たちまち恥ずかしくなった。

4人は目を丸くして叫んだ。

「呑んだらダメだって！」

もう気分が悪くなりはじめていた。えずきながら覚束ない足取りで家に帰った。まっすぐトイレに向かい、便座を上げたところで母が入ってきた。母は看護師だった。私が泣きじゃくりながら自分のしたことを打ち明けると、母はルールを破った私の汗ばんで青ざめた額に手を当てた。

「どれどれ」。実務的な声の響きだった。「死にはしないから大丈夫。でも、もう二度とそんなことしないでね」

それから10年後、家族と友人に会おうと帰省した私は、かつての5人組でキャンプファイヤーを囲みながらこの思い出話をした。「用水路のところで嚙みタバコをやったときのこと、覚えてる？」

「ああ、あったな」と皆が言った。

「おえっ」と言って笑うやつもいた。

「なんとも言えなかったよな」とマークが言った。

「正直に言うよ」とジョーが言った。「おれはあんなことしたくなかったんだ」

長い沈黙が降りた。

「本気か？」と私は言った。「おまえがみんなにやらせたんじゃないか！」

ジョーは少し間をとってから言った。「正直に言うと、兄貴がおれにやらせたんだよ」


仲間内のプレッシャーに屈するティーンエイジャーは珍しくもない。それで私はひどい目にあったわけだが、あのときは選択肢などないと感じた。集団に逆らうことは、同じくらい苦痛だったからだ。しかし、同調することは自分の価値観を曲げる行為でもあり、それには独特の苦痛がともなった。また、当時は気づかなかったが、残りの友達を同じ立場に追いやってしまってもいた。誰も噛みタバコをやりたがっていなかったのに、年上の愚かで不健康なおこないをまねるのが格好よくて価値があるという集合的幻想に1人ずつ屈していった。

ティーンエイジャーは誰であれ、大人になってから後悔するようなことをするものだ。また、受け入れられていると感じたい、少なくとも恥をかきたくないというときに、仲間の集団に同調することは誰でもする。しかし、噛みタバコの苦い思い出からは、他者が何を考え、何を欲しているかの判断を間違えることが本当に多々あるのだと思い知らされる。互いの意図を読みまちがえれば、自分が集合的幻想にはまるだけでなく、どこからともなく集合的幻想が生まれる後押しもしてしまうのだ。

場面や主題にかかわらず、誰しもみずから生み出した破壊的な集合的幻想へいともたやすく陥ってしまう。その原因と対処法を理解するには、脳の生理学的制約を見ればいい。すなわち、知り尽くせない無限の複雑さを持った世界をうまく渡るために人間が通る近道のことだ。

脳の予測ミスで「現実」が変わる

第5章で述べたように、脳は大量のエネルギーを消費する。たとえば、毎秒11メガバイト相当の情報を目から取り込むことができるが、意識的に「見る」画像として「アップロード」できる情報は毎秒60バイトほどにとどまる。これは、パリの全住民の顔が目の前にあるのに、そのうち8人しか見えていないのと同じことだ[1]。

時間と精神的エネルギーを節約するため、脳は2つのことをしている。1つは、アップロードする情報の選別。「新しいものはある？　何か変わった？　それは重要？　重要でないなら、もう知っていて理解もしている規範とパターンに頼って、エネルギーを節約しよう」と脳は考えている。もう1つは、超高速の予測。事前の知識と経験をもとに、意識的思考が割り込む隙もなく、欠落した情報が補われる。そこにあるであろうものをすばやく推測することにより、脳は次の展開についてかなりいい勘をはたらかせている。

つまり、現実をありのままに処理するコンピューターとは違うのだ。すべてについて100

パーセント正確であろうとしても、それは認知能力の盛大な浪費でしかない。ゆえに脳は重要でない詳細を省き、本当に必要なものに注力する。いま起きていることを理解し、変化を予測し、妥当な反応ができるようにするためだ。

たとえば、道を歩いていて駐車場の出口の前に差しかかったところで、車が自分のほうにバックしてきたら、次の展開をただ待つ人はいない。反射的に避けるだろう。一方で、脳は予期しないことへの準備も整えている。この車が急に前進しはじめて駐車しなおしたら、予測した展開と実体験との比較が無意識におこなわれ、必要なら未来予測モデルが修正される。しかし、「起こる可能性があること」の予測にあまりに頼るせいで、脳は「現実に起きていること」を誤って解釈する傾向がある〔2〕。

証拠として、次ページの図を見てほしい。AとBのマスは、どちらのほうが明るいだろうか？当然、Bだと思うだろう。

ところが実際にはAもBもまったく同じ明るさだ。ではなぜ、そう見えないのだろうか？それは、暗がりで見た薄灰色が非常に暗く感じられた過去の経験から、影がかかることによる外見上の効果を脳が知っているからだ。この図を見ると、ありのままの現実（2つのマスは同じ明るさである）と脳の予測（Bは影のせいで暗く見えるが実際にはAよりも明るい）との衝突が起こる。その結果、予測したもののほうが勝ち、脳は予測に合わせる形で文字どおり現実を書き換えて

Edward H. Adelson

しまうのだ。

追加の証拠として、図に2本の線を引いてみた（次ページ）。線でつながったAとBのマスが同じ明るさであることがわかりやすくなっただろう。

目の錯覚は次のような仕組みになっている。空白を埋めるとき、脳はよく誤解する。そして、パターンに基づいた予測が外れると、混乱が起きる。そこで、すでに理解しているパターンで自動的に知覚を包み込むことで、混乱を収めようとするのだ。

この世界の速いペースについていくには、いま抱えていることに絶えず予測を働かせなければならない。それは自己保存本能の一部だ。しかし、その予測のせいで、入ってくるすべての情報がゆがむという問題がある。なかでも社会的な状況では、他者の考えについての憶測が積み重なりやす

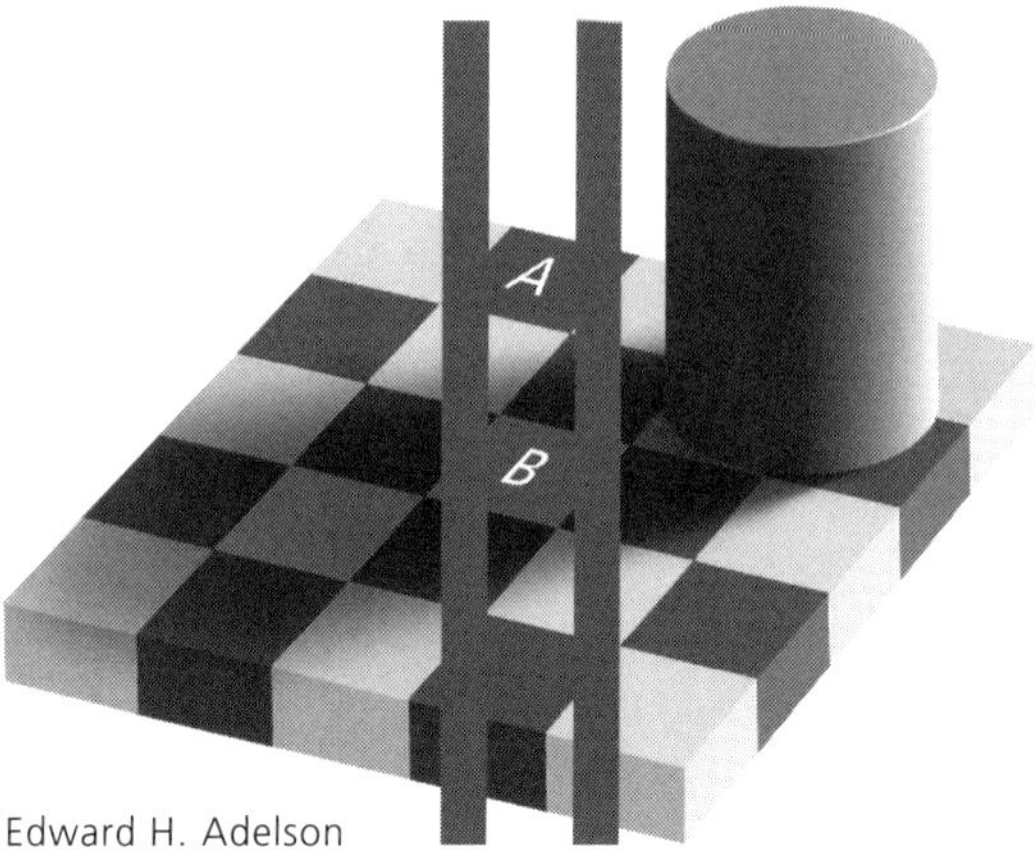

Edward H. Adelson

く危険だ。人は「客観的現実」が認識できると思いがちだが、実際にはそんなことはできない。脳がフィルターとプロジェクターの機能を持っているからだ。個人や集団についての推測も、正確ではマスの明るさを見分ける能力と変わりない。私たちを集合的幻想の被害者だけでなく発生源にもしている元凶が、この推測の問題だ。

人は真実を隠す

2015年、私は祖母のルースに最期のお別れをするため、ユタ州に帰省した。鼻に酸素チューブを入れられて病院のベッドに横たわる祖母の手を握ると、すっかり痩せ細っていた。思い出話をしているうちに、長年胸につかえていたことを、いまなら話せると感じた。

「本当に申し訳なく思ってることがあるんだ」と

私は切り出した。

「なんだい?」と祖母は優しく尋ねた。

「おじいちゃんと一緒に、よく夕食に〈シズラー〉に連れていってくれたでしょ。あまりお金がないのに、レストランに行くのはきっと苦しかったよね。それがどうしても気になって」

祖母はため息をつき、私の手をぽんぽんと叩いて言った。「そうだね、お金はあまりなかった。でも、あなたをたまに甘やかせてうれしかったわ」

「じつはね、一緒にいるのが好きだったんだ。おばあちゃんお手製のピクルスを挟んだボローニャサンドイッチを一緒に食べるのが。〈シズラー〉はそれほど好きじゃなかった」

「そんなことないでしょう。ステーキが大好きだったじゃない。いまでも大好きよね」

「うん、でも食べ物の問題じゃないんだ。食べ物はおいしかったよ。ただ、あの店は騒がしし混んでるしで、お互いの声がよく聞こえなかった。あと、テーブルマナーを練習しないといけなかったし」

祖父母の家の、小ぶりで清潔なリビングが脳裏によみがえった。淡いブルーのカーテン、アップライトピアノ、古いけれどよく手入れされた家具。難しい子供時代を送った私にとって、その家は放課後の避難所だった。祖母は私におとなしく座っていなさいと言ったりしなかった。ありのままの私を受け入れてくれた。それが祖母からもらった贈り物のなかでいちばん、愛情と価値を感じるものだった。

「続けて」と祖母は促して言った。

「2人と一緒にいられて、すごく幸せだった。ゲームをしたり、ポップコーンを食べたり、テレビでショーを観たりして、本当に楽しかったよ。外食なんてしなくても十分だったんだ」

祖母は声をあげて笑い出し、すぐに咳《せ》き込みはじめた。息が落ち着くと、今度は祖母の打ち明け話が始まった。「本当のことを言うとね、私たちも〈シズラー〉に行くのはあんまり好きじゃなかったんだよ。あなたを連れていくお金のために、おじいちゃんとのデートをあきらめたこともあった。あなたが好きだと思ったから連れていっていたのよ」

時代後れの規範は人を集合的幻想への道に引き込むが、その道に立っている標識もまったく当てにならない。他者の考えを読むのは、たとえ長い付き合いの相手であっても難しいのが現実だ。その原因の1つに、社会的影響を受けた他者が行動を変えることがある。これは、気づいていないだけで誰しもやっている。

間違いだらけの推測

人は他者が何を考えているのか理解しようと常に努力している。問題は、心のなかが確実にはわからないことだ。相手の言葉や行動、それを解釈する事前知識をもとに推測することしかできない[3]。

それゆえ、他者の考えを推測する「メンタライジング」という認知過程に全力を注ぐ。fMRIを使った神経科学の実験により、社会的環境の理解に関わる脳領域（内側前頭前皮質、前部《ぜんぶ》側頭葉《そくとうよう》、側頭頭頂接合部、内側頭頂葉皮質）がメンタライジングのときにも活性化することが明らかになっている[4]。この脳の仕組みは、高確率で間違う。読もうとしているのが集団の考えでも個人の考えでも、その推測は的外れであることが多い。そこには、他者が受けている社会的影響の強さを過小評価するという単純な原因がある[5]。

仲間内のプレッシャーが全員に影響していることはわかっても、各自の度合いについてはわからない。怒りや恥ずかしさなどと異なり、人との関わりにおける不安は明確な素振りとして現れないからだ。私が嚙みタバコで失敗したときのように、バカにされたり疎外されたりすることへの不安を他者が抱いているかを確実に知る方法はない。タバコを呑み込んだときに頰が熱くなったかどうかは定かではないが、そういったかすかな手がかりを注意深く見ている人がほとんどいないことは確かだ。

結果として、覚束なさ、見当違い、目立つことへの怖さが襲ってくる。そして、他者の心を読みまちがえ、気づかないうちに誤った解釈に基づいて自分の感覚と思考、行動を変えることになる。すべての言葉と行動はその人の内面を素直に反映していると考えがちだが、それは単なる誤りであるため、問題はより深刻化する。運転中に無理やり追い越されたら、なんてバカなやつだと思うだろう。じつはその運転手は、愛する人との最期の別れのために病院に急いでいるところかもしれない。心を読むことは不可能なので、自分が持っている不完全な情報をもとに（間違いの多い）推測をするのだ[6]。

祖母とのエピソードで見たように、他者を読みまちがえる傾向は社会的規範により悪化する。人を傷つけないためにつく善意の嘘のことを考えてみれば、よくわかる。

友人の家でパーティをしているところを想像してほしい。料理はターキーと付け合わせだ。肉を口に入れると、「うわ、ぱさぱさだ」と心のなかでつぶやく。一緒に呑み込んでしまおうと、フォークでマッシュポテトを取る。

「ターキーの味はどう？」と招待してくれた友人が尋ねる。

あなたが答えるまえに、誰かが「おいしいよ！」と言い、その場の全員がうなずく。友人は満面に笑みを浮かべる。

最後にあなたも言う。「うん、おいしい！」

まさか、「薪《たきぎ》でも食べてるみたいだ」とぶちまける人はいない。この状況での正直は、頭にバカのつく正直だ。友人への優しさがあり、友達をなくしたくなければ、誰でも「おいしい」と言う。

ぱさぱさのターキーについて本音を隠すだけなら、大したことではないかもしれない。しかし、社会やモラル、経済、政治の大きな課題について真実を伏せる行為はどうだろうか。出席者のあいだでソースをまわしているときに誰かが差別的なことを言って、誰もそれを注意しなかったら、明らかに不適切な発言も許容されたように見えてしまう。さらに、パーティの席に収まらない重要な社会課題を話し合っているときであれば、正直さと本音を出ししぶることは深刻なマクロレベルの問題を招きかねない。

ポピュレースをはじめ、各所の調査により、人は生活のあらゆる場面で真実を隠すことがわかっている[7]。遠慮して口を閉ざすことは和やかなパーティを守る役に立つが、より広いレベルでは、自分たち以外の考えに触れる機会がなくなり、社会の分極化が進むことになる[8]。本音で指摘しない人が一定数を超えた行動は、もはや止めるもののない普通のこととして再生されるにいたる。

祖母と私のあいだの集合的幻想や、ターキーについての嘘は、比較的無害な小さい隠蔽《いんぺい》行為だ。しかし、それとは比べものにならないほど重要な課題で誤解が起き、無数の人々のあいだに広まったら、どうなるだろうか？

SNSから生まれる誤解の嵐

100年ほど前にリチャード・シャンクが訪れたころ、エルム・ホローでの日常生活はゆったりしていた。世界人口は20億人強、アメリカの人口は現在の3分の1だった[9]。ほとんどの労働は、いまだに人間と家畜の肉体でおこなわれていた。遠出をするなら列車も使えたが、おもな移動手段は徒歩や馬車だった。洗濯には洗濯板と大きな金だらいを使い、シーツや白物は裏庭で煮沸《しゃふつ》していた。自動車はまだ珍しかった。電話、テレビ、電気冷蔵庫は夢の新発明で、値段も使い勝手もほとんどのアメリカ家庭にそぐわなかった。ラジオも出はじめだったので、1社しか届かない新聞がエルム・ホローの住人に外界の情報の大半を伝えていた。それさえローカル情報がほとんどだった。今日の次には予想どおりの明日が来た。次の週も、月も、季節も、年も、予想どおりに過ぎていくうちに、平均寿命の約60年が尽きた[10]。これほどのスローペースなら、新しい情報に難なくついていくことができた。

現在、世界人口は80億人を突破している。民主主義とテクノロジー、グローバリゼーションの広がりによって、教育機会の拡大や貧困の減少などの社会的恩恵が数多くもたらされた。一方、世界中の人々ととても容易につながれるようになり、私たちはかつてないほど非肉体的な集団に所属している。そして、インターネットにより世界中の出来事を追いかけることが可能になったが、人間の脳は数十億人から受け取る大量の情報を処理できるほど機能を強化する暇もない。

例として、次の質問に答えてみてほしい。「バーでばったり出会ったとき、一緒に気持ちよく飲める知り合いは何人いる？」。イギリスの人類学者、ロビン・ダンバーによれば、150人だという。1990年代にダンバーは、霊長類の脳の大きさと平均的集団の規模とのあいだに相関があることを発見した[11]。霊長類の観察結果から、1人に無理なく維持できる安定した人間関係は150と推定された。これは「ダンバー数」とも呼ばれる[12]。それ以外はただのノイズなのだ。

いまはソーシャルメディアがあり、1人ひとりが好きなテクノロジー駆動型コミュニティに入っている。最も入り浸っているソーシャルメディアでも、時間的・空間的に途方もなく広がっており、知り合えるメンバーはひとつまみでしかない。それでも、ほかのメンバーの意見や願望を推し量る方法はエルム・ホローの人々の時代と変わっておらず、集団が何を考え欲しているかを憶測している。私たちの低機能で不格好な穴居人《けっきょじん》の脳は、親しい友人と家族、信頼できる社会集団しか把握しつづけられないため、インターネットで発生する大量の幻想をさばくには力不足なのだ。ネット発祥の幻想には、誰もが日々直面している。

バズフィードで次のようなニュースが配信されたことがある。「カリフォルニア州ロサンゼルス――2015年11月22日、ファンからはドレイクの名で、愛する人たちからはオーブリー・

ドレイク・グレアムの名で呼ばれていたラッパーが、交通事故で亡くなった」
情報源は、ドレイクのベストヒットを集めた公式ユーチューブ動画のコメント欄だった。突然の死を悼むコメントが複数書き込まれていたのだ。バズフィードのニュースから24時間後には1700万回再生を記録し、上位コメントは悲嘆するメッセージであふれた。オンライン画像掲示板の4chanのメンバーは、大量の高評価をつけてこのトレンドを煽《あお》った。訃報はまたたく間にツイッターやタンブラーに流れ、ウィキペディアにもドレイクの命日が書き加えられた。

そのニュースはドレイク本人にも届いた。そう、まだ生きていて健康そのものだったのだ。すべては、4chanのスレッドでの「ドレイクが死んだとネット民に信じさせられるか？」という思いつきから生まれたデマだった。「オペレーション・ドレイク」と名づけられた悪ふざけは、特大のジョークになったわけだ[13]。

この手のいたずらは、インターネットで毎日のように起きている。2018年、正当なニュース発信者のCNNになりすました「ブレーキング-CNN・コム」なるサイトは、バーバラ・ブッシュが「眠ったまま安らかに」亡くなったという速報を、実際の命日の前日に流した。「いいね！」やシェアなどのリアクションは、フェイスブックだけで200万を超えた[14]。その前年にも、「FBI、霊安室職員の家宅捜索で3000本超の男性器を押収」「トランプ大統領、オバマが恩赦した七面鳥5羽の処刑を指示」「65匹の泥棒猫を調教して近所を荒らした高齢女性、告訴される」といったフェイクニュースが大勢の消費者に読まれ、拡散されていた[15]。

匿名の集団がソーシャルメディアを通じて次々とデマを流せる環境にあって、多種多様な非肉体的集団における多数派の気持ちや考えを突き止めるのはきわめて困難だ。人数が少なく、対面の状況であっても、他者の頭のなかを完全に把握することはできない。では、大人数で姿も見えず、ほぼ全員が匿名の集団の意見は、どのように推測することになるのだろうか？　インターネットほどの巨大な規模では、先入観と間接的情報に基づいて推測するのがせいぜいだ。

宮廷の噂話や、アメリカ独立戦争でポール・リビアが知らせた「イギリス軍が来るぞ！」という警告など、伝聞の情報は昔から人々の興味を引きつけてきた。一方で、伝聞の情報が持つ限界も昔から知られている。又聞きの情報は戯画化されやすく、人から人へ伝わるうちに原形をとどめなくなる。裁判において伝聞、すなわち証人ではない人物から聞いた情報が、証拠として受け入れられないのは理由あってのことなのだ。伝言ゲームをしたことがあれば、全然違うメッセージになって笑いが起こるところが目に浮かぶだろう。

現代の私たちは伝聞情報に対して、前例のないとらえ方で臨まなければならない。世界中の数十億という人々が伝言ゲームに巻き込まれている。これほど数も種類も多い他者から何を望まれ、期待されているかを理解するには、どうすればいいのだろうか？　所属感のある集団の人数が数千や数百万に達したら、ほかのメンバーについて推測しようとも理解できはしない。それなのに、国民のアイデンティティやフェイスブックのグループなどのことになると、推測しようとしてしまう。ゆえに、インターネットの矛盾・対立した情報に呑み込まれると、誰を信じればいいのか、１つの情報源をどれだけ重視していいかがわからなくなる。まるで大勢のポール・リビアがイギリス軍についてばらばらのことを警告しており、イギリス軍などいないと叫ぶ者までいるような状況だ。

エルム・ホローでの調査から60年ほどあとにインターネットが誕生し、世界中の人々の社会的経験を変えはじめた。限られたEメール網と初期の行政ネットワークに始まり、コンピューター接続は１９９０年代にネットスケープやＡＯＬへと拡大し、そこからさらに新世代のウェブに進化していった。現在、インターネットユーザーは毎日約２５０京バイトのデータを生み出している（１００京とは、１セント硬貨で地球の表面を1・5個分覆うことができる数だ）。これは地球上のアリの総数の１００倍に当たる[16]。このペースで増加するデータの2年分だけで、世界に蓄積されたデータの9割を占めている[17]。世界最大のソーシャルメディア・プラットフォーム、フェイスブックは20億人のアクティブユーザーを抱え、毎分平均51万件のコメントと29万３０００回のステータス更新をおこなっている。インスタグラムでシェアされる画像や動画は、毎日9500万にのぼる[18]。これは、道路橋として世界で最も交通量の多い、ニューヨークのジョージ・ワシントン橋の年間通行台数に近い[19]。

このようなデータの奔流は、文字どおり人を呑み込んでしまう。これほどの大洪水に対処したことのある人物は、方舟《はこぶね》をつくったノア以外には誰もいないだろう。起きているあいだずっとスクリーンを見ている現代人は、歴史上の誰よりも多くの情報を吸収する。仕事以外の時間で1日に消費するデータは約34ギガバイト、単語数にして10万語に相当する。2011年にアメリカ人が消費した情報量は1986年の5倍に増え、1日あたり新聞174部相当にのぼった。テレビを5時間見ても、入ってくる情報量は20ギガバイト相当だ[20]。

もちろん、インターネットは素晴らしい情報革命をもたらした。図書館のカード目録は過去のものになり、いまはなんでもグーグルで調べられる。重い病気にかかったら、自分で調べて医師に鋭い質問をすることができる。コールセンターにつながるのを待たなくても、企業のウェブサイトを見れば答えが見つかるようになった。しかし、脳が視覚情報を処理する遅さを考えれば、身のまわりにあるすべてのデータを消化できるふりをするのはバカげている[21]。結果的に、いま入ってくる情報のほとんどは、自分かアルゴリズムが個人用に手を入れたものになっている。見たい情報しか見ない世の中なのだ。

手に入る知識が増えれば、より優れた英知が生まれると思うかもしれないが、実際はそうでもない。情報が入ってくるスピードと、できるだけ多くの情報を取り入れたい自然の欲求が、人間の情報処理能力をはるかに上まわるからだ。私たちの頭の旧式な情報処理装置でデジタル時代に臨む行為は、ドット表示の文字と緑色の点滅カーソルが印象的な1980年代のIBM・PCを使ってフェイスブックに写真をアップロードしようとすることに似ている。情報をすべて処理しようとしても、無理というものだ。だから脳は過熱したハードディスクのように絶え間なく回転し、どの情報を選りぬいて吸収するかを判断しつづけている[22]。

その負担を軽減しようとして、無意識のうちに認知的な近道に頼ることになる。情報源は自分の群れに絞る。自分と同じ考えのメンバーがいそうな集団に所属し、安心感を得る。メンバーについての推測が当たっているかどうかは関係ない。これらの近道には一時的に落ち着く効果があるが、独自の問題もはらんでいる。

意図的な誤情報やフェイクニュースは1つの例だ。しかし、それに注目が集まるせいで、情報の洪水によるさらに深刻なダメージが見えなくなっている。残念なことに、脳とインターネットの組み合わせは人と人の結びつきを広げただけでなく、誰もが巻き込まれるかつてない誤解の嵐を発生させてもいるのだ。

繰り返せば嘘も真実に変わる

マス目の明暗を錯覚した例のように、自分の目は信じられないところがある。私と祖母の話からわかるように、親しいはずの相手が考えていることさえ読みまちがえることがある。その影響はコミュニケーションのオンライン化により深刻さを増している。そもそも他者についての推測には誤解が多いのだから、ソーシャルメディアが集合的幻想を増幅させる仕組みを正確に理解することが重要だ。

ウェブの構造は、ユーザーが消費するすべての情報を収拾・整理・出力・追跡・増幅するようにできている。コンテンツの生産者は比較的少ない。そのため、フェイスブックのコミュニティやツイッターの世界における多数派の立場を正しく読み取ることが事実上不可能になっている。お気に入りのドレイクの動画のような無害なコンテンツについての議論であっても、それは変わらない。

インターネットはビュッフェよりもコース料理に近い。手に入るすべてのものからユーザーが選択して見たり読んだりできるわけではなく、過去のオンライン行動に基づいてアルゴリズムがユーザー別に情報を整理している。あなたのデジタル環境は、あなたの望みをアルゴリズムが読み解いて満足させるように超個別化されているのだ。たとえば、暴力的デモ活動やアンティファ（アンチ・ファシズムの略）の情報を検索すれば、ニュースフィードにはさらに多くの関連情報が流れてくるようになる。

この問題を増幅させるのが、「反復バイアス（真実性の錯覚）」と呼ばれる脳の悪癖だ。これは単純に言えば、ある情報を繰り返し聞かされるとそれが真実であるように思えてきて、また、1人が言っているだけだとわかっているのに広く信じられているように感じられる現象を指す。雨が細い水の流れをつくり、やがて濁流になるようなものだ。企業の広告や政府のプロパガンダでは、何度も同じことを言う反復が利用される。聞き手は耳が慣れて理性を手なずけられ、嘘も真実と思い込んでしまう。要するに、接する回数が多いことほど脳は真実としてすばやく処理・受容するのだ（例外は、「人間は冷血動物だ」などといった極端で明らかに虚偽の情報に限られる）。

例として、昨今のフェイクニュース現象を考えてみよう。2018年、イェール大学の研究チームは、フェイスブックのユーザーに同じ虚偽情報を繰り返し見せただけで、信憑《しんぴょう》性の高さにかかわらずその情報は正しいと受け取られやすくなることを発見した。その作用を起こすには、一片の潜在的真実、たとえば「トランプ大統領の軍改革――徴兵制復活へ」という見出しだけで十分だった。そのもっともらしいが明らかに虚偽の見出しを正しいと評価した被験者は、1度目に見たときから2度目にかけて倍増した。ソーシャルメディアは虚偽情報の温床であり、ハムスターの回し車のように繰り返すことで反復バイアスを増幅させると研究チームは結論づけた。事実、ファクトチェックで嘘だと判明している情報や、自分の政治思想に反する情報であっても、被験者は見慣れた情報を真実だと思い込んでいた[23]。

残念ながら、目まぐるしく変化して集中しにくい環境で脳が情報を処理している現実の状況では、本来の客観的評価能力や既存の知識よりも、情報への無意識の慣れのほうが勝ることが多い。研究でも、いくつかのことに注意が分散すると客観的記憶の取り出し能力が低下し、反復バイアスが増幅することが明らかになっている。そのような状況では、情報の正確性よりもなじみ深さが重要になる[24]。

哲学者のルートヴィヒ・ウィトゲンシュタインは、頻繁に接する情報を信じる傾向について、同じ新聞を2部買って1部目の正しさを確認するようなものだと言ったが、当を得ている[25]。人間の生物学的ソフトウェアが故障しているのか、反復性と真実性のあいだに論理的つながりはないのに、なぜかそこが思い込みへの落とし穴になっている。悲しいことに、政府や指導者、いじめ加害者は、世代を越えてこの罠を利用している。例を1人だけあげるなら、ヒトラーだ。その著書『我が闘争』には、「ステレオタイプな言いまわしを使い、客観性を抑えながら、少数の理念を継続的に繰り返し用いる」ことが優秀なプロパガンダの核心的要素の1つであると書かれている[26]。

ソーシャルメディアは、知識や専門性に関係なく声が最も大きいユーザーの意見を増幅させ、火に油を注ぐ。たとえばツイッターでは、アメリカにおけるツイートの大部分はごく少数のユーザーが占めている。2018年には、1割のユーザーが全ツイートの8割を投稿していた[27]。時間と空間の制約から解き放たれたノイジーマイノリティ（声の大きい少数派）は、そうして自分たちが多数派の代弁者であるという誤った印象をつくり出すのだ。その戦略は効果をあげている。声高に繰り返し断言される情報は広く受け入れられている真実と誤認されやすいため、彼らの主張は正確かどうかに関係なく、現実をとらえていると受容されるようになった。

ロシアのボットはこの戦略をフル活用し、2010年代のアメリカ政治に巧みに干渉した。たとえば2017年、メイン州選出のスーザン・コリンズ共和党上院議員は医療保険制度改革（オバマケア）を支持する姿勢を見せた。それに対する批判を一部のアメリカ市民が投稿すると、数日後にはロシアのボットにより、コリンズを「不誠実な裏切り者」とする非難の嵐がツイッターで吹き荒れた。その怒りの弾幕が反復されるうちに人々の感情が増幅され、多数派の意見であるような印象がすぐにできあがった。メイン州の住民は、支持政党にもオバマケアへの関心にも関係なく、大勢がこの不意の嵐に巻き込まれた[28]。

ロシアのハッカー集団がまんまと成功した例は、枚挙にいとまがない。2016年の大統領選挙の投票日には、ツイッターの偽アカウント群がハッシュタグ「#WarAgainstDemocrats（民主党支持者との戦争）」をつけたツイートを1700回以上も繰り返し投稿した。また、バーニー・サンダースが選挙戦から撤退してヒラリー・クリントンへの支持を表明したあと、フェイスブックのサンダース支持者グループでは、不審な新規ユーザーがハッシュタグ「#Never Hillary（ヒラリーはあり得ない）」をつけて「革命」の継続を呼びかけるメッセージを何か月も投稿しつづけた[29]。このように、アメリカ人を装い、ターゲティング広告や虚偽ニュース、ソーシャルメディア投稿を使って、ロシアのボットはアメリカの大勢のソーシャルメディア利用者に働きかけ、ミスリードすることができた[30]。その工作は二大政党の両方で活発だったため、どちらの支持者も自分たちを実際よりも非主流派だと感じるようになった。共和党支持者も民主党支持者も超過激派が主流のように見えはじめたのだ。

クレムソン大学の研究者、パトリック・ウォーレンとダーレン・リンビルは、2009〜2018年に収集された約300万件のツイートを分析し、どのように世論操作がおこなわれたのかを解明した。ソーシャルメディアのボット投稿は、ロシア企業のインターネット・リサーチ・エージェンシーが開発した大量生産システムによって生み出されていた。この通称「トロール工場」は、特別な情報のタイプに応じて複製および微調整できるシンプルなユーザー・テンプレートを使い、ペットボトル工場の生産ラインのように虚偽情報を量産していた。その出来は秀逸だった。ボットながら十分な人間らしさで信用され、怒りや極論を発信すれば一般ユーザーに伝染した[31]。

このシステムで特に巧妙なのは、アメリカ人の極端な発言に同意を示すことだった。実在の人物の感情に便乗しつつ極端化を進めるやり方だ。「人々が説得されるのは、大声で言われたときではなく、すでに信じたがっている情報に触れたときです。ロシアのトロールは敵ではなく仲間を装っていました」とリンビルは指摘している[32]。

最悪なのは、ボットが見つかりソーシャルメディアから排除されても、人々の感情に忍び込んだ影響は長く残ることだ。そこに真の危険が潜んでいるとウォーレンは言う。ボットの影響は「ウイルス感染のようなものです。ソーシャルメディアのエコシステムにまで勢力を拡大します。しかも、病原体を取り除いてもなお、肉体にはダメージが残ってしまうのです」[33]。ここで言う「肉体」とは、ツイッターの世界だけでなくアメリカ社会と民主主義そのもののことだ。上院情報特別委員会は、「怒りを掻き立て、暴力性と不満を煽り、アメリカ人を互いに疎遠にさせ、政府機関内の不信を誘発する」ことがロシア側のねらいだと報告している[34]。

友情のパラドックス

少数派の意見がソーシャルメディアで勢力を拡大し、世論と現実そのものについての認識を狂わせるまでになる原因は、もう1つある。それは科学者の言う「友情のパラドックス」だ。これは、平均するとあなたの友人にはあなたよりも多くの友人がいることを指す。直感に反するようだが、実際には認めざるを得ないところだ。基本的に、あらゆる社交的《ソーシャル》ネットワークには正真正銘の社交的存在がいる。私の子供時代には、地元に20人ほどの友達がいた。その1人が、先述のジョーだった。ジョーは私や仲間の誰よりも人気があり、友達は100人ぐらいいた。私の友達を1つの集団と見なせば、その集団の友達の平均人数はジョーに底上げされており、たしかに私自身の友達の数を上まわっていた[35]。また、私の考え方は大勢の友達がいるジョーから大きな影響を受けていた。嚙みタバコ事件が起きたのも、そのためだった。

ソーシャルメディアは友情のパラドックスを極端化させる。あなたはツイッターに100人のフォロワーがいるとしよう。そのうち何人かは、1000人にフォローされている。彼らはあなたよりも多様な情報に触れ、より多くの投稿をしている。その結果、あなたのツイッター・ネットワークにいる少数の超社交的人物は、とても人気があり多数派の意見を述べているような印象を与える。しかし実際には前述のとおり、部屋のなかで1個のピンポン球を超高速で跳ねまわらせるかのごとく、わずかな人数によるツイートを支配的な意見のように見せることが可能だ。彼らが多数派を代弁していないにもかかわらず、あなたはそう信じてしまう。

声の大きい少数派が一般人と同じ態度と好みを持っているなら、なんの問題もない。しかし現実には、インターネットで声高に叫んでいる層は、ローリー・フォレストのYA小説を誹謗中傷したネット民の仲間であり、現代社会のソルト夫人と言える。少数意見であることがほとんどだが、それをためらいもなく主張してくる。巨大なメガホンを持っており、シャットアウトすることは難しい。

人間のさまざまな生得的バイアス、インターネットの増幅効果、友情のパラドックスが組み合わさると、ウェブの世界はゆがんだ鏡だらけの部屋と化す。その結果、すべてが不格好に膨れあがり、真実と虚構、現実と知覚を分けることが不可能になる。

この鏡の間をみずから脱出しなければ、さらにゆがんだ幻想の発生と成長に加担することになる。

まずは誤解だと気づくこと

「はじめに」で述べた成功の定義に関するポピュレースの調査結果では、回答者が思う一般的意見と実際の一般的意見に大きな隔たりがあるという集合的幻想が浮き彫りになった。回答者の97パーセントは、「自分の興味と才能に沿って行動し、好きなことを最大限追究する」ことを成功の定義とした。一方で、世間一般では富と名声を得ることが成功と考えられているという回答も、ほぼ同数の92パーセントにのぼった[36]。

自分のなかでの成功と、みんなのなかでの成功はまったく違うと考えているということだ。実際にはほとんどの人にとって、教育や人間関係、人格で測られる「よき人生」が大切で、ステータスは重要度が最も低い[37]。一般的には、他者から愛され大切にされ、快適な暮らしを営み、よき親になり、やりがいある仕事をし、健康を保ち、コミュニティに貢献することを誰もが望んでいるのだ。

しかし、そのメッセージは子供たちに届いていない。たとえば、名声はあまり重要視しないと明言する大人が周囲にいない子供は、どのようなメッセージを受け取るだろうか？

カリフォルニア大学ロサンゼルス校（ＵＣＬＡ）の心理学者チームによる、テレビ番組が伝《でん》播《ぱ》させた価値観についての研究がその答えを示している。アメリカでは、１９６０〜７０年代のホームドラマの多くがコミュニティをテーマにしていた。１９９７年まではコミュニティ意識が、テレビ番組を通じて伝播する価値の第1位を占めていた。善行（優しく他者を助けること）も２００７年までは大きく扱われた。そこに大きな変化が起きる[38]。

それはインターネットの登場だ。２００７年の利用者数は、世界人口の17パーセントを超える11億人に達していた[39]。史上初のフルデジタル世代が吸収していた価値観は従来と異なり、名声が第一で、達成感や知名度、イメージ、財産がそれに続いた。これらの価値観は、オーディションで歌手を輩出する〈アメリカン・アイドル〉や、高校生とロックスターの二重生活を描いた〈シークレット・アイドル　ハンナ・モンタナ〉などの番組の影響を強く受けていた。

２０００年代にはユーチューブやフェイスブック、ツイッターが爆発的人気を集め、人々の自己意識（自撮りなど）を掻き立てて自己陶酔への新しい道を拓いた。いま、子供たちのいちばんの憧れはユーチューブ界のスターになることだ。ピュー・リサーチ・センターの2018年の調査によれば、37パーセントのティーンエイジャーは、ソーシャルメディアで見た目をよくして「いいね！」を集めるプレッシャーを感じている[40]。UCLAの研究者は、11歳の男の子から次のような話を聞いた。「友達と一緒にユーチューブ・チャンネルをつくってるんだ。目標は、チャンネル登録者100万人だよ」。才能を発揮することには興味がなく、数字を集めることしか頭になさそうだったという。「自分を発信し、生活をシェアし、再生回数や〝いいね！〟の数、コメント数という形の注目を望むようデジタルメディアが勧奨している世の中で、この少年を責められるだろうか」と研究者は問いかけている[41]。

それも1つの見識だが、アメリカの子供の多くは名声という幻影を追い求め、幻想のような世界で自分をよく見せることが成功だと考えている。この夢物語がさかんに売り込まれるのは、広告を出す側も幻想にとらわれているからだ。消費者は名声を求めていると企業は考えている。それは「みんな」が名声を求めていると誰しも考えているからであり、要するに企業は消費者の想像上の望みを叶えていることになる。こうして、子供たちの教育と社会の未来が集合的幻想に絡め取られているのだ。

幻想に屈することは自分だけでなく他者にも影響する。近しい家族や友人とのあいだで起こる推測の誤りは所属する集団のなかでも発生し、多数派の意見を読みまちがう結果となる。成功の幻影を追い求めると、行き着く先は勝者の数だけ敗者が出る、オーディション番組のような情け容赦ないゼロサムゲームだ。

しかし最大の悲劇は、先述のとおり「みんな」の価値観も実際には自分と違わないことにある。互いに言わないだけ、気づいていないだけなのだ。情報の氾濫《はんらん》、少数意見の膨張、認知的な近道のせいで、共通の価値観をともに歓迎することができないでいる。世界のソルト夫人を怒らせ、「いいね！」がつかないことを恐れるせいで、共有しているはずの現実が語られず、認識されずにいる。

このトレンドは、人類全体の危機だ。下の世代は上の世代の文化的習慣と社会的規範をもとに行動を形成するものであり、模倣によって自分は何者か、所属とは何かを理解する。ある世代の集合的幻想が、次の世代の私的意見になるのだ。

いまやソーシャルメディアを避けて暮らすことはできず、またテクノロジーやメディアにこの問題の解決は期待できない。解決策は私たち自身のなかにある。まずは、集団について思っていることのほとんどは誤解だと気づくことだ。それらの幻想が自分の行動におよぼす影響も、実生活のコミュニティ・メンバーへの見方におよぼす影響も制御できる。誰にでも、かならずできるようになる。脳が社会的現実を正確に読み取ってくれると信頼することは、もはやできないと気づくべきだ。人間は他者の考えを読むのが苦手なうえ、テクノロジーのせいで間接的な情報への依存度が高まっていることを考えれば、人々が互いのことを簡単に誤解するとわかるだろう。誤解がすぎれば、自分と互いを傷つける結果になる。

ありがたいことに、集合的幻想は強力だが脆くもある。幻想が存在できるのは、私たちがそれを許しているからにすぎない。力を合わせれば、幻想のない社会、全員にとってよりよい社会を実現できる。そのためには、幻想の発生と存続に対する責任を、1人ひとりで分担しなければならない。

第3部 パワーを取り戻す

力を手放してしまう最も一般的な原因は、自分に力がないと思い込むことだ。
——アリス・ウォーカー

第7章　自己一致を高める——満たされた人生のために

人生最高の特権は、本当の自分になることだ。
——カール・グスタフ・ユング

ボブ・デラニーは70歳。丸顔で肩幅が広く、ブルーの目、刈り込んだシルバーの髪、強いニュージャージー訛りが特徴の男性だ。賢さと優しさ、道徳性と思いやりは誰よりも高く、大勢の人にとっては正真正銘のヒーローだ。幻想に支配された生活がどのようなものかを誰よりもよく知る証人でもある。

出身はニュージャージー州パターソンで、アイルランド系とイタリア系が多く人間関係が緊密な地域で育った。父親は州警察官で、立派なひとり息子として家族や友人、近所の人々から大事にされたという。カトリック系学校の厳しい規律とスポーツ活動の徹底された日課できわめて規則正しい生活を送り、将来は聖職者になるのだろうと当時は思っていた。目端が利き、聡明だったので、トラブルに巻き込まれることはなかった。高校ではバスケットボールに打ち込み、重要な試合でプレーする高揚感と不安交じりの期待感を楽しんだ。模範的な大人になるために全力を注ぐ、正直で勤勉な子供だった。

21歳になると、自然な流れで父親と同じ州警察の仕事についた。まさに天職だった。父親同様、きちっとした制服と警察バッジ、ぴかぴかの靴を誇らしく感じた。仕事が充実するあまり、休日にも警察の官舎で過ごすほどだった。警察が常駐していない小さなコミュニティを高速道路でまわる長距離パトロールも、喜んでやった。使命があったからだ[1]。「アニメの騎馬警官ダドリー・ドゥーライトのような若者で、ひたすら悪者を捕まえたいと思っていた」とボブは回想する[2]。

1975年のある日のこと、警察の地区本部から秘密の要請が舞い込む。精力的に働くボブに以前から目をつけていたという警部補から、組織犯罪の捜査に半年間参加してみる気はないかと誘われたのだ。当時、ジャージーシティの臨海地区ではマフィアが幅を利かせており、小さな店から法外な「用心棒代」を取って資金源にしていた。店主たちは法に従いながら弱い立場に置かれている、州警察官が守るべき市民だ。ボブは一も二もなく引き受けた。

州警察はFBI（連邦捜査局）と協力してこの特別作戦に当たっていた。目的は、悪名高いジェノベーゼ一家、ブルーノ一家、ガンビーノ一家、デカバルカンテ一家に入り込み、犯罪の証拠を集めること。熱意にあふれ、まだ青かったボブは、この任務を「クール」だと思い、同意した。刑事になる夢を叶えるのに役立つだろうとも考えた。作戦名「プロジェクト・アルファ」のチームは、２人の州警察官（ボブとパートナー）と３人のＦＢＩ捜査官で構成された。地域のトラック輸送会社を起《た》ち上げてマフィアの興味を引き、上層部まで取り入るようにと指示を受けた。

この任務を引き受けたからには、以前の生活とは決別しなければならなかった。州警察の仕事は、ろくに説明もせずに突然辞めた。相棒をはじめ友人たちは、何か深刻なトラブルが起きたのではないかと心配した。ボブは何を聞かれてもはぐらかした。秘密の任務のせいで危険がおよばないよう、口を閉ざしておいたほうがいい。家族にも話せなかった。「そうやって地球の表面から消え去り、闇に潜る準備をした」とボブは言う。

おとり捜査中は、別人になりきった。「ボビー・カバート」というまったく新しい人格をまとうと、別の自己が形成されはじめた。小ぎれいな若い警察官は消え、代わりにむさ苦しい男が現れた。実際より４歳上の設定で、体重を15キロ増やし、長い口ひげを生やした。髪は週に何回かヘアカーラーを使ってパーマにした。

マフィアを引きつけるためトラック輸送会社を開業してまもなく、利益の４分の１をマフィアに持っていかれるようになった。会社には、ＦＢＩの情報提供者に転向した元マフィアのパット・ケリーが共同経営者として入っていた。パットはボブのメンターのような存在になり、二度と牢屋《ろうや》に入れられるのはごめんだと、闇社会とその実態について知っておくべきことを惜しげもなく伝えた。ボブがマフィアの信頼を得られるよう、かつての伝手《つて》を使いもした。やがて会社の上階にマフィアのメンバーがたむろするようになった。テレビを観て、ワインを飲み、詐欺の計画も立てた。ボブとパットは、15時間労働することもあった。盗んだ自転車や衣装、電子機器など、いわゆる「ブツ」をトラックで運んだ。2人の体にも社屋にもしっかりと盗聴器がつけられており、あらゆる動きも会話も、ちょっとした罵り言葉もＦＢＩに記録されていた。

この「詐欺と危険を軸にまわる世界」で生き延びるため、ボブは嘘をつくのがうまくなっていった。新しく付き合いはじめた連中の尊大な態度や冷酷さを、はじめは意識して、やがて無意識のうちにまねるようになった。汚い言葉と乱暴な行動が増えた。羽振りのいい上流階級のマフィアと交流を重ねるほど、アメーバのようにだんだんとお偉方の文化に取り込まれていった。以前のアイデンティティが侵食されつつあった。「自分でも気づかないうちに変化が始まっていた。本当のマフィアの思考回路になった」と当時を振り返っている[3]。

ボブの働きぶりにＦＢＩは感心し、もっと多くの証拠を集めようとした。任期が延長され、会社拡張の資金が用意され、ボブが新しく社長の座についた。はじめ半年だった任務は数年に延び、ボブはマフィアのボスと同じスリーピースの高級スーツに身を包み、リンカーン・マークVを乗りまわすようになった。犯罪のプロと内輪ネタのジョークを交わし、高価な食事に招待した。彼らの家族と一緒に過ごすこともあった。ボビー・カバートとしての生活を気に入りはじめていた。

しかし、新たな生活は快適なばかりではなかった。落ち着ける時間はほとんどなく、自分が変わったことへの嫌悪感がどうしてもぬぐえないのだ。「まるでトイレで暮らしているかのようだった。長いことトイレにこもっていれば、自分が嫌なにおいを発するようになる」とボブは言う［4］。

プロジェクト・アルファが3年目に入るころには、マフィアにおとり捜査のことを知られたら殺されると確信していた。内情を知りすぎた。いつ発覚するかもわからない暮らしの不安と重圧はボブを蝕んだ。動悸《どうき》に悩まされ、汗みどろになって目が覚めた。ストレスホルモンのコルチゾール値が過剰になり、代謝や免疫系、ストレス反応を制御する副腎が左右ともに機能しなくなった。慢性の下痢《げり》に苦しみ、車を道端に止めて吐くこともたびたびだった。心臓発作が起きたと感じることまであった。数々の体の変調から目を背けつづけたものの、20代の男性として普通でないことはボブにもわかっていた。

精神的にどん底まで追いつめられたのは、夜に2人のマフィアと車に同乗しているときだった。幹部のなかでも特に悪党のラリーとティノが前に座り、ボブはパットと並んで後部座席にいた。ブリーフケースの留め金をかちりと外すと、全員が身構えた。銃の撃鉄を起こす音に聞こえたのだ。すぐに3人が緊張を解くなか、限界まで張りつめていたボブは恐ろしい考えをもてあそんでいた。〝次のときは、本当に拳銃を入れておいたらどうだ？ このいまいましい状況にけりをつけられる。今度はブリーフケースを開けてもティノは気にしない。拳銃を取り出して後頭部に一発ぶち込む。ラリーも反応する前に撃つ。つらいけれど目撃者を残さないためにはパットにも銃口を向けて引き金を引かないとな〟［5］

自暴自棄になると、人はなんでも正当化できてしまうのだ。

切り刻まれたアイデンティティ

ボブは身も心もマフィアに成り下がることはなかった。性格と教育、価値観がそうさせなかった。しかし、二重生活には大きな代償がともない、長引く認知的不協和が発生して精神を蝕んだ。州警察官として、ボブは自分のモラルが高く、神と法の支配、真実、正義への信念が強いと思っていたが、不法な輸送業者を取り仕切り、盗みと人殺しの集団に媚《こ》びへつらうボビー・カバートという自分と調和させるのは無理だった。ボビー・カバートがマフィアの幹部と偽りの付き合いを深め、州警察とＦＢＩに情報を流すたび、ボブ・デラニーの存在は次第に遠くなっていった。本当の自分から四方八方に分離し、人生をかけてつくり上げ、育んできたアイデンティティが切り刻まれていた。

マフィアの密告任務が終わると、ボブは24時間体制で警護された。それが数週間続き、ようやく本来の生活に戻った。しかし、どこに行くにも銃を持ち歩き、寝るときもベッドの横に置くようになった。夜中の2時に足音を忍ばせて自分のアパートメントを歩きまわり、シャワーカーテンを一気に開けて殺し屋がいないことを確かめた。家族や友人、知り合いからは英雄視されたが、ヒーローの気分には浸れなかった。ちょっとしたことにも敏感に反応するようになった。ある日、郵便受けの新聞を取ろうと外に出ると、ヘリコプターがすぐ近くを低空飛行しているのが見えた。マフィアの監視にちがいない。あわてて家のなかに駆け込み、ドアを勢いよく閉めた。ところが、よく見てみると、ヘリコプターは蚊の駆除剤を散布していただけだった。

また、おとり捜査中に悪い習慣がいくつも身についてしまっていた。犯罪者のように悪態をつく。友達だと感じたくて誰彼かまわずお金をばらまく。暴力の衝動がたびたび湧き起こり、アパートメントの壁を殴って穴を空けたことは一度や二度ではない。そのたびにディスカウントストアで適当なポスターを買ってきて、隠さなければならなかった[6](「どうしてこんなにアートだらけなんだって、家に来る人はみんな言ってたよ」とボブは笑う)[7]。

ボブが深いダメージを負った原因は、カール・ロジャーズが言う「自己不一致」の生活を送ったことだった[8]。人道主義の心理学者で精神療法の草分けであるロジャーズは、合意や調和している状態を「自己一致」と定義した。ゆえに自己不一致とは、自分自身と対立している状態を指す。自己不一致を起こしている人々は自分を偽っており、それゆえ不誠実な自己概念を維持するために多大な努力が必要になるとロジャーズは言う[9]。自己不一致がいかに破壊的かを、ボブは身をもって知ったことだろう。

ボブほど極端でなくとも、似た境遇の人々はいる。実際、現代アメリカでは自己不一致が奨励されている。不誠実と冷笑が基本的態度であり、見知らぬ人にもリーダーにも本当のことは期待しない。正直者はバカとか世間知らずと見られるので、より誠実に接したいと思っても、批判を受ける怖さが先に立つ。そして、本音をはっきり言わずに、他者にどう見られるかを気にする。「印象操作」は、ソーシャルメディアからの特別な贈り物だ。インスタグラムのユーザーが、現実の生活ではないと自覚しつつ、そう装っているのを考えればわかるだろう。認めたくない人もいるかもしれないが、いまの私たちの人生は小さな嘘と偽善、見せかけがちりばめられているのだ。

そのようなつくられた生活に慣れていると、自己不一致が個人と集団にもたらすダメージに気づきにくい。自己不一致の生活は、嘘を容認する見えないメッセージとしてソーシャルネットワークを伝わり、より多くの嘘と破壊的規範、悪いおこないを生む[10]。この肥沃《ひよく》な土壌で集合的幻想は芽を吹き、深く根を張る。枝を広く伸ばし、嘘をたわわに実らせる。その嘘は人々が共有する現実を破壊し、社会の進歩を阻害する。最悪の場合には、自分と他者を理解する力をゆがめ、さらに多くの集合的過失を引き起こし、ヘンリー・D・ソローが言った「静かな絶望の生活」へと人々を追いたてさえする[11]。

どうしてこのような状況になってしまったのか？　その答えはやはり、脳の生物学的特性と、思考と行動が根ざしている人間の社会性にある。自分の信念のことはアイデンティティを支える頑丈な基盤と考えがちだが、実際のところ、意識的思考の外側にある目に見えない社会過程と認知過程の数々が信念に影響を与えている。脳の意識がおよばないところで認知的不協和の居心地悪さが誘因となり、行動の正当化、さらには行動の決定が起きているのだ。

認知的不協和の強さは、対立感が弱まるなら自分に嘘をついてもいいと思わせるほどだ。客観的な真実がおのれの感覚や希望に合致しないと、信念と行動のあいだで争いが起こる。すでに価値観と対立する行動をしたあとでは、調整可能なところを本能的に調整することになる。居心地悪さの解消は、より合致感を得られる方向に信念をずらすことで実現される[12]。

問題は、このように心のなかで自己イメージと自己利益のバランスをとると、行動まで変わることだ。客観的考え方かどうかの判断基準に少しずつ変化とゆがみが生じ、自己不一致的な思考と行動に適合するように合理性がつくり変えられる[13]。その次に来るのは、小さな欺瞞を正当化するための言い訳だ。すぐにあらゆる責任から逃れはじめ、自分のおこないを他人のせいにして非難するようになる。自分の行動は、正確な内容と理由をそれとなく改変することで正当化する。これはいとも簡単に習慣化・規範化し、ついには深刻な行為にも論理的な正当化が起きるようになるのだ。

脳は嘘を見通す

ニューヨーク・タイムズの記者だったジェイソン・ブレアは、記事の盗用と捏造を繰り返したことが発覚し、2003年に退職した。自身の体験は「滑りやすい坂」のようなものだったと、2012年にCBSニュースのインタビューで語っている。その滑りやすさは認知的不協和によるものだった。「不正をしても、お咎めなし。その一線を越えると、正当化せざるを得なくなります。〝自分はまともだ。まともな自分がやったことなんだから、これはまともなことにちがいない。そういうことにしないといけない〟と。そうなると、次はさらに不正をおかしやすくなる」[14]。はじめは小さかった不正はこうして雪だるま式に大きくなっていき、深刻なモラル違反と悪事の自己正当化につながる。実際、徐々に深刻さを増していく非倫理的行動に繰り返し接すると（すなわち「滑り坂状況」）、被験者がその行動をとる確率が2倍になることが調査で明らかになっている[15]。自分の行動を正当化し、自分はまともな人間だと思いつづけられるなら、逮捕されるまで不正を繰り返すということだ。

第2章で、嘘の感想を言うと1ドルか20ドルの報酬が与えられる実験を紹介した。客観的に見れば退屈な実験内容でも、1ドルの報酬を受け取ったグループは本心から面白かったという答えが20ドルのグループよりも多かった。実験者のレオン・フェスティンガーは、1ドルのグループが自分の嘘を正当化するために現実を再解釈したと結論づけた。「空腹が食事を促すのと同じく、不協和は意見または行動の変更を促す」という[16]。わずかな個人的利益のために自己不一致な行動をとると（無害だと思って優しい嘘をつくなど）、その行動を裏づける理屈が内面化されやすい。そうして気づかないうちに習慣化される。

脳はなんとかして矛盾のない状態を保とうと常にはたらいている。しかし、ボブの例からわかるように、長期にわたって欺くことには極度の疲労がともなう。潜入捜査官とマフィア仲間を自分のなかで両立させるため、ボブは来る日も来る日も脳を酷使した。正義漢であるはずの自分を裏切るたび、気づかないところで警報が作動し、神経回路をエラー信号が駆けめぐっていた。脳に無理をさせて2方面で欺きつづけた結果、リラックスすることもできなくなった。過度の警戒状態だった[17]。このように無理に欺くには認知的な反応と相互作用を切れ目なく張りめぐらせる必要があり、人間の脳が処理できる最高難度の精神活動であると心理学では言われている[18]。嘘は架空の答えを返すだけのことだが、欺瞞は真実を隠したうえで他者を積極的にミスリードする話をでっち上げなければならない。脳がフル回転しつづけるプロセスだ

[19]。

水面下では、嘘と本音を統合しバランスをとろうとする精神的プロセスがはたらいていたが、それでもなおボブの自己不一致は長期的な記憶と認知制御に根ざしていた。それゆえ、常態化した強い不安のなかで、ボブの脳は感情を司る脳領域を抑制し、意思決定と行動をより厳しく、より意識的にコントロールすることで、欺瞞を覆い隠そうと必死だった[20]。このように偽りのアイデンティティを維持するには、ただ単に指示に従ったり真実を語ったりするよりもはるかに重く複雑な負担が脳にかかった[21]。

ワイアード誌の記者、スティーブ・シルバーマンがコロンビア大学の神経科学者、ジョイ・ヒルシュの協力を得て書いた記事で、自己不一致が脳にもたらす影響の本当の大きさが明らかになった。２００６年、シルバーマンは嘘発見器のテストを引き受けた。その嘘発見器は、結果が確実でなく訓練ですり抜けられるポリグラフを使った一般的なものではなく、ｆＭＲＩを活用した特別なものだった。

実験の第１段階で、シルバーマンは日常生活について心のなかで独白した。「テレパシー能力がある尋問者と向かい合っているかのように」、言葉を口に出さずに頭のなかで紡いだ。合図が出されると、嘘を思い浮かべはじめる。「結婚したことはない。テキサス州に住んでいたころ、高校にリンダというガールフレンドがいた。夜、リンダの家の玄関の前で振られたのを覚えている」。実際には、ニュージャージー州出身で、はじめて恋人ができたのは大学生のときで、2003年から幸せな結婚生活を送っていた[22]。

実験結果には、正直者のシルバーマンと嘘つきのシルバーマンの脳機能の違いがはっきりと現れた。真実を語ったときは、感情、葛藤、認知制御を司る脳領域はすべて静かだった（同じ脳領域は闘争・逃走反応も司っている）。一方、嘘をついたときは、これらの脳領域は活性化していた[23]。

この実験では、本人がどう思い込もうとも脳はすべてを見通していることも明らかになった。しかも、脳は記録をしっかりと残す。つまり、好きなだけ自分に嘘をついてもいいが、内心の呵責からは逃れられないということだ[24]。

嘘から来る影響は、無意識下ではボブにもわかっていた。「嘘にまみれて生きている自分も、犯罪者だとわかっている相手と付き合うことも、誇らしいとは思えなかった」と言う[25]。元々の生活とのつながりをほとんど失ったことで自己不信に陥り、自尊心まで疑わしくなっていた。一部は本当の友人になっていたマフィア連中が最終的に逮捕されるころには、3年にわたる自己不一致がボブをすり減らしてしまっていた。

自尊心を持つ

1996年の私の生活の中心的シンボルは、家族の車として使われていた旧式でおんぼろで錆《さ》びだらけのシボレー・シェベットだった。後部座席の床に大きな穴が空いていて、猛スピードで過ぎていく路面が見えた。よその人を乗せるときは、走行中に穴から足を出さないよう、シートに足を上げてもらったものだ。

私は難しい子供時代を過ごした。家族は安定していて愛情も十分だったが、学校の成績がひどかった。高校2年生のときにはあまりにも成績が悪く、唯一の楽しみだったスポーツを学校理事会に禁じられた。結局、卒業もしなかった。

どんなにがんばっても、私が触れたものはすべて、おんぼろ車のように壊れてしまうかのようだった。21歳のころには妻と2人の幼い子供がいて、1人では生活を支えられなかった。ユタ州オグデンにあるベーグル店で最低賃金の仕事をし、生活保護と食糧配給を受けてなんとか暮らしていた。まさにどん底だった。

自己成就的予言のように、無力感と自己嫌悪、自己不一致のせいで他者から拒絶、排斥されるようになった。友人はほとんどいなかった[26]。それでも私はなかなかのカメレオンだったので、絶え間なく周囲に合わせることで所属感を得ていた。モルモン教徒と会えば信心深く振る舞い、スポーツマンと話すときはスポーツ好きらしく、タフガイと付き合うときはタフガイのつもりになって接した。いつも言い訳し、自分のミスを他人のせいにした。それもつとめて平静に、自分に非はないふうを装っていた。わずか21歳でこれほどまでに自尊心が空洞化し、立ち直ることは完全にあきらめていた。自分を高め、尊敬されるようになる努力は絶対に失敗すると思っていた。

「そんなに頭がいいのに」と責めるような目を向けてくる人もいた。「本気を出せばうまくいくのに」と落胆されるたび、気分は落ち込むばかりだった。「負け組よりも悪いものは？　答えは、頭のいい負け組」という悪いジョークのネタにされている気がした。いちばんの対処法は、「どうでもいいよ」と切り捨て、「頭のいい負け組」の看板を背負うことだった。ポテンシャルを無駄にし、頭のいい負け組にしかなれない男というアイデンティティを甘受した[27]。人生がうまくいっていないことを知りながら、改善へのアイデアは1つも浮かばなかった。もう希望を捨ててしまっていた。

そんなある日、昼食をとったベーグル店を出た私は、バーンズ&ノーブルの自己啓発書コーナーに立ち寄った。棚から偶然手に取ったのは、心理学者ナサニエル・ブランデンの『自尊心の6本の柱』だった。面白そうだったが、買うお金がなかったのでその場に座り込んで読みはじめた[28]。ブランデンによれば、自尊心を持つとは「自分の心を信頼し、自分は幸福に値すると知ることだ」と説いていた。

いくつかの部分に感銘を受けた。「自尊心は私的な体験で、自分の中心《コア》に宿る。自分のことを他人がどう考え、どう感じるかではなく、自分がどう考え、どう感じるかなのだ」とブランデンは言う。「自尊心の根本的な源泉は内面にしかあり得ない。他人の行動ではなく、自分の行動のなかにある。にもかかわらず、外界の、他人の行動と反応のなかに見つけようとすれば、悲劇が待っている」[29]

それまでの私はずっと、自尊心は他者の見方に従うことから生まれると思っていた。それを心理学者に真っ向から否定されたのだった。その言葉によれば、私が悲惨な状況に置かれているなら、私自身を責めるほかない。自分の価値を裏切っている、私こそが苦痛の原因なのだ。著者のメッセージを受け取って、目から鱗《うろこ》が落ちた。私の生活がめちゃくちゃなのは、負け組に生まれついたからではなく、内面の考えが外面の行動にマッチしていないからだ。この新しい発見に鳥肌が立った。頭はいいがみじめな負け組だと思っていた自分が、じつはそうではないとしたら？　自分の信念体系の総点検が必要だった。

個人的な基準を満たせないでいると自尊心が削られ、さらに大きなリスクが起きることを私は身をもって学んでいた[30]。自分の信念に従って考えたことがないと気づいた私は、日記をつけはじめた。これが驚くほど治癒効果があった[31]。日記のなかで、私は自分の同調ぶりに疑問符をつけた。自分のいいところと悪いところを認め、自分に嘘をつく内容と状況を書き出した。すると、否定的なフィードバックを受けたとき、それを無理に受け流そうとしている自分が見えてきた。そして最後には、なぜあれほど葛藤し、あまり大切ではない相手にまで受け入れられようと必死だったのかを理解した[32]。

少しずつ、助けを求めても大丈夫だということがわかってきた。質問もするようになった。ヘビが脱皮するように私は同調的で自己不一致な負け組の古い生活を抜け出て、気づいたときには輝きを放つ新しい自分になっていた。自信がつき、希望を実感した。「いまならいい選択ができる」と自分に言い聞かせるようになっていた。成人してはじめて、自己理解にともなう落ち着きを感じた。

カール・ロジャーズによれば、自己一致な状態にある人は偏見も偽りもなく、受容と共感ができ、誠実である。そのような人は、アブラハム・マズローの言う「自己実現」を達成できる。これはマズローが提唱した欲求5段階説において最高段階の欲求であり、潜在能力を完全に実現することを指す[33]。自己一致し、個人的価値観に従って生きれば、人生により満足し、より幸福になれるということだ。

自己一致が高まった私は、高卒資格を取得した。大学で心理学を学び、優等で卒業した。書店を訪れた5年あまりあとには、ハーバード大学の大学院に入った。ベーグル店で人生のどん底に突き当たってから11年後の２００７年には、袖に黒いベルベットの3本線があしらわれた深紅のローブをまとい、博士号を取得した。この話を「頭のいい負け組」だったころの私に聞かせたら、冗談がきついと言ったことだろう。

私の話はこのぐらいにして、データを見ることにしよう。

成功は正直からしか生まれない

ポピュレースの調査では、本当の意味で成功した人生を送る方法は自分に正直になることだけだと明らかになっている。他者の考えに同調しても「成功」には近づけない。成功は、きわめて個人的なものだ。5000件以上の回答のなかで、個人の成功の意味について同じ答えの人はまったくいなかった[34]。何をもって「成功した」人生を送っていると感じるかは、指紋のように十人十色なのが現実だ。つまり、満たされた人生を実現する唯一の方法は、他者の考えにかかわらず自分が最も大切にしていることを推し進めることである。一言で言えば、自己一致することだ。

自己一致を高めることは、成功した人生への道筋がより確かなものになるだけでなく、信頼と人間関係、生活満足度が高まり幸福が高確率で手に入ることにもつながる[35]。ポピュレースの調査では、個人的に有意義なこと（ガーデニングをする、ペットと遊ぶ、作曲する、子や孫と触れ合う、他人に合わせてバニラを選ばずチョコレートアイスクリームを堪能するなど、なんでもいい）に取り組む時間を20パーセント増やしたときの生活満足度の向上は、なんと50パーセントの昇給を受けたときに匹敵すると明らかになっている。

これは無視できないだろう。

他者から期待されていると思しきこと（大金を稼ぐ、広い家を買う、人気ユーチューバーになるなど）を成し遂げた人では、生活の質がこれほど高まることはなかった[36]。

もちろん、我が道を行くのは言うほど簡単ではない。問題の1つは、人間が新しいことをどう学ぶかに関連している。たとえば、滑りが悪くなった引き出しの金具を交換したい場合。最近では知らないことがあればインターネットでなんでも必要な知識を手に入れられるが、あなたがワークショップに参加していて、まわりには引き出しをてきぱきと修理している人がいるとしたらどうだろう。

当然、その人をまねするはずだ。やり方がわからなければ自分の知識と能力に自信が持てず、模倣に頼ることになる。個人だけでなくコミュニティ全体でも起こることだが、知識やスキルが足りないと感じていると、善悪に関係なく目立つ人の行動にならう確率が跳ね上がる[37]。それだけでも恐ろしいが、すでに述べたとおり、「模倣の罠」は集合的幻想に直通しているから、恐ろしさは増す一方だ。

経済学では、自信が高まると増分の3倍だけ他者の行動への依存度が下がることが明らかになっている[38]。それと同じ理屈で、スキルが向上すれば模倣は起こりにくくなる。社会的フィードバックは気にならなくなり、自尊心も全般的な健康と幸福も高まる[39]。こうして精神的な免疫系が強化されれば、逆境に対するレジリエンスが高まり、うつ状態や不安、摂食障害が起きにくくなる[40]。

難しく感じるかもしれないが、このような自己開発を始めるのはとても簡単だ。引き出しの修理スキルを身につけ自信をつけるのと同じように、積極的に学習・実践することで自己一致を高めることができる。じつは、脳は自己一致した生活に適したつくりになっているのだ。

真実に適した脳

「ホモ・エコノミクス」の人間観は、人類をおもに自分の利益のために選択する経済主体と見なす。しかし、これが正しいとすると、嘘をついても罰せられるおそれがないときには何が起こるだろうか？　お咎めなしと知っているから、誰もが自分の利益のために他者を欺くのだろうか？

この問いに答えるべく、ドイツの研究チームが実験をおこなった。一般家庭に電話をかけ、コイン投げをさせる。裏が出たら報酬がもらえるが、表が出たら何ももらえないルールだ。純粋な経済的観点からは、嘘をついてでも全員が利益を最大化させる行動を選ぶと考えられる。実際の結果がどうであれ裏が出たと答えれば、ノーリスクで報酬を得られるのだから。電話の向こうの実験者にはコインが見えず、被験者の嘘が見抜かれることはあり得ない。外からの批判がないのだから、誰もが嘘をつくはずではないか。しかし実際には、内なる批判がそうさせなかった。

実験結果は100パーセント裏どころか、表と裏がほぼ半々ずつで、表のほうが若干多かった。嘘をついても実際的なデメリットは何もないのに、ほとんどの、あるいはすべての被験者が正直に答えたらしかった。金銭的動機の前ではモラルなど脆いものだと冷ややかに語られることが多いのとは対照的に、多くの人には「私有の情報を誤って報告することに対する嫌悪が本来備わっている」と研究チームは結論づけた[41]。実際、そのようにまっすぐな態度でいるとドーパミンが分泌され、幸せになるだけでなく他者への社交性と公平性が高まる[42]。真実が血清になるとでも言おうか、嘘にともなう不可視かつ不可避の心理学的コストと正直さのメリットが相まって、本当のことを言いたくなるのだ。

他者を欺くときの脳内では「気をつけろ！」という破壊的なシグナルが発せられるが、真実を語るときには反対のことが起こる。人間は生存欲求ゆえに、自己一致と信頼、共有を望むようにできている。ホルモンのオキシトシンが社会的結びつきを促進することは、すでに見た。移住を繰り返して洞穴に住んでいた時代から、子供や家族、部族が生き延びるには食糧と資源を分かち合うことが必要だった。一緒に食事するのは単なる休日の楽しみではなく、集団の絆を強めるための時代を越えた習慣だ〔43〕。赤ん坊でも公正さには敏感で、善い行動と悪い行動を見分ける。生まれてわずか3か月ですでに、「意地悪な」キャラクターの人形よりも「親切な」キャラクターの人形に引きつけられる。1歳になると、全員が同じ数のクッキーをもらうべきだと理解するようになる〔44〕。

このような善良で公正なおこないへの選好は、大人の脳にも残る。自分は立派な行為をする善人だという思いを持ち、その思いに従って行動するだけで、さらなる善行を繰り返すモチベーションになる。大学生100人を対象にした研究では、被験者に報酬を出したうえでチャリティ活動への寄付を頼んだ。過去の善いおこないを書き出すよう指示されていた被験者は、平均して報酬の半分以上を手放した。これは、過去の悪いおこないや善悪に関係ない会話を書き出していた被験者の、ほぼ2倍の金額だった。また、他人に親切にした内容だけでなく相手の反応も書き出した被験者は、自分の行動だけを書き出した被験者に比べて寄付額が大きく下がった。これはつまり、見た目（善行自体ではなく、そのインパクトなど）を気にする人は、善いおこないそのものを大切にする人ほどには心が広くないということだ〔45〕。

人助けしたことを意識して思い出すと、道徳的な人間としての自覚が高まりもする。そして人助けを継続する確率が上がる。しかし、逆もまた真であり、自分は誠意がないと決めてかかっていると、表面的で不誠実なことをしがちになる〔46〕。

同調バイアスに対抗する第一歩は、自己一致がかけがえのない美徳であると理解することだ。正直、誠実、寛大、同情など、思い入れの強い個人的美徳は、社会的規範にも勝る。なんの条件もかけられていない、本当の自分を定義づけるものだ。他人が備えているからではなく、何があっても信じ抜けるから、その美徳を持ちつづける。ボブのように鏡を見て「私はまともな人間だ」と言えるのも、個人的美徳のおかげだ。

つまるところ、人間は純粋な経済的・功利的な存在ではない。自己利益に適わなくとも自己一致することを選ぶのだから。人間には真実を語る傾向がある。コミュニティを基盤とする脳の仕組みゆえに、誠実な行動を自分にも他人にも求めてやまない。要するに、嘘をつくよりも正直でいるほうが気持ちよくなれるのだ。

輝きを失った誠実さ

言うまでもないが、自己一致を求める努力は新しいものではない。実際のところ、人間社会では大昔から個人的誠実さと集合的幻想のあいだで緊張関係が繰り広げられてきた。

シェイクスピアの『ハムレット』に登場する旧弊な侍従長のポローニアスは、息子のレアティーズにこう忠告する。「何よりも大切なのは、おのれに忠実であること。それができれば、昼の次に夜が来るように当然のこととして、誰にもおのれを偽れなくなる」。これをポローニアスが言うのは、皮肉なところがある。なにしろ日常的に嘘をついたり、タペストリーの陰で盗み聞きしたりするのだ。その悪癖がもとで最後には命を落とすことになるのだが、1人の父親のアドバイスとしては悪くない。

しかし、「おのれに忠実であること」、すなわち自己一致とは、正確にはどういう意味なのだろうか? 英語のcongruence（自己一致）は、「誠実」と「本物」を合わせた性質を表す。

西洋文化において、誠実であること（「見せかけや欺き、偽善がない状態」と定義される）は、倫理的生活の確固たる柱であると考えられている。遅くともアリストテレスの時代には、その考えが確立されていた[47]。英語のsincere（誠実）は、ラテン語で「清浄、健全、純粋」な状態を意味するsincerusが語源で、他者に言うことと心で思っていることを一致させ、その度合いを高めることを指す。古くは物理的なものについても使い、破壊や偽造、修復、混合がない状態を表した（スパルタ人が「コルクくさい」ワインを飲んだら、「sincere」ではないと言ったかもしれない）。この言葉を道徳的な意味合いで使いはじめたのは、16世紀前半のプロテスタント（のちには清教徒も）の改革指導者だった。外面ではなく内面に着目し、当時のカトリック教会と強く結びつけられていた虚偽と隠蔽とは無縁の、称賛すべき生き方をしている人を指して使われた。その人の言葉とおこないは、心のなかと一致していた[48]。

誠実さという美徳は、ルネサンス期のフランス人哲学者、モンテーニュの心もとらえた。セネカに傾倒し、シェイクスピアに影響を与えた人物だ。モンテーニュにとって、誠実さは自己認識に関する問題だった。「信仰心のもとに私のことを私自身に告白するたび、自分の最大の徳にはいささか不徳が交じっている気がする」と書いている[49]。それゆえ、誠実でいるためには正直であるだけでは不十分で、個人と社会の欠点をありのままに認める必要がある。モンテーニュの随想には、自分に忠実であろうとし、私的空間での自分を公の場でも出そうと努力する人物が描かれている。

それ以来、西洋文明における誠実さの扱いは奇妙なものになっている。美徳（おそらくは最大の市民道徳）として高く評価する一方で、欺瞞と比べて的外れで愚かで世間知らずなこととして退ける向きもある。同じルネサンス期でもマキャベリのような少数派の思想家にとって、本心を明かすのはバカがすることであり、むしろ偽りの誠実さならば人を操る手段として役に立つとされた。ルイ13世と息子のルイ14世のころのフランス宮廷では、不実と策謀が芸術の域に達した。誠実さは鳴りを潜め、巨大なかつらや分厚い化粧、高いヒールが幅を利かせた。その動きを生み出したのは虚飾に満ちた滑稽な専制的規範であり、個人の衛生習慣からノックの仕方（王の部屋のドアは小指の爪でドア枠を引っかくのが作法で、それだけのために爪を異様に長く伸ばしていた）まで、あらゆることに権威への服従を規定していた[50]。啓蒙時代の初期にはヴォルテールが『カンディード』のなかで誠実さを揶揄し、最後には主人公を現実主義者に宗旨変えさせる[51]。

それに対し、ジュネーブ共和国に生まれた哲学者のルソーは、誠実さにより深い意義を見出し、最終的には美徳として新たな高みに引き上げた。ルソーをはじめとしたロマン主義者の考えでは、自己、すなわち心と魂の統一性と調和を保つことが最も重要だった。清浄、健全、純粋という昔ながらの解釈は、一種の道徳的価値として個人の確固たる責任に当てはめられた。大西洋の向こうのアメリカでは、ベンジャミン・フランクリンがルソーらの思想にならい、個人の統一性と調和に対する敬意を民主主義の基盤に組み込んだ。

しかし、誠実さの理想化はまもなく廃れ、嫌味や虚言、皮肉といった刺激の強い性質が好まれるようになる。ニューヨーク・タイムズの記事でローラ・キプニスが指摘したように、「大量生産のグリーティングカードでsincerely(真心を込めて)が安売りされるようになるまえ」に、誠実さはとっくに旬を過ぎて打ち捨てられたのだ[52]。

いまでは誠実さに代わって、本物(authentic)であることが注目される。偽物の反対の意味を表す、道徳的意味合いの薄い言葉だ。本物はよさそうに聞こえるが、倫理的行動の呼び水になるとはかぎらない。ビジネス書でもてはやされる「本物」のリーダーとは、裏表がなく、自律と自己理解ができ、価値観が原動力となる人物を指す[53]。しかし、本物は美徳とは関係ない。自本物の善と本物の悪が存在するように、人は善悪どちらの価値観を持っていても本物であり得る。チャールズ・ディケンズの『クリスマス・キャロル』で、主人公のスクルージは、３人の精霊の訪問を受けて改心するまで、自分のことを「稼ぎに稼ぐ守銭奴。石のように冷徹で冷酷」と思っている。この悪びれない全幅の金銭欲はスクルージの現実を映しており、本物であることは明らかだ[54]。しかし、本物だからといって善人ではなかった。

誠実さはすでに輝きを失い、本物では不十分だとすれば、どうすればいいのだろうか？

「誠」がもたらす恩恵

西洋の哲学者や思想家が誠実さの概念をさまざまに論じる何百年も前から、中国には誠《まこと》があった。アリストテレスより１６７年早い紀元前５５１年に生まれた思想家、孔子が説いた徳目であり、個人の自己一致と他者への恩義をミックスした複雑な概念だ。

クレムソン大学の中国語・哲学教授、安延明《アン・ヤンミン》によれば、誠では自己と他者だけでなく世界全体との関わりが問題になるという。ロマン主義者が称揚した誠実さは自分の心と魂への忠実性を意味したが、誠は自己についてそこまで個人主義的な見方をせず、すべての人は基本的な属性を共有していると考える。個人性と社会性の区別さえしない。自己と他者のどちらにも忠実であれという教えなのだ。

誠で重要なのは、信頼、正直さ（すなわち共有する現実を受け入れること）、内面と行動の一致である。信頼を内包しているので、個人と社会全体の両方によい影響がもたらされる。また、自分の利益ではなく責任に重きを置くため、「時代や場所を問わず、万人にとって有益」だ。安は次のように説明している。

重視されるのは普遍性の面、すなわち社会課題への理解が異なる2者間における「尊重」の念である。次のような考え方だ。あなたが何を信じていてもかまわない。それが私の目に正しく映ろうと誤りに見えようとも関係ない。あなたが自分の信念に対して正直な態度をとっていて、自分の信念のために本当の犠牲を払ってきたのであるかぎり、私はあなたを尊重し敬服する。いま重要なのは、あなたが信じる真実の内容を私が受け入れることではなく、その真実に対するあなたの態度を私が尊重することだ。真実の内容はあなたと私とで異なるが、態度については間違いなくお互い共通している[55]。

また、こうも指摘している。「はじめから独立した価値であり、ほかのあらゆる美徳の根源または本質であり、知識と行動の矛盾を解く唯一の道である。誠があれば、（「本物」の悪があるように）〝誠実に悪をなす〟可能性が基本的に排除される。それゆえ理論上は、負の社会的影響がもたらされることはあり得ない」[56]

ゆえに誠は市民道徳なのだ。似通った概念を、ベンジャミン・フランクリンはアメリカ建国時に重視した。誠そのものは知らなかったものの、共和制の統治にはマキャベリ主義の対極にある誠実さが絶対に不可欠だと考えた。フランクリンが理想とした社会は、人々が互いに遠慮なく動機を言い合える社会だった。1730年ごろに考案した「13の徳目」の1つとして誠実さをあげ、「感情を害する欺きを用いてはならない。悪意なく公正に考え、話すときもそのように話すこと」と説いている[57]。

残念ながら現代の民主主義においては、フランクリンの言葉は当時のファッション同様、はやらないものになってしまった。それでもためしに、人あたりがいいのにどこまでも正直だという評判を自分が築いていると想像してみてほしい。あなたは誠の体現者であり、誠実で人から信頼される。統一性のあるところが頼りにされている。エゴや幻想を守ることよりも正直であることを大事にする人にとっては、かけがえのない人材だ。誠はあなたに敬意と長い友情をもたらすうえ、集団の幻想を解いて再び現実を共有しはじめる助けとなる。そして、協力してこの共通基盤を固めれば、人間関係と自尊心が強くなる。本当の自分に従って行動し、自分の潜在能力を最大限に引き出すことで、マズローの言う自己実現を目指せる。

誠は弾み車のように働き、人々と社会全体に安定という大きな恩恵をもたらしてくれる。いまが変曲点なのだと私は考えている。理想主義者と呼んでもらってかまわない。しかし、歴史的に見れば、長い不実の時代をようやく抜け出し、より調和した新しい世の中を思い描き、いつか実現するための移行期にあると思えるのだ。

自分はいつでも変えられる

ジャージーシティ臨海地区の闇社会に長く潜るまえの人格をボブ・デラニーが取り戻すのには、時間がかかった。

プロジェクト・アルファのあとに無意識に出ていた危険信号に心理学部卒の同僚刑事が気づき、ボブは家に招かれて任務中の経験について話した。また、その同僚が大学で教わった心理学教授にも悩みを打ち明け、自分が心的外傷後ストレス障害（ＰＴＳＤ）を起こしていることを知った。だが社会の暗部で生きていたときのことを話しているうちに、心が軽くなりはじめた。

ゆっくりと、数年がかりでボブは新しい生活に慣れていった。より自己一致した、誠に近い生活だった。はじめは習慣を変えるのが難しかったが、自分を厳しく容赦なく「捜査」した。自己啓発本を手あたり次第に読みあさり、１冊ごとに自分のかけらを発見した。文字どおり、鏡のなかの自分と対話した。あの経験は普通ではなく、本当は善人なのだと繰り返し自分に言い聞かせた。そうやってボビー・カバートとボブ・デラニーで鏡合わせの対話をすると、自由になれる気がした。マフィアに染まった皮膚を脱ぎ捨てる感覚さえあったとボブは言う[58]。「雪のなかを運転する練習のようでした。スピンの方向にハンドルをまわすのは直感と正反対ですが、練習するうちに難しくなくなったのです」[59]

この自己肯定のプロセスは自尊心を築き上げるのに役立つと、本能的にわかっていた[60]。ボブは大量のメモも書き、のちに1冊の本にまとめた。『カバート』と題したその自叙伝のなかで、こう説明している。「長いあいだ天地が覆っていた世界で、いまだにバランスと意義を探している自分がいた。見つけたかったものは青春時代という堅い木の床に落ちていたことがわかった」[61]

ボブは子供のころから運動が好きだった。大学ではバスケットボールの州大会に出場し、コートに足を踏み入れるときの興奮を忘れたことはない。また興味が湧いてきたバスケットボールが、治療のカギになったという。「バスケにはルールと制限があり、そのことで過度の警戒状態が和らげられました。プレーしているとエンドルフィンが分泌されたものです。競技への情熱が、まったく異なる職業に導いてくれました」

カバートが増やした体重をボブは15キロほど落とすと、審判のボランティアを始めた。国際公認バスケットボール審判員協会（IAABO）194番委員会のメンバーになり、ニュージャージー州の高校の試合で審判を務めた。楽しいという感情がまた芽生え、ようやく潜入捜査のことをある程度忘れられるようになった。コミッショナーからの誘いでジャージージーショア夏季プロリーグの審判を務め、やがてNBA審判スーパーバイザーのダレル・ギャレットソンの目にとまった。1980年代なかばには、「マフィアの影から抜け出し、審判としてコートの光を浴びていた」という[62]。

ボブは自分を変えることができた。警察を早期退職し、NBAの審判に転身した。リーダーシップの修士号を取得し、恐ろしい体験との折り合いのつけ方をPTSDサバイバーに教えはじめた。幸せな結婚をし、2冊の著書を出した。NABではバイスプレジデントと審判ディレクターにまで上り詰めた。全米大学体育協会の最高栄誉であるセオドア・ルーズベルト賞を2020年に受賞するなど、数々の賞に輝いた。

いまでは私のいい友人であり、満ち足りた生活を送っている。長い道のりを経て、70歳になっても元気いっぱいのボブ。その姿は、欺瞞と偽善から離れて自己一致と誠に乗り換えると人生がどう変わるかを教えてくれる。

政治観の分極化、社会の対立、デジタル技術の急速な発展という未曾有《みぞう》の事態のなか、誰しもボブの例にならう道義的責任がある。人生の段階がどこまで進んでいても、私的な自分と公的な自分を1つにするのに遅すぎることはない。自己一致にコミットすれば、生活がよりよいものになるだけでなく、幻想に加担せず、幻想を統一性によって打ち崩す人物になれる。自己一致という美徳を身につけるのは、真にウィンウィンの選択ということだ。自分と互いのためにできる、最も重要なことなのである。

第8章　信頼は何よりも強い——不信の幻想を打ち砕く

相互利益よりもはるかに強く人を結びつけるのは、相互信頼である。
——H・L・メンケン

床に穴が空いたシボレー・シェベットに乗っていた極貧生活のころ、掛け持ちしていた仕事の1つに、在宅患者への浣腸剤の投与があった。大変な仕事だったが、7ドルという破格の時給（当時の最低時給は4・25ドル）だったのでベーグル店で働くよりもましだった。妻は血液を売って家計の足しにしていた。さらに、早朝の新聞配達を夫婦で1日おきに交替でやった。私の下のきょうだいを世話している両親からも、夜学の授業料を援助してもらっていた。これ以上、家族や親戚には頼れなかった。

人生のどん底でお金も余裕もない状態だったが、どんな施しも受けていないことは誇りに思っていた。そんなときに、政府の援助に対する抵抗感を和らげる考え方を父親から教わった。父は私にこう言った。「トッド、福祉はおまえのような家族を助けるためにあるんだ。一種の投資と思いなさい。近所のみなさんを見てごらん。税金を納めているのは、おまえのような人たちが自分の生活をよくすることができるように、がんばって稼いだお金の一部を投資しているからだ。おまえは少しのあいだ助けてもらったら、あとでそれ以上のものを返す義務を負うんだよ」〔1〕

この助言のおかげで、毎月の食糧費補助への罪悪感が軽くなった。だが、それでも買い物は気が重かった。妻も私も、他人から嫌そうな目を向けられないよう、夜遅くに買い出しにいった。レジでは、自分たちのお金で買う商品と食糧費補助を受けられる商品（ベビーフード、粉ミルク、牛乳、チーズ、シリアル、果物、野菜、卵、ピーナッツバターで、ブランドは指定される）を選り分けなければならず、毎回耐えがたかった〔2〕。

幼かった息子のネイサンにねだられて、粒入りピーナッツバターを買おうとしたときのことは忘れられない。その夜は店が混んでいて、レジのところには疲れていらついた客の長い列ができていた。私たちの番になり、レジ係が食糧費補助の対象商品をスキャンしはじめたが、ピーナッツバターで手を止めた。パッケージをまじまじと見てから私をにらみつけ、「粒入りは補助の対象外です！」と大声で言った。店内放送のスイッチも入っていたかもしれない。

穴があったら入りたかった。すでに痛めていた心に塩をすり込まれたようだった。顔が火照り、レジ係とまわりの客の視線に非難の色を感じた。私は「受け取る」しか能のない、救いようのない男だった[3]。

その一件があってからは、別の店の特定のレジ係のところに並ぶようになった。その店員は優しかった。補助対象品をスキャンするときに、うんうんとうなずいて「気持ちはわかりますよ」と小声で言った。「うちも補助を受けてますから」。それ以来、その店員のシフトに合わせて買い出しをすることにした。

食糧費補助事業を担っている連邦政府の官僚は、私が子供に「正しい」食べ物を買うとは信じていないのだと、身に染みてわかった[4]。この状況に怒りを感じた（いまも感じる）が、その程度の不信はアメリカ政府全般に見られる態度であり、不信の表れは生活困窮者の制御にとどまらないことをのちに悟った。これは、より大きく根深い問題の1つの兆候だった。その問題とは、人間一般を信頼できないという感覚だ。この不信感は社会全体に根を張り、規範と制度にも組み込まれている。不信が強化する嘘には、個人とアメリカ国民の両面で誰もが苦しめられている。

疑い深さは生まれ持ったものではない。負の経験と、先祖から受け継いだ信頼なきシステムを通じて身につくものだ。しかし、この悪質な疑い深さを内面化することで、人は自分の不幸をみずから生み出すようになる。自己一致を生むのは信頼だけだ。不信という幅広い問題に対処しなければ、誰もが自己一致した生活を送り有害な集合的幻想を打ち砕くような文化は築けない。より信頼を発揮するには、どうすればいいのだろうか？　まずは、なぜこれほど他者を疑うのかを理解しよう。

なぜ他人を疑うのか

私が考える不信の根本原因は、パターナリズムだ。ラテン語で「父親」を意味する単語から派生したパターナリズムは、「慈善や保護を意図して、人（または集団）の個人の自由と自律を侵害する行動や習慣」と定義される[5]。つまり、その人のためだと言って、制御が必要な子供のように他人を扱うことだ。こんにち、何かがパターナリズム的だと言う場合、命令と強制であるだけでなく、尊大だという意味合いも含まれる。

当然、パターナリズムは大昔からあった。プラトンからカントまで、大勢の哲学者が受け入れ、促進した。彼らにとってパターナリズムは物事の自然なヒエラルキーの一部であり、社会秩序の維持と増進を担う層は慈悲深い独裁者と見なされた。王、宗教指導者、貴族、国家元首はすべて支配層に属し、疑問に思われることのない、大半は男性の権威者であった。誰よりも分別があるとされ、それゆえ彼らが定めた法律と価値観は社会から尊重された[6]。

パターナリズムは、1620年に清教徒がプリマスに上陸したときからアメリカの歴史に組み込まれた。性差別や宗教弾圧の文脈で語られることが多いが、奴隷制を正当化し、移民を規制し、先住民を迫害する目的でも利用された[7]。

アメリカでパターナリズムをいっそう加速させたのは、1911年に出版されたフレデリック・テイラーの『科学的管理法の諸原理』だった。米国経営学会が2001年に「史上最も影響力ある経営書」に選んだこの本により、テイラーはホワイトカラー管理法の父としての地位を確立した。また、この1冊だけで、パターナリズムの産業化と不信の体系化をも引き起こした[8]。

企業は伝統ではなく科学と知識をベースに経営されるべきだとテイラーは考え、そのイノベーションを「科学的管理法」と名づけた。より思いやりのあるものであれば、このような転換は好影響を与えたかもしれない。しかし、テイラーが科学的管理法を促進した理由は、誉められたものではなかった。根っからのエリート主義者だった彼は自分の権威を利用して、一般的な産業観を形成し、忌み嫌っていた労働者階級を最弱者層に位置づけようとしたのだ。

テイラーは裕福な家庭に生まれ、ハーバード大学への入学が決まっていながら、視力の悪化で断念した経緯があった。名門高校のフィリップス・エクセター・アカデミーを卒業したあとに勉学を続けられず、実業家になることを志した。フィラデルフィアに住む両親の友人が経営する鉄鋼会社に見習い工として就職すると、順調に昇進していき、別会社の主任技師になった[9]。イノベーションこそ天職とばかりに次々と重要な変革を起こし、退職するまでに会社の生産性を2倍に引き上げた〔10〕。

会社で得た学びはテイラーの念願を強め、工場で出会った労働者に対する優越感を強固にさせた。彼は、「教養ある」経営者（会社から「最大の生産性と最大の利益」を出すことを目指す）と「愚かな」工場労働者を厳然と隔てる一線を新理論の基礎に置いた。ゆえに本質的な問題は、「労働者の望みと雇用主の望みが根本的に相いれない」ことだと主張した〔11〕。労働者に対する次の論評には、侮蔑が色濃く現れている。「銑鉄の取り扱いを生業《なりわい》とすべき男の基本条件の1つは、精神構造が雄牛かと思えるほどの愚かさと鈍重さである。〝パーセンテージ〟の意味もわからないほど愚かなため、知能ある男の手により、この科学の諸法則に沿って働くよう訓練されてはじめて、成功の見込みが立つ」〔12〕

動物のような工場労働者は細かく管理されなければ無価値だと考えたテイラーは、「科学的」計算に基づいて1つひとつの動作を制限し、人を可能なかぎり機械に近づけるシステムを考案した。ベルトコンベアのスピードを工場主が設定し、労働者のやりやすさや持続可能性ではなく生産の最大化を目指したのだ。あらゆることが測定され、細かく時間設定された。

１９３６年の映画〈モダン・タイムス〉で、チャーリー・チャップリンはこの新しい生産システムを風刺した。主人公は工場の組み立てラインで働いている。作業の遅れを上司に叱責《しっせき》されるが、なかなかベルトコンベアの速さについていけない。ハチにまとわりつかれたときには、上司に間違って顔を叩かれる。とうとうついていけなくなると、ベルトコンベアにのって機械のなかに吸い込まれ、歯車に押されたり伸《の》されたり。ついには機械の一部になってしまう。出てきたときには頭がおかしくなっており、走りまわって両手のレンチで同僚や上司の鼻を締めつける。社会的規範を忘れたかのように、女性を追いまわし他人の領域を侵害しても、ひたすら締めつけるナットを探しつづける。かくして自動化は完了したが、その結果は悲惨なものだった[13]。

100年以上前にテイラーの著書が出版されてから、世界中の組織がそのパターナリズム的な人間管理法を受け入れ、吸収し、取り入れてきた。その手法によりテイラーだけでなく、企業経営者と、科学的に訓練されて昇進した管理職が富を得た。こうして組織人が誕生し、経営コンサルタントやビジネススクール、ハーバード・ビジネス・レビュー誌（「管理法の向上」を創刊理念とする）が生まれた[14]。

実業界で広く採用されたことにより、テイラー主義は現代社会全体の仕組みにまで浸透している。学校や裁判所、刑務所、企業、政府プログラムなど、管理者が運営するアメリカの組織はほぼすべて、被管理者を意思決定主体として信頼しない前提で動いている。

トップダウンのテイラー主義は浸透しきっているせいで、誰もその存在に気づかない。まさに金魚鉢のジョークの水だ。そして、何を事実と感じるかは、何を信じるかによって定義される。つまり、仕事や生活、他者への態度に対するテイラーの「科学的」アプローチは、100年強のあいだに重力の法則と同じぐらい自明で、疑問の余地のないものになったのだ。

ジョージ・メイソン大学の経済学者、アレックス・タバロックは、経済的損失や大規模な社会的不信をはじめとした、テイラー主義の副産物を研究している。パターナリズム支持者は不正行為に手を染めやすいとタバロックは主張する。彼らの最大の特徴は、間違ったゼロサム思考である（「パイはこれしかないから、私が多く取った分だけあなたの分は少なくなる」という考え方）。それにより欲深く利己的になり、ほかの集団に恩恵が行かない投資ばかりする。また、自分の都合よく富を再分配しがちであり、それが原因で一般市民のあいだの信頼が低下し、経済全体が損なわれる[15]。この問題を研究しているハーバード大学のチームによれば、公務員も企業経営者も大衆を不当に扱う傾向にあるため、タバロックが名づけた「不信の罠」は自己強化されるという[16]。

テイラー主義的な制度化された支配層に「信頼できない」と言われると、大衆はその考えを自己イメージに取り込みやすい。そして、このパターナリズム的な嘘に繰り返し接しているうちに不信バイアスが生まれ、雪だるま式に拡大していく。自分が信頼に値しないなら、他者も信頼できないと考えるからだ。信頼されようとする考えが他者にはないと思い込むため、他者に対して疑い深くなり、信頼することに抵抗を感じる。しかし、これは逆に、自分も他者から信頼されないということだ。こうして、他者とのあらゆるやりとりを通じて相互警戒が毒のように循環・再循環し、やがて破壊的な自己成就的予言と化す。

個人レベルでは、不信バイアスは自己の分裂を加速させもする。他者への不信により、模倣、所属、沈黙という罠に陥りやすくなるからだ。仲間内のプレッシャーと陰謀論に影響されやすくなり、自己一致はきわめて困難になる。不信は人間関係を傷つけ、不安とストレスを悪化させる。また、警戒心と怒りを煽り、柔軟性を失わせることで、明晰な思考を妨げる[17]。このような状態の人々が社会にあふれたときのダメージは測り知れない。

不信の蔓延が民主主義をおびやかす

信頼には多くの「趣き」がある。基礎的なレベルでは、信頼とは他者を信じることだ。相手は期待された役割を守り、こちらに対する責任を果たすだろうという基本的な推測である。また、共有する現実についての、言葉にされない暗黙の了解でもある。車を運転しているときは、まわりのドライバーも同じ交通ルールを守ると信頼しており、それが自分の身の安全を守ることにつながる。レストランに行ったら、ほかの客が料理を奪うことはないと信頼する。修理を頼まれた配電工は、作業が終われば客が代金を支払うものと信じている。労働者は雇い主がきちんと給与を出してくれると思っている。こうした信頼に基づく相互保証の「握手」が無数に交わされ、個人と集団の安全が成り立っている。

高速道路にはじめて合流する経験と同じく、信頼は自分をリスクにさらすことだ。時速100キロで流れに乗っても、前の車が急ブレーキをかける可能性は常にある。それでも、高速道路の恩恵と利便性のためなら、そのリスクをとるだろう。まわりのドライバーは飲酒運転をしておらず、よく注意しているという信頼があれば。そして、運転中にかぎらず、相互信頼が確かめられるたび、共有する現実と互いの結びつきが確認される。他者や制度に寄せる信頼は、世界のどこであれ、社会の健全性を測る尺度だ[18]。

社会についたテイラー主義という黒い染みは、1940年代以降、世代が替わるごとにアメリカ人が疑い深くなっている原因だ[19]。ピュー・リサーチ・センターの2020年の研究によれば、自分以外のアメリカ市民をとても信頼しているという回答が1997年には64パーセントだったが、2020年には半分近く落ち込んだ。また、その年のほとんどの回答者は、初対面の相手を信頼しないとも答えた[20]。

この傾向からは、社会の深刻な構造的問題が浮かび上がる。アメリカにおける信頼は死にかけているということだ。2020年後半、ニューヨーク・タイムズのコラムニストのデビッド・ブルックスは、この大きな問題の影響をアトランティックで次のように指摘した。「大組織への信頼の低下は憂慮すべきだ。人々が互いへの信頼を失うとき、社会は本格的に分裂しはじめるのだから」。２０２０年にうつ病と自殺の発生率が過去最悪を更新したことを見ても、暗い影が落ちているのがわかる[21]。ギャラップによる２０２０年6月の世論調査では、自分がアメリカ人であることを誇らしく感じるという回答が、調査を開始した２００１年以降最低になった[22]。ＮＢＣニュースとウォール・ストリート・ジャーナル紙による世論調査では、アメリカ人の71パーセントは国の現状に怒りを覚えており、80パーセントはこの国が「制御不能」だと考えていることが示された[23]。ブルックスはこう指摘している。「〔２０２０年〕6月後半には、アメリカで深刻な正統性の危機、疎外の蔓延、既存の秩序への信頼喪失が起きていることが明らかになった。不信という運命の輪が現出したのだ」[24]

不信の蔓延は、民主主義をおびやかすまでに深刻化している[25]。想像上の危機を恐れるあまり、政治的過激主義とパターナリズム的権威主義による実態なき安全に引きつけられるアメリカ人は増える一方だ。右派・左派双方の権威主義者（およびボット）が、アイデンティティと意見をつぶし、極端化とバイアスを煽るためにテイラー流のアプローチをさかんに採用している。

言うまでもなく、いまよりも健全、安全、公正な社会にしたければ、互いへの信頼を回復する必要がある。しかし、そのためにはまず、誰もが苦しんでいる究極の集合的幻想を打ち砕かなければならない。

誰もが正しいことをおこなっている

２０１４年5月、ジョー・コーネルはドラッグを断つため、カリフォルニア州フレズノにある救世軍リハビリセンターで暮らしていた。定職はなく、妻ともども家賃と自動車ローンの支払いに追われていた。ある日、警備輸送トラックの運転手が12万５０００ドルを詰めた銀行のバッグを歩道に置き忘れ、それを偶然コーネルが拾った。普通なら持ち逃げしたくなってもおかしくないが、彼はきちんと銀行に届けた。

のちに地元の放送局に語ったところでは、持ち逃げしたら誰かがクビになるのではないかと心配になったという。「企業とかの預金に、大勢の人の仕事がかかっているかもしれない。だから、ああするのが正しいと思ったんです。自分は孫からどういう人と見られたいか？　正しいことをした正しい人と見られたいですね」

警備輸送会社からは５０００ドルの謝礼を贈られ、家族からは自慢のお父さんだと言われた。メディアにも美談として取り上げられた[26]。しかし、個人としての高潔さ以上に、社会的信頼の大切さがコーネルの動機だった。不誠実な行動がまわりに負の影響をもたらすと考えたのだ。

滅多にいない善人だと思うかもしれないが、よく考えればコーネルが特別ではないとわかる。

実際、誰でも正しいことを毎日数えきれないほどしている。そして、身近なところに目を向けさえすれば、不信幻想は崩れはじめる。コーネルのように、日々自分を顧みることになるからだ。

たとえば、あなたが道端で財布を拾い、近くの郵便局や交番、博物館に届けたとしよう。このとき、なかのお金がそのまま残る、または財布ごと持ち主に返される確率はどれぐらいだろうか？

２０１９年にサイエンス誌に掲載された研究論文が、この疑問に答えている。財布を拾ったと言って受付係に預ける実験を世界中の約３５０都市でおこなった。現金が入っていない財布、13ドル相当が入っている財布、１００ドル相当が入っている財布の３通りがあり、全部の財布にメールアドレスのわかる架空の名刺と買い物リストが入っていた。財布を預かった人が持ち主に連絡をとるかどうかが観察された。

その結果、ほぼすべての国の受付係が財布を持ち主に返そうとした。１００ドルが入っている財布のときは、なおさら熱心だった。また、財布に鍵（持ち主にだけ重要なもの）が入っている場合、その熱心さは最も高かった。

次に、０ドル、13ドル、１００ドルが入った財布の返還率はどれぐらいだったかを推測させるアンケート調査を、アメリカ、イギリス、ポーランドで実施した。回答者には経済の専門家もいたが、返還率は0ドルのときが最も高く、100ドルのときが最も低いという推測ばかりだった。現実とは正反対の調査結果だ[27]。

間違いなく、回答者には集合的幻想がはたらいていた。執筆者の1人であるデビッド・タネンバウムは、こう指摘する。「自然な状況での実験でした。本物のお金が手元にあり、誰かに監視されているわけでもない。それでも、財布を着服して得られる物質的利益を上まわる、道徳上の懸念を抱いたのです。今回のような国をまたぐ大規模調査で一貫した結果が示されたことは、人間のあり方の非常に深いところに迫っていると思わざるを得ません」。大多数の人は自分が誠実、道徳的、利他的だと思いたがる（他者もそうだとは思っていなくても）と論文では結論づけている。つまり、誰しもコーネルによく似ているということだ[28]。

他人は信頼できなくても自分は信頼できるという確信は、自尊心と関係している。アメリカ人の思う成功した人生の要素をポピュレースが調査したところ、76ある選択肢のうち、「信頼に値すると思われる」ことが3位に入った（対照的に、自分以外の回答を推測させたところ30位にとどまった）。さらに、「自分はよい意思決定をする人物として個人的な信頼に値する」という文に93パーセントの回答者が「そう思う」と答え、頼りがいの高さに自信をのぞかせた。実際のところ、「強くそう思う」という回答が47パーセントにのぼったことから、この要素の個人にとっての重要性が見て取れる[29]。

これらの結果を総合すると、巨大で破壊力のある集合的幻想が浮かび上がってくる。人間の性質をことごとく見誤ったテイラー主義を信奉しているせいで、自分以外のほとんどの人は信頼されることを重視しておらず、意思決定者として信頼できないという思い込みが生まれている。一方で、自分は信頼されたいし、実際に信頼にたる人物だという考えが圧倒的多数を占める。当然、この2つの見方が両立するわけがない。回答者がポピュレースと自分自身に嘘をついたか、多数派の考えを読みあやまったかのどちらかだ。この調査では、本心を隠すのがほぼ不可能な手法を用いている。ということは、実際には誰もが信頼に値するのだ。それを否定する集合的幻想が幅を利かせているにすぎない。

ここまでで何が問題か明らかになり、その本質が幻想に根ざした不信であることもわかった。では、どう対処すればいいのだろうか？

大多数が同じ価値を共有

メディアを信じるなら、現代アメリカ人はいがみ合っていることになる。たしかに表面的には、保守とリベラルのあいだに共通の価値観はまったくないように見える。2019年10月にピュー・リサーチ・センターが実施した世論調査では、共和党支持者と民主党支持者はどちらも互いのことを「視野が狭い」「知性がない」「だらしない」「愛国心がない」と思っているのが明らかになった（共和党側から民主党側への見方のほうがネガティブな傾向にあった）。また、2016年の調査結果と比較すると、相手側は一般的なアメリカ人よりモラルが低いという回答が、両者ともに増加した[30]。

ところが実際には、政治思想で対極にいる人々もイメージに反して自分とよく似ているものだ。それには理由がある。

あらゆる信頼の道徳的な根っこには、共通の見方が潜んでいる。このいわゆる主要共有価値とは、信頼性、誠実さ、高潔さなどといった、1人ひとりが特に重視する大本の倫理的信条である。アイデンティティの根幹や、目標とそれを達成するための手法を考えるときには、とりわけ重要になる。

政治についてこれだけ敵意を剝き出しにしている同士では信じられないかもしれないが、私たちは知らないうちに主要価値の大半を共有しているのだ。ポピュレースによる2021年の調査では、ほとんどのアメリカ人が自身の生活と国全体について、同じ願望と優先事項を共有していることが判明した。個人の権利、高品質の医療、リーダーの説明責任、地域の安全、偏見のない刑事司法制度、平等が、自分にとってもアメリカの未来にとっても重要だという回答に、党派による差はなかった。また、公平の概念を共有しており、仕事や教育、医療、刑事司法といった社会制度にも同じ価値を期待している。実際、上位20にランクインした意欲的価値のうち、互いの尊重、中間層の繁栄、近代的インフラの整備、機会均等の保障など、15について個人レベルでは合意が形成されている[31]。

言うまでもなく、分極化が固定されることは政治家とメディアには都合がいいので、人々の違いと偽りの現実が強調される。実際には同じ意見を持っていることに気づくのが難しくなっている。たとえば、気候変動問題。ポピュレースの調査では、全党派のアメリカ人が個人の権利と医療に次ぐ3番目の優先事項に選んだ。しかし、自分以外のアメリカ人は何番目に重視すると思うかと尋ねると、33番目になった[32]。持論と世論に関するこれほど鮮明なコントラストからは、誤った推測により認識がゆがむことの危険性が改めて浮き彫りになる。

共有価値は信頼のための道徳基盤なので、たいていの問題では合意ができているという事実を知り、受け入れることが欠かせない。直接の知人ではなくとも頼っていた習慣がだいぶ前に絶えて以来、信頼に値することを相手が証明するまでは不信の目を向けるのが基本姿勢になっている。いわば有罪推定だ。しかし、そうして固まる他者へのイメージは、たいてい的を外している。それに、信頼に値することを証明しようにも、その機会は金輪際与えられない。卵が先かニワトリが先かという昔ながらの問題だ。

信頼は信頼を生む

自分が15歳の高校生になったと想像してみてほしい。いま、校舎の廊下で悪友たちと集まっていると、次の国語の授業をサボってタバコを吸いにいこうという話がもちあがる。あなたは悪いとは知りつつ、結局はサボることにする。問題は、親にバレたらどんな嘘をつくかだ。けれど、嘘をつきとおすのは難しい。というのも、あなたの父親は世界的に有名な嘘発見技術のエキスパートだからだ。さあ、どうする？

この問いは、イブ・エクマンにとっては想像上の話ではなかった。イブの父親は、ポール・エクマン。20世紀の最も影響力ある心理学者の1人とされ、非言語表現が特定の感情を伝達し、虚偽を明らかにすることを科学的に示した先駆者だ。嘘を検知・発見するエクマンの手法は、学校や警察、アメリカ国土安全保障省で使われている。

イブは10代という多感な時期に、夜遊びや門限破りのたびに父親と対峙しなければならなかった。さぞかし嫌だっただろうと思うかもしれないが、実際にはそうでもなかった。

28歳のとき、イブは10代のころを振り返って言った。「わたしが言いつけを守らなかったり嘘をついたりして、お父さんに見破られたことってあったかしら？」

「ないはずだよ」とエクマンは言った。

イブが悪さをしたことに気づいてもあえて嘘を見破らず、本当のことを自分から打ち明けるのを促すよう心がけていたという。エクマン自身の子供時代には、両親を出し抜くことが最大の関心事になって「まるっきり秘密の生活」を送り、それをのちに悔やむようになったからだった。

親は傷つくことを厭《いと》わずに子供を信頼すれば、お返しに信頼を得られるとエクマンは説く。「子供にとっていちばん大切なことは、賛成のときも反対のときもあるでしょうが、いざとなれば親がいつでも手助けや応援をしてくれると信頼を感じることです」。そのような関係を築き、人から信頼される子供を育てたければ、はじめから良好な関係をつくるのがいちばんいい。つまり、親が子供を信頼するのだ[33]。

では、信頼は正確にはどのようなはたらきをするのだろうか？ 他者をいまよりも信頼するよう訓練することはできるのだろうか？

この問いに長年取り組んでいるのが、神経経済学という新領域の開拓者であるポール・J・ザックだ。ザックはホルモンの研究から出発した。ラットが別のラットに近寄っても安全だと判断するとき、絆ホルモンのオキシトシンが分泌されることが実験でわかった[34]。それと同じ効果が人間でも見られるのではないかとザックは考えた。1種類のホルモンだけで、より信頼したりされたりするようになるものなのか？

それを確かめるため、「信頼ゲーム」と呼ばれる社会科学の一般的な実験がおこなわれた。

プレーヤーはお金を与えられ、インターネット上の見知らぬプレーヤーに好きな金額を送るよう指示される。送金額は3倍になって相手に届く。その一部を相手がお礼として送り返してくることもあるが、かならず送ってくる保証はない。このような条件では、信頼しやすい性格であるほど、少なくとも元の金額は戻ってくることを期待して、送金額が大きくなると考えられる。もちろん、それは信頼が裏切られるリスクを生む行動でもある。人を信頼するほど、傷つく可能性も高まるわけだ。

送る側が赤の他人にお金をゆだねた前と後に、オキシトシンの分泌量が測定された（送金額は任意で決められるので、多額であるほど信頼度が高いと言える）。また、受け取る側についても、送金されたときと返礼したときの変化を見るため、オキシトシン量が追跡された。

結果は驚くべきものだった。受け取った金額が大きいほど幸福度が高まった（金額が増えるとオキシトシン分泌量も増えた）のは当然として、オキシトシンの増加量は返礼行動とも相関関係を示したのだ。この関係を検証するための追加実験では、送金するまえにオキシトシン点鼻剤が投与された。すると、プラセボ（偽薬）が与えられたプレーヤーと比較して、送金額が2倍以上に増えた[35]。

オキシトシンはただの絆ホルモンではなく、相手を信頼し、自分も信頼に値しようとする行動を促す効果もあったのだ（それとは逆に、不安によってオキシトシンの分泌が抑制されることが別の実験で示されている。ストレスが多いと機嫌が悪くなったり人付き合いが面倒になったりするのは、それで説明がつく。また、オキシトシンと信頼が結びついていることの1つの証拠でもある）[36]。

エクマン父娘の話からは、親子関係よりもずっと大きなものが見えてくる。信頼に値する振る舞いをするかどうかの最大の決定要因は、その人が信頼に値すると扱われていることなのだ。同じところをぐるぐるとまわっているように聞こえるかもしれないが、信頼とは実際、渦巻きのようなものだ。誰かが傷つくリスクを負うたびに広がりを増し、徐々に成長していく。この渦巻きは、疎外と閉塞を引き起こす沈黙の螺旋とは対照的に、結びつきと開放をもたらす。

変化の道に一歩踏み出す

信頼ゲームはさまざまなバージョンで実施されている。それによれば、全額を預けられたと感じた受け手は、その例にならって、みずからも別の参加者にお金を分け与える割合が高まるという。つまり、他人から信頼されると、他人を信頼しやすくなるのだ[37]。また、相手を信頼する人は、そうでない人より信頼を得やすいことも実験で明らかになっている。これは、一度誰かが傷つくリスクを負うと、その後に起きる交流すべての指針となるグループ規範が生まれる可能性があることを意味する。私が読者のあなたに財布を預けたら、その1つの行為が引き金となり、信頼の送り手と受け手が集団と社会全体で急増するかもしれない。

想像してみてほしい。あなたには1人でこの世の社会的信頼の総量を倍増させる力があるのだ。いまよりも少しだけ他者を信じ、頼る気を起こせばいい。これをデビッド・ブルックスは、「意地の悪い世の中であえて傷つきやすさを増す突飛な態度、返ってこないかもしれない信頼を他者に差し出す行為」と表現する。実際、この大きな一歩を踏み出すことで、変化の道が拓かれることがわかっている。ブルックスは言う。「見捨てられると思っていたところに、誰かが理屈に反して手を差し伸べてきて、信頼が芽生えることがある。それは嵐の合間に現れた美として、社会全体にさざ波のように広がっていく」[38]

このプロセスは、家族や友人にいまよりも信頼と敬意を向けるだけで始められる。それを足がかりに、互いへの思い込みを改めることで社会的信頼を広めていける。自分はジョー・コーネルのように誠実で、原則として誠実に行動するとほとんどの人は思っている[39]。しかし、この事実に正面から向き合うには、他者の考えと価値観に対して抱いているイメージがほぼ間違いであることに気づく必要がある。また、他者への誤ったイメージから深まる不信に、ことごとく対抗しなければならない。そして何よりも、自分の抱くイメージに責任を持つことが重要だ。なぜなら、すでに述べたように、互いをまねる人間の性質により、1人ひとりが他者の行動モデルになるからだ。

他者への信頼は、言葉の選択のような初歩的なことからも生まれる。信頼ゲームには、相手とのやりとりを何度か繰り返せるバージョンがある。「味方」「敵」の先入観が行動に与える影響も検証するため、研究者はプレーヤーへの事前説明のなかで相手プレーヤーを「パートナー」か「対戦相手」のどちらかで呼んでイメージを植えつけておく。その結果、送り手が示した信頼度には差がなかったが、その信頼行為（つまり受け手の信頼価値）に対する返礼は、「パートナー」間では「対戦相手」間の2倍以上になった。相手と競争していると思うよりも協力していると思うほうが、信頼に信頼で応じる確率が倍増するということだ[40]。

そろそろ読者の心の声が聞こえてきそうだ。「ずいぶん青臭いことを言うんだね。うちの近所の人は信頼できるようなタイプじゃないよ。そこを思い切ってわが家のスペアキーを渡せとでもいうの？　急に誰彼かまわず信頼しはじめたら、自分からだまされにいっているようなものでは？」

もちろん、全員が信頼に値すると言っているわけではない。あなたの信頼を受ける価値のない人は大勢いる。私が言いたいのは、不信バイアスのせいで、そういった例外が原則と取りちがえられやすいということだ。不信に足る理由がある相手なら、信じなくてもまったく問題ない。しかし、こう問い直してみてはどうだろうか。「この人は本当に信頼に値しないだろうか？　それとも、私が不信バイアスの確証を探しているだけだろうか？」。誠実な動機があるとは思えない人のなかにも、大勢のジョー・コーネルがいるのだから。

また、人を信じがちなタイプはだまされやすいというイメージは、事実に反している。カナダの研究によれば、「高信頼者」はむしろ「低信頼者」よりも嘘を見抜くという。低信頼者がほぼ全員を疑うのに対して、高信頼者は過去の過ちから学んで人を見る目を養っているのだ[41]。

それでもなお、「信頼が裏切られたら取り返しのつかない状況だってあるじゃないか」と考える人もいるだろう。そのような場合には当然、相手に確信が持てるまでは態度を保留するべきだ。ただし、日常的な交流のほとんどはリスクが高くないことは、覚えておいて損はない。

また、日常的な交流があるたび、「裏切られるコストに耐えられるか?」と自問し、その答えがイエスなら信頼してみるといい。そこには著しい増幅効果が見込めるからだ。滑車でレンガを持ち上げるように、わずかなリスクを負うだけで他者(および自分自身)に大きな恩恵がもたらされる。そのためのコストとリスクは、仕事を続け、家族を養うために混んだ道路を運転するのと変わらない。客観的に見れば、試す価値があるのは明らかだ。

これでもまだ納得できない人は、自分の健康のために他者を信頼してみてほしい。信頼すると健康になり、寛大さと生産性が高まり、全般的な幸福度が上がることが複数の研究で確かめられている[42]。他者を信頼できると感じるときは、この世界がよりよい場所に思えるのだ。

管理をやめる

1950年代のこと。マウリシオ・リム・ミラーは8歳のとき、母と姉の3人でメキシコからアメリカに移住した。新天地で社会経済的階段をのぼろうと挑戦と失敗を繰り返していた、明晰で機転の利く母の姿がいまでも目に焼きついているという。「小学3年生までしか教育を受けていないラテン人のことなど、誰も信頼してくれませんでした。母には才能がありませんでしたが、それに気づける制度が構築されていなかった」とイーストベイ・タイムズ紙に語っている[43]。

成長したミラーは住居と仕事を探している貧困層を支援する非営利団体で働きはじめた。しかし、その活動を20年以上続けたころ、支援プログラムの利用者の子供が同じプログラムに申し込んでくるケースを目にするようになった。子供たちも家族も、自分たちの支援を受けて中産階級に上がるはずだと信じていたのに[44]。なぜ支援がうまくいかなかったのだろう?

ミラー自身の家族は、知識や資金、生活資源を蓄えていた移民仲間の支援のおかげで貧困から抜け出すことができた[45]。その体験に着想を得て、ミラーは長年勤めてきた団体を辞め、アップトゥギャザー(当初の名称はファミリー・インディペンデンス・イニシアチブ)を創設した。恵まれない家庭が自分たちで生活を変え、舵《かじ》取りするために必要な信頼と支援のネットワークを提供する、コミュニティを基盤とした非営利団体だ。アメリカの20年以上にわたる貧困のデータからは、自己決定権の獲得、コミュニティ内支援の促進、人々の力を通じた生活資源へのアクセス向上により、貧困層の経済的・社会的な流動性が改善することが明らかになっている[46]。アップトゥギャザーはこの知見に基づき、貧困について語る視点を「施しの対象」から、生活向上のために闘っている戦士へと転換した。目標は、家庭を信頼し、家庭に投資することだ[47]。

アップトゥギャザーはオンラインプラットフォームを通じて、自力での生活向上に取り組んでいる家庭に、用途の指定のない現金を毎月送っている[48]。また、利用者向けのソーシャルネットワークを提供し、家庭や個人のあいだで経験を共有し、協力し、目標達成を後押しし合えるオンライングループをつくっている。「参加家庭が何かを指示されることのない、純粋なモデル」だとミラーは言う[49]。管理を排除し、人々がパターナリズムの抑圧から解放されて自力で前進できるようにすることがねらいだ。テキサス州オースティンに住むアップトゥギャザーの利用者、イバンナ・ネリは、「その手は恵むことではなく、助け起こすことを期待されている」と語っている[50]。

それをまさに期待した1人が、ターニャ・ジョーンズだった。ジョーンズは2019年にアップトゥギャザーに参加してから、クレジットスコア（個人の金銭的信用度を表した数値）を上げ、事業資金を追加し、たまっていた請求書をすべて払い終えた。コロナ禍直前の2020年3月には、アップトゥギャザーからの資金で自宅購入の頭金をつくることができた。住宅ローンの審査が通ったときには、「現実とは思えなかった」という。そして5月、ついに家族で新居に引っ越した[51]。

2020年、アップトゥギャザーはコロナ禍で経済的打撃を受けた20万以上の個人と家庭に、いち早く約1億3000万ドルを配った[52]。プログラム対象のコミュニティでは、平均で福祉助成金が36パーセント減少し、月収が23パーセント上昇している。また、月間事業収入が77パーセント改善し、老後の蓄えが倍増し、子供の成績も上がっている[53]。ボストンでは、利用開始時に貧困ライン以下だった家庭の41パーセントが3年以内にそれを抜け出している。また、利用世帯では健康状態が改善し、貯蓄が増え、負債が減っている[54]。アリエルという利用者の言葉を借りよう。「誰もが厳しい状況にいて、自分を高めようと闘っている。小さいグループでも、力を合わせて強くなれると気づいたんです」[55]

アップトゥギャザーの成功は、貧困層への支援とエンパワーメントの手段として私が現金の配布を支持する理由の1つだ。人々の尊厳と自立を高めると確かな好影響が現れることを示すエビデンスが、世界中で次々と出てきている。条件がついていない現金を配ることは、貧困層の生活を改善し、将来にわたり稼ぐ力を高めることにつながる。それをコミュニティのすべての家庭同士でおこなえば、協力姿勢と社会的信頼の水準が上がる。

たとえば、カリフォルニア州での調査では、用途が指定されていない資金を毎月500ドル、合計2年にわたり受け取った人は、26パーセントが借金を完済し、フルタイムの仕事につき、心の健康が大きく改善した[56]。メキシコの農村部では、現金と食糧の支援はどちらが効果的かを見る実験がおこなわれた。その結果、現金の配布には健康増進効果が見られた。これは、医薬品や交通手段のような必需品をまかなえたことも理由だった。また、現金の配布は管理費用が2割も少なくてすんだ[57]。カナダの調査では、50人のホームレスに5700ドルを一括で渡し、1年半のあいだ生活を追跡した。すると、社会福祉プログラムの申込者よりも早く食事と住居を得ることができたうえ、アルコールやタバコ、ドラッグへの支出が39パーセント少なかった[58]。

ほかにも多くの調査により、テイラー主義の正体であるゼロサムゲームの権力闘争が浮き彫りにされている。それでもなお、社会の制度にはパターナリズムの根が深く張ったままだ。不信バイアスを本気で克服しようと思うなら、それを支えている制度の基盤を瓦解《がかい》させなければならない。その動きはすでに始まっている。それも、テイラー主義が生まれたビジネスの世界で。

カリフォルニア州の農村部に拠点を置くモーニングスター・カンパニーは、アメリカ最大のトマト加工業者であり、昔ながらの階層的組織の対極にある企業だ。管理者や監督者を通じて従業員の生産性を担保することはせず、従業員みずから社内での立場と目標を設定する「自主管理」を採用している。誰でも上司の承認なしで会社の資金を使い、必要なものを購入することができる。「同僚たち」が各自で仕事の内容とやり方を考え、決めている。従業員といえど人材採用にかかわることも業務であり、会社のあらゆる事柄について自由に疑問や意見を出すことも期待されている。「同僚たち」はイノベーションへの意欲が高く、スキルと興味に応じて毎年の「私的事業ミッション」を設定する[59]。

この無秩序に思えるシステムが、きわめてうまくいっている。過去20年のあいだ一度も途切れることなく2桁成長を続け、550人のフルタイム従業員で年間8億ドルを稼いでいる[60]。テイラー主義の基準から見ても驚くべき数字だ。

その秘密は何か？　モーニングスターは、どうやって無秩序から順調で円満なビジネスを生み出しているのだろうか？

その答えは、信頼だ。信頼の第一歩は、テイラーの流儀に背を向け、労働者の管理をやめることだった。上司や管理者という官僚的・財政的な負担から解放され、同僚たちはスキルを最大活用する形で自由に協力して働くことができている。同僚たちのあいだで取り決められた約3000文字の契約を支えとして、モーニングスターはコミットメントと責任のネットワークに一般的な経営陣の役割を（無償で）担わせている[61]。

従業員の意思決定力に頼りすぎていて危うい企業だという主張も成り立つだろう。しかし、弱点をさらけ出すことで、モーニングスターは信頼が大きな利益を生むことを証明している。

また、魅力豊かな職場でもある。ほかの条件が同じなら、ほとんどの人はテイラー主義に凝り固まった組織よりもモーニングスターのようなところで働くことを選ぶにちがいない。

モーニングスターのような会社は経営学では「高信頼性」企業と呼ばれており、そこで受け継がれてきた信頼の重要性にビジネス界は遅まきながら気づきはじめている。ポール・ザックらの調査では、総合的な信頼度が非常に高い企業で働く人々は、幸福度、生産性、やる気がより高いことが明らかになっている。また、高信頼性の職場にいる労働者は、雇用主が掲げる目標により強い一体感を抱いている。同僚への誠実さと親近感がより高く、収入もより多い。さらに、高信頼性企業は生産性、革新性、収益性が高まるのだ[62]。

社会的信頼が築く未来

では、高い信頼を国家規模に拡張したらどうなるのだろうか?

ノルウェー人同士の信頼は、世界最高水準にある。わかりやすく言えば、スカンジナビア半島の一般市民が互いに向ける信頼は、アメリカ人同士の信頼の2倍にもなる。これらの国々ではコミュニティや政府プログラムの社会的援助と制度により、安全と信頼を醸成している。その結果、誠実さよりもコストと複雑性を高める法的・行政的な手続きに苦しむことが少ない[63]。

高水準の社会的信頼が拓く未来を知りたければ、ノルウェーの刑務所制度を見ればいい。この国では受刑者を処罰するためではなく、貢献する市民としてコミュニティに戻れるよう更生することを目指している。ノルウェーの基本的な刑事政策は、「あなたは外の世界に参加する自由を失ったが、こうして更生の機会を得たのだから、過ちを振り返り、学びを得るためにここでの時間を使いなさい」ということだ。

たとえばハルデン刑務所は、麻薬密売、暴行、強姦、殺人などの罪をおかした250人ほどの受刑者を収容している、ノルウェーの最高警備の刑務所だ[64]。アメリカ人がそう聞くと、映画〈ショーシャンクの空に〉のような高い塀に囲まれた要塞のような施設を思い浮かべるかもしれない。しかし、30万平方キロメートルの敷地を持つハルデン刑務所は、小さな村か開放的な大学キャンパスのような印象を受ける。独居房には薄型テレビとバスルームがあり、寮の部屋のようだ。モダンなキッチンを自由に使うことができ、共有スペースには座り心地のいい椅子が置かれている。壁には絵画が掛けられ、大きな窓からは日の光が降り注ぎ、中庭と外周には広い緑地がある。レコーディングスタジオ、ジム、運動場も利用できる[65]。受刑者は生活と仕事を共にし（職員も加わる）、自動車修理やコンピュータープログラミングなどの有用なスキルを学びながら、コミュニティへの貢献者として奉仕する[66]。「この刑務所はどこをとっても、精神的苦痛や人との争いを軽減し、更生を促進するようデザインされています」と上級設計者のグドゥルン・モルデンは言う[67]。数字がそれを物語っている。アメリカでは出所後2年以内の再犯率が70パーセント近いのに対して、ハルデン刑務所では20パーセントに抑えられている[68]。

アメリカの刑事制度との対比はあまりにも明らかだ。伝統的に更生よりも処罰を主眼としてきたアメリカの刑務所は、受刑者の自立とアイデンティティ、さらには尊厳を奪っている。犯罪者から社会を守るために閉じ込めているというが、その刑務所制度には意趣返しと見せしめの欲求が透けて見える。その欲求の代償は大きい。アメリカでは人口10万人あたり700人も刑務所に入れられており、そのために毎年1800億ドルもの税金が使われているのだ[69]。

もちろん、犯罪者の扱いには各国の方針がある。しかし、ノルウェーの事例からは、アメリカで想像さえできなかった世界が見えてくる。アメリカの刑務所制度はテイラー主義に根ざし、規律と処罰に重きを置いた集合的幻想の産物だったことが明らかになり、パターナリズム的な諸制度を抜本から改革する道筋が浮かび上がってくる。

社会的信頼の問題を一夜にして解決できるわけではない。解決には長い時間がかかる。それでもはじめの一歩として、その問題を長引かせ相互信頼を阻んでいるパターナリズムの影響に気づくことはできる。

数多くある共通の価値をもとに、よりよいコミュニケーションをとりはじめよう。メディアが煽る分断を鵜《う》呑みにすることはやめよう。個人レベルでは、暮らしのなかで誠実さと自己一致を高めることができ、そこから大きな恩恵が見込める。社会制度を変えることは大変な難事業に思えるが、アップトゥギャザー、モーニングスター、ハルデン刑務所を手本にすれば、教育や刑事司法、医療、行政などの公的制度も変えられる。

ただし、そのためには信頼がなければならない。私たちは互いに信頼する義務がある。信頼のない社会では人々の結びつきがほどけ、自己一致した生活を送ることができなくなるからだ。信頼があれば、寛容さが生まれる。多様な考え方を受け入れ、互いの選択を尊重することができる。寛容さと自己決定権が組み合わされば、内側の自分と外側の自分を統合することが可能になる。互いを信頼すれば、相手の意見を封殺したり、立場を利用して相手の尊厳を奪ったりすることを是としない、有益な社会的規範ができあがる。

いまより少しだけ傷つくリスクを負い、信頼を花開かせれば、アメリカは文化的恐慌から抜け出せるはずだ。まずは社会制度への信頼を高めることから始めよう。そうすれば、社会制度は個人に信頼を置くものになり、発展・改善していく。この小さなステップを繰り返せば、正のサイクルをまわせるようになるだろう。

第9章 真実とともに生きる——信念に基づく声の力

人々が世界を見る目に応じて、世界は変わる。人々が現実に向ける視線を1ミリでも動かせれば、世界を変えることができる。
——ジェームズ・ボールドウィン

1970年代のこと、チェコスロバキアで青果店を営んでいる男がいた。店を開けるたび窓のところに「万国の労働者よ、団結せよ!」という標語を掲げるのが日課だった。

その標語に目をとめる人はいなかった。街じゅうの店やオフィスに、まったく同じものが掲げられていたからだ。共産主義政権下にあった当時、それは陳腐なプロパガンダにすぎなかった。掲示している店は抑圧体制に属しており、協力者として参加していることの証だった。

この男が標語を掲げるのは自分の思いつきではなく、それどころか自分の意思でさえなかった。命を守るための必需品だった。政府の権威主義的な規範に同調しなければ、とんでもないことになる。店をたたませられるか、急に仕入先から取引を打ち切られるか。子供が大学に行けなくなったり、自分が反動分子として非難・排斥されたりするかもしれない。だから、自分と家族の安全のため、労働者の団結も共産主義も信じていないのに仕方なく標語を掲げているのだった。心のなかで毛嫌いしている体制が存続する手助けになろうとも。

この物語は、のちにチェコスロバキアの大統領も務めた劇作家、詩人、活動家、政治家のヴァーツラフ・ハヴェルによる1978年の著名なエッセイ『力なき者たちの力』の重要部分である[1]。出版当時、チェコスロバキアの人々は共産主義政権の官僚たちがつくり上げた綿密な監視体制のなか、逮捕や処刑を恐れて言動や行動を抑制していた。ハヴェルが看破したように、店主が標語を信じているかどうかを体制側は気にしていなかった。店主を含めた国民全員が、我が身可愛さに偽りの支持を示せば十分だった。それで誰もが嘘の共犯者になり、体制は維持されることになるのだから。

しかしある日、青果店の店主はこれ以上偽りのうちに生きることに耐えられず、標語を掲げるのをやめる。バカげた選挙への投票もしなくなる。そして、地域住民の寄り合いで意見を言いはじめた。すると驚いたことに、またたく間に支持者が増えていった。理由は簡単、誰もが同じことを思っていたのだ。圧政に耐えかねた仕立て職人にパン職人、会社員も彼についてきた。店主が体制に従うのをやめたことが、誰にでも同じ行動をとれるというシグナルになった。

その状況をハヴェルはこう書いている。「実際に王様は裸だったので、きわめて危険なことが起こった。青果店の店主が行動によって世界に訴えかけたのだ。そのおかげで皆がカーテンの裏側を覗《のぞ》けるようになった。真実のうちに生きるのは可能だと皆が悟った」。マジシャンのトリックが暴かれたときのように、この気づきのインパクトはとてつもなく大きい。「ゲームのルールを破ることで、〔店主は〕ゲーム自体を破壊した。単なるゲームであることを暴き、偽りを生きることは文字どおり偽りを生きることだと示した」〔2〕

すでに著名人だったハヴェルだが、このエッセイを出版した直後、当局により逮捕され4年間を獄中で過ごすことになる。しかし、彼が起こした静かな火花は、そのあいだにもチェコスロバキア市民の心のなかで尊敬の炎へと育っていた。『力なき者たちの力』が出版されて10年後、この国のすべてが突如、ほぼ一夜にして激変する。1989年11月17日、プラハで大学生のデモが治安部隊に鎮圧されると、大規模な反体制運動が起き、1週間後には参加者が100万人近くにまで膨れあがった。数日のうちにゼネストが始まり、その24時間後には一発の銃声もないまま共産党は政権を明け渡した。12月に連邦議会は全会一致でハヴェルを大統領に選んだ。ハヴェルは交渉によりソ連軍の完全撤退を勝ち取り、1990年6月にはチェコスロバキアで44年ぶりとなる民主選挙を実現した〔3〕。

この暴力によらない「柔らかな」政変は「ビロード革命」と呼ばれるが、歴史的に見れば例外中の例外だ。長年にわたって繰り広げられ、何百何千、あるいは何百万もの犠牲者を出す一般的な革命の対極にある。ビロード革命の期間の短さと規模の小ささは、研究者の頭を悩ませてきた。チェコスロバキアの共産主義政権がなぜ、どうやってあのような終わりを迎えたのかは、いまもなお議論の的になっている。ハヴェルを含め、誰ひとり予見した人はいなかった。あらゆる反体制活動を抑え込める強権国家が、学生デモに怖《お》じ気《け》づくとはとても思えなかった。その後のストライキと反政府運動には、他国の政府もほとんど注目していなかった。

私が思うに、ビロード革命のまさに最重要の要素が見落とされている。チェコスロバキアの共産主義政権が崩壊した原因は、ガラスのように脆い集合的幻想の上に成り立っていたからだ。ハヴェルもそれに気づいていた。その幻想は、万国の労働者の団結など関係なく、ただ官僚たちに権力を握らせるためのものだった。共産主義とソ連軍の駐留は、人々がハヴェルの言葉を信じたから終わりを迎えた。彼は集合的幻想に対する抵抗へと国全体を導き、それを成功させた。

ハヴェルは世間の目を開かせるための行動を、何年も前から始めていた。1963年に執筆した有名な『ガーデン・パーティ』は、無能な政府を風刺した不条理喜劇だ。主人公は中産階級の少年フーゴ。両親の勧めでカラビスという名士と近づきになろうと、政府の「清算局」なる組織が主催するガーデン・パーティに向かう。しかしカラビスには会えず、バカらしいほどイデオロギー的なこと（チェコスロバキアの人々が現実に聞かされていた言葉）ばかりのたまう官僚たちと出会うことになる。フーゴは自分を印象づけようと、相手をまねて無意味な定型句を身につけていく。ついには「中央発足清算委員会」の責任者にまで上り詰め、自分らしさを完全に失って両親にすら息子だと気づかれなくなる[4]。

この劇は、2015年のミュージカル〈ハミルトン〉ばりの社会現象になった。「老婆だって、ひとりで屋根裏に大麻の種子を持っていくことはない」「蚊帳のことで大騒ぎするやつにヤギとのダンスは望めない」といった滑稽なせりふが人気を博した[5]。イギリス人やアメリカ人にとってのモンティ・パイソンと同様、当時のチェコスロバキアの人々は『ガーデン・パーティ』のせりふをさかんに引用した。そして何よりも重要なことは、この劇による政府への風刺が取り締まりにくかったことだ[6]。

ハヴェルはこの劇をきっかけに広く知られるようになり、誰よりも頭のいい反政府活動家としての役割を確立した。作品に巧妙な可笑《おか》しみを持たせ、弾圧を受けることなく抑圧体制の本質を暴いてみせた。ハヴェルの喜劇を理解し1978年のエッセイを受容した人々は、そこに込められたメッセージをしっかりと受け取った。体制側の官僚たちは愚かなのだから、彼らに協力することも愚かである、と。

ビロード革命の顛末《てんまつ》には、現代の状況に通じる教訓が隠されている。それは、普通の人々の力で集合的幻想の問題を解決できるということだ。

最も身勝手な分別なき同調

『力なき者たちの力』で、ハヴェルは規範への分別なき同調が規範への屈従とまったく同じことであると示した。それでチェコスロバキアの人々は、自分たちが抑圧体制の規範に従えば、抑圧と苦しみの元凶を支持することになると気づいた。しばしば武力でルールを押しつけてくるソ連のシステムに踏みつけにされて数十年。誰しも自分には力がないと思っていた。しかし、共産主義のバカらしさがにわかに暴かれた。ビロード革命が証明したように、彼らは力なき者などではなかった[7]。

現代アメリカも似たような状況に置かれている。テイラー主義と制度的パターナリズムの歯車に押しつぶされ、私たちも自分に力がないと思いがちだ。実際には、同調に報酬を、反抗に罰を与えるシステムに参加して、みずから力を手放している。分別なき服従を、集団に所属するための代価として受け入れてしまっている。そして気づかないうちに、社会全体を傷つける恐ろしい集合的幻想の協力者と化している。しかも、革命前のチェコスロバキアの人々と異なり、銃や爆弾ではなく自分たちの意思で、である。

模倣や連鎖反応、沈黙などの原因にかかわらず、自己一致していない人は自尊心が長く傷つき、幸福が減り、能力が発揮しづらくなる。

逆説的だが、まわりに同調することは集団に害をなす。声をあげなければ、内集団の改善と成長に不可欠な要素ももたらされないからだ。真実、信頼、誠実さ、新しい視点が無視され、抑圧され、責められ、全否定されたとき、進歩は止まる。集合的幻想が発生し、集団のメンバーは幸せを感じられなくなる。そして、幻想に服従しているうちに、自分たちの利益に反する行動をとりはじめる。そこまでいくと、もはや所属することが目的化したゾンビのような儀式主義者だ。社会からの拒絶と孤立がちらついて恐怖を覚え、それゆえみずからの選択が個人と集団に負わせる代償を自己正当化する。

以上のことから、分別なき同調は誰もがとり得る最も身勝手な行動だと断言できる。

すでに述べたように、集合的幻想は実際にはまとまっているはずの現代社会に分断が起きているように見せている。人々のあいだで共有された価値観を覆い隠している。そして人々が警戒し合うように仕向け、協力し合う力を奪い、社会の進歩を阻んでいる。人々の自信は危機的状況に陥り、暗く危うい無力感が蔓延している。しかし、現実にはまったく無力ではない。集合的幻想はただのまやかしであり、指をパチンと鳴らすのと同じぐらい簡単なことでかき消える。

誰もが『オズの魔法使い』の赤い靴を履いたドロシーのようなものだ。自分の力にまだ気づいていないが、その力は目に見えるところにたしかに存在する。ハヴェルもこう書いている。「真の問題は、より明るい未来が本当にいつも遠く離れているかどうかだ。しかし、じつはそれがすでに長いあいだここにあるとしたら？　私たちのまわりと内側にあるのに、無自覚と弱さのせいで気づくことも花開かせることもできないでいるのではないだろうか」〔8〕

みずからを癒やす

1990年、ベトナム政府は子供の栄養不良問題に対処するため、国際NGOセーブ・ザ・チルドレンのアメリカ支部に援助を求めた。当時のベトナムでは、比較的裕福な家庭を含め、63パーセントの子供が栄養不良に苦しんでいた。セーブ・ザ・チルドレンはプログラム・ディレクターでアメリカ人のジェリー・スターニンと、彼の妻で仕事のパートナーでもあるフランス人のモニークをハノイに派遣し、援助のあり方を探った。

ジェリーとモニークは長年の恋人同士だっただけでなく、「ミッション駆動型」とでも言うべき関係で結ばれた夫婦だった。そんな2人でも、ベトナムに着いた直後はこのミッションが不可能に近いと思わされた。

言葉の壁だけでなく、フランスによる植民地支配の歴史とアメリカとの20年にわたる戦争もあり、2人には疑いの目が向けられた（当時のアメリカ政府がベトナムに対して禁輸措置をとっていたことも影響した）。また、従来型のパターナリズム的な国際「援助」モデルに根ざした、2つの問題も立ちはだかった。この「来た、あげた、去った」式のモデルは、持続不可能な依存関係を生む一時しのぎの解決策でしかない。ジェリーはこのモデルをTBU、すなわち「トゥルー・バット・ユースレス（真実だが有用ではない）」と呼んだ。この戦略のもとでは、「現地にいるあいだは改善しますが、いなくなったとたんに振り出しに戻ってしまいます」[9]。

子供たちの栄養状態を改善し、より持続可能なモデルの道筋をつけるためにスターニン夫妻がベトナム政府から与えられた時間は、わずか半年だった。半年後までに現状に確かな変化を起こせなければ、退去しなければならない。国家規模の試験的プログラムをゼロから組み立てるときは平均1年かかるので、策を練っている余裕はなかった。なにしろスタッフも事務所も物資もなく、ベトナム語を話せず、栄養学の専門知識もないのだ。それでも、セーブ・ザ・チルドレンの仕事でバングラデシュに赴いたときにジェリーが発見した、地域の行動変容のための新しいアプローチがあった。

家父長的な専門家として出来合いの解決策を携えて貧しい村々に入るのではなく、2人は未完成だった2つの中核概念を実行に移した。1つ目は、各コミュニティで地域の問題を解決するカギを握っている人物を知ること。2つ目は、解決策が見つかったら、専門家ではなく地域住民がそれを共有して実践すべきであることだった。

2人は自分たちを問題解決者とは考えず、質問と促進をする役割に徹した。地域住民だけが知っていることをつかもうと常に心がけた。まずは、ベトナム女性連合の協力を得て、農村の子供の体重を測定し、貧困度に基づいて家庭の順位づけをおこなうことから始めた。そこで得られたデータを地元のボランティアに渡し、「この地域では、最貧困層にもかかわらず十分な栄養をとっている子供はいるか?」というシンプルな問いに答えさせた。

集計したところ、結論は圧倒的な「イエス」だった。

となれば次の問いは、「その子供は誰か?」になる。

女性連合の協力のもと、スターニン夫妻は該当する子供のことを調べた。すると、家庭の経済状況は栄養不良の子供と変わらなかったが、母親の行動がやや異なっていた。たとえば、仕事場である水田で捕まえた小さなエビやカニ、下層階級の食べ物とされるサツマイモの葉を子供の食事に足していた。また、子供の食事は1日2度が主流のところ、3度か4度の食事を子供に与えていた。

これらの家庭で子供の食事に足されている栄養豊富な食べ物は、誰でも手に入れることが可能だった。しかし、大多数の親はその食べ物を使おうと思いつくことさえなかった。ただ単に、なじみのあるやり方ではなかったからだ。この悪しき規範への同調のせいで、栄養不良の子供たちは必要なカロリーを摂取できずにいた。ベトナムの栄養不良の子供の大半は、息子や娘の栄養状態に気がまわらないほど忙しい親から、計画性のない食事を与えられていた。コメの収穫は不足することもしばしばで、コメよりもしっかりした食事は外からの食糧援助があったときだけという家庭が多かった。ほとんどコメばかりの食事を1日に1度か2度とるのが普通だった。また、エビは子供によくないと考えられていたため、親から与えられる家庭は少なかった（16世紀の「毒トマト」と同じだ）。栄養のある食べ物を子供に与えていた家庭の親は、そういった規範を破っている後ろめたさから、行動をまわりと共有することがなかった。

つまり、自分たちは貧しいので、国際援助の形で与えられる粉ミルクや油、高タンパクのビスケットなどの加工食品をより多く手に入れる以外に、子供に十分な食べ物を与える方法はないという集合的幻想に誰もが苦しんでいたのだ。その問題への対処法をすでに見つけた人が自分たちのなかにいることにも気づいていなかった。しかし、この集合的幻想をスターニン夫妻は暴いてみせた。2人は最貧困層でも栄養状態のいい子供を「輝かしい点」と呼んだ[10]。

幻想は白日のもとにさらされたが、その次のステップがカギだった。発見した重大な私的情報を公にするのだ。メッセージはどんな内容かと同じく誰が届けるかも重要であり、政府による味気ない宣伝（通常は拡声器で放送される）や一律の案内では問題解決につながらないことを2人はわかっていた。そこで、少数派の成功事例についての話を広めるため、新発見の知識をどうやって共有するのがいいかを農村住民（誰でも「自分の仲間」と思える複数の地元民）に尋ねた。コミュニティでの話し合いを重ねたすえ、その地元民から健康な子供の母親（こちらも「自分の仲間」だ）に依頼し、体験から得た知恵を共有してもらう計画を立てた。

その母親は、栄養不良の子供を持つ母親8～10人を自宅に招き、持ち寄りパーティのようにエビやカニ、サツマイモの葉を持ってこさせ、一緒にグループ全体のための料理をつくった。数週間後には、栄養不良の子供の母親たちは後ろめたさを克服し、健康な子供の母親をまねるようになった。新しく覚えた料理で子供が健康になっていくのが、すぐに実感できた。そして、新しい行動規範はさらに広まっていった。

スターニン夫妻には、このような実践的アプローチを表すお気に入りの言いまわしが2つある。「百聞は一見にしかず、百見は一行にしかず」と「考えて新しいやり方を生み出すよりも、行動して新しい考え方を生み出すほうがたやすい」だ[11]。

半年後には、旧来の規範を破った家庭では子供の体重が増えることをベトナム政府に報告することができた。「子供の栄養状態が改善していく様子を話す親の表情を、あなたたちにも見せたかった」とモニークはのちに語っている[12]。2人はベトナムに引き続き滞在することを許可され、プログラムに参加した栄養不良の子供の8割が2年後には必要な栄養をすべてとることができるようになった[13]。ベトナム政府はプログラムの絶大な支持者になった。新しい食事習慣を広めるため、人々が見て、聞いて、触れて、嗅いで、まねることができる「生きている大学」が創設された。そこの「卒業生」は、離れた地域でさらに教えを広めにいく。

1990年代末までに500万世帯以上の子供が健康を取り戻し、その妹や弟もよりよい食事の恩恵にあずかれるようになった[14]。

ネガティブな規範からポジティブな逸脱へ

問いかけを軸とした地味ながらユニークなスターニンのアプローチは、正式には「ポジティブデビアンス」と呼ばれる。ネガティブな規範からのポジティブな方向への逸脱という意味だ[15]（現場では世界各地の言葉で言い換えることがあるという。バングラデシュでは「ホワイ・ノット？」と呼ばれる。モザンビークのモクア族は「遠くの棒で近くのヘビは殺せない」と呼ぶ[16]。「ダビデとゴリアテ」と呼ぶところもある[17]）。この手法の根底には、現地事情の尊重、問題解決のカギを握るコミュニティのエンパワーメント重視、集団で最も強力な財産は人間の創意工夫だという信念がある。

スターニン夫妻のアプローチは、実施されたすべての土地で成果をあげている。ルワンダの若年層の健康教育を促進し、アメリカの病院では薬剤耐性ブドウ球菌の感染拡大を止め、インドネシアの異性装セックスワーカーのあいだでＨＩＶ／エイズを予防し、フォーチュン500社の業績改善まで実現した[18]。

ポジティブデビアンスは、集合的幻想が定着している領域での問題解決にとりわけ効果を発揮している。痛ましい例として、女性器切除（ＦＧＭ）の風習をあげよう。暴力的で危険でありながら連綿と受け継がれている、非常に強力な規範だ。おもに北アフリカでおこなわれており、女性の幼児期や思春期に、陰核、陰核包皮、陰唇の一部または全部をカミソリで切除する。極端になると、膣口《ちつこう》を手術で狭くしたり縫い閉じたりする例もある[19]。「純潔」を保証する手段として使われており、この処置を受けた女性は高潔さが保たれ、結婚でき、性行為への興味がなくなると信じられている。処置を受けていない女性は、魅力も貞操観念もないと見なされる。手術に耐えることは、社会で一人前と認められ、女性として受け入れられるための要件の1つだ。「未割礼」のままでいる不名誉は、本人だけでなく家族の将来をも危うくすると考えられている[20]。

身体的な苦痛と危険性に加えて、規範執行役の母親や親戚にお菓子などで釣られて器官切除されることによる心の傷も深刻だ[21]。このような裏切りは家族の信頼関係を壊し、FGMの対象者は精神疾患、不安、自尊心低減のリスクが高まる[22]。割礼された女性の多くは、この風習を本当に支持しているわけではない。エジプトの調査では、密かにFGMに反対している親も、娘が結婚適齢期になったときに割礼されていなかったら公然と避けられると考え、恐れていることが明らかになっている。そこで、娘の将来を守るため、家族の信頼を犠牲にし、娘の健康と命を危険にさらすのだ[23]。それでも、社会的恥辱と排斥を恐れ、誰も自分の苦境を話そうとしない。

2002年、モニーク・スターニンはこの問題に対処するタスクフォースの顧問として雇われた。任務は、エジプトでのFGMにポジティブデビアンス・モデルを適用すること。エジプトはFGMの規範に従わせようとする文化的圧力が強い国だった。ジェリーとベトナムで得た学びをもとに、モニークはFGMについて穏やかに質問してまわるという地道なことから始めた。また、住民のなかからポジティブデビアンスの実例、すなわち娘を割礼していない家族を探した。

モニークはこう自問した。「割礼を受けていない女性はどうなっている？　処置を受けずに高潔な女性でいることは可能なのだろうか？」

そのような女性や家族を探すことは、十分に栄養をとっている子供を探すよりも難しかった。なにしろ今回は、ある行為を「していない」人を見つけなければならないのだ。しかし、コミュニティで少人数を集めて問いかけることにより、モニークはあきらめの境地にいた女性たちに好奇心を芽生えさせた。

あるNGOのディレクターは、嘘発見器のテストにかけるかのように私の目をじっと見て尋ねた。「あなたは割礼を受けていないんですか？」

「はい。フランスでは、割礼を受ける女性はいませんよ」と私は答えた。

彼は口も利けないほど驚き、少しの気まずい間ができたあと、その場を離れた。残された女性アシスタント（はじめからそこにいて、熱心に聞いていた）が、おずおずと尋ねた。「割礼を受けていないと、いつでもセックスしたくなったりしないんですか？」「そんなことないですよ。たまに頭痛はありますけど」。そう返すと、大きな笑いが起きた。女性ならではの戦略がどこでも通じることの証だった[24]。

互いのことを学び合う精神で、モニークはコミュニティのボランティアと徐々に関係を結ぶことができた。はじめは対面ではなくビデオテープの映像だったが、FGMの害について話す女性と男性がぽつぽつと出はじめた。孫娘を持つ女性や、医師がいた。4人の娘の父親もいた。4人ともコミュニティでの評判は高かった。上の2人は割礼を受けていたが、2人目が失血死しかけたことから、父親は下の2人には割礼を受けさせまいと決めていた。グループインタビューで、その父親が言った。「聞いてくれ！　うちには4人の娘がいる。みんなよく知っているように、4人ともよくできた、いい子だ。2人は割礼を受けたが、あとの2人は受けていない。違いといったら、私が2人をひどく傷つけ、もう2人を助けたことだけだ」[25]

自分はひとりではないと知って勇気づけられたポジティブな逸脱者は、家族や隣人とその微妙な話題について正面から話しはじめた。彼らの影響範囲から規範の変化が少しずつ広がり、新しい正の連鎖反応が生まれた。FGMという錆びついた錠前が緩みはじめたのだ。

2007年、エジプト政府はポジティブデビアンスを取り入れたFGM追放プログラムを開始した。モニークの活動が5年間で関与したのは、40か所のコミュニティの1693家庭におよんでいた。「自分と変わらない人」が風習を捨てたと気づく人が増えるにつれ、変化のうねりは大きくなっていった[26]。この変化には、女性教育の拡大も寄与しているようだ。数十年にわたりエジプト社会の全階層でFGMが減少しつづけていることが、研究で示されている[27]。

世の中の手に負えない大きな問題の数々を見ると、解決策も同じく複雑でなければならないと思いがちだ。しかし、スターニン夫妻の活動からは、むしろ逆だとわかる。私の知るかぎり、複雑な社会問題に対してポジティブデビアンスほど強力な対処法はほかにない。このアプローチの最大の教えは、変化は普通の人々の手のなかに隠れているということだ。あなたにも私にも、集合的幻想を崩すために果たすべき役割がある。マハトマ・ガンジーが言ったとされるように、私たちは実現したい変化そのものになる責任があるのだ。

力を取り戻す

私たちの力を取り戻そう。これは空虚なスローガンなどではない。現実的で実際的で、1人ひとりの心から始まることだ。実現への道を拓くためには、自己一致を日頃から実践し、傷つくリスクをとり、集合的幻想にヒビを入れようと努めることが必要になる。

ヴァーツラフ・ハヴェルは、私生活の「隠れた領域」における自己一致の「本物の責任」をとることを説いた。しかし、誰も実践した経験がないので、自己一致の「筋肉」を意識的にほぐすことから始めなければならない。ハヴェルの同胞も、長年の抑圧と沈黙に耐えていたせいで、自己一致の習慣を失っていた。官僚主義体制に長いあいだ屈従していた。本物の自己表現を重視して世間知らずと見なされたハヴェルだったが、批判者が知らないことを知っていた。虚偽に基づいたシステムは、真実という光を浴びたらひとたまりもないということを[28]。

だが、真実を知っているだけでは不十分だった。自己一致を実現するには、おとり捜査でマフィアに潜入したボブ・デラニーがしたように、真実に則って暮らし、集合的幻想による目くらましの外的命令ではなく自分の気持ちと良心の導きに従うことが必要だ。

また、本書の内容にうなずくだけでも不十分だ。沈黙が危険なのはすでに見たとおりであり、それゆえ本物の責任をとるためには他者への手本を示す意思も必要になる。ハヴェルやスターニン夫妻のような先見性を持つのは難しいかもしれない。それでも、ベトナムの農村の母親や、チェコスロバキアの青果店主にならなれる。娘を裏切らない父親や母親にもなれる。ベトナムの健康な子供の母親が世間との違いに恥ずかしさを感じず、知識を共有する責任を感じていたら、政府はスターニン夫妻の助けを求めなかっただろう。エジプトの割礼を受けていない少女の親が、結婚の適性を示すための手術などいらないと声をあげていたら、モニークが対話を促す必要はなかったにちがいない。自分たちの規範、とりわけ互いに投げかけ合っている規範について、忌憚《きたん》なく誠実に議論する義務が私たちにもある。その議論を始めるのは簡単ではないが、話す勇気があるかぎり決して手後れになることはない。

本心の公言とは、人の考えをねじ曲げる（そもそも実在さえしないかもしれない）ソーシャルメディアの実体なき集団に言葉を投げることではない。また、めったやたらに嘲笑や危険に身をさらすことでもない。自己一致のために重要なのは、コミュニティにいる生身の人々のあいだで信念と行動を1つにすることだ。自分の内側に加えて、外側でも真実と調和することだ。

無理難題に聞こえるかもしれないが、スターニン夫妻が栄養不良の大問題をいともシンプルに解決したことを思い出してほしい。必要なのは強力な真実だけだ。そのエンジンに社会的つながりという車輪を装着すれば、レーシングカー並みの道具が手に入る。まずは本書で紹介したスキルを実践することから始めよう。良心が叫ぶときには沈黙しない。「なぜそうなのか？」「なぜそうではないのか？」と問いかけ、センシティブだが重要な議論の口火を切る。自分と他者の違いを受け入れる。思い込みをしないよう気をつけ、すでにある思い込みには臆《おく》せず立ち向かう。明確な根拠がなくても見知らぬ人を信頼する。

集合的幻想に最初のヒビを入れられれば、家族や友人、隣人、コミュニティに想像以上の貢献をすることができる。エルム・ホローの教会の牧師が、権力者が亡くなったあと地元の人々とトランプ遊びをしたとき、その社会に暮らす全員が変わった。真実を口にし、世論を動かすには、『裸の王様』の少年のように1人が勇気を持つだけでいい。ハヴェルの青果店主は、町の寄り合いで話しはじめたときから共産主義を揺るがした。それが意外にも、驚くほどの速さで支持を得たのは、誰もが同じ思いを抱えていたからだった。

「よりよいシステムが自動的によりよい生活につながるわけではない。むしろ逆こそが真である。よりよい生活をつくることでのみ、よりよいシステムを生み出すことができる」とハヴェルは書いている[29]。日々の些細な選択が、世の中をよくも悪くもする。偽りのなかに生きるのを拒否するという単純な行動にも、個人と社会の姿と能力を変える力がある。つまり、自己一致した生活を送る努力が、自分と互いのためにできる最も重要なことの1つなのだ。

実際のところ、力を合わせれば解決できないことなど何もない。社会問題への答えはもう、目に見えるところに隠れている。私たちは言われるほど分断されていない。共通の価値観を持っている。私たちは信頼に値するし、互いにできるだけのことをしたいと思っている。自分の内なる力に気づき、自己一致を心がけ、信念に基づいて声をあげれば、集合的幻想の霧を振り払い、よりよい社会の可能性を切り拓くことができるはずだ。

人間として当然の尊厳、道徳的高潔さ、存在を表現する自由、実在世界からの超越感への願望を誰しも持っている。しかし同時に、偽りのうちに生きることを大なり小なり甘受する傾向もある。どういうわけか本来の人間性を不敬にも矮小化し、功利主義に屈してしまう。名もなき大衆に合流し、心地よい流れに乗って偽りの生活という川を下ろうとする気持ちが、1人ひとりのなかにある。

――ヴァーツラフ・ハヴェル

謝辞

本書の執筆はまさしく支え合いの旅路だった。この仕事のパートナーは、私の親友、同僚、ストーリーアーキテクトであるブロンウィン・フライヤーだった。アイデアを書籍の形にすることから、ストーリーテリングや調査、推敲、編集まで、なにくれとなく助けてくれた。その情熱と献身、貢献なくして、本書が実現することはなかっただろう。これほど有能で親切な人との共同作業は、このうえない喜びだった。

アシェットの編集者であるローレン・マリノにも感謝している。本書のポテンシャルを最初から理解し、幅広い読者に知見が届くよう尽力してくれた。本書に貢献してくれたフレッド・フランシス、ジェニファー・ケランド、モリー・ワイゼンフェルドにも感謝したい。

素晴らしく有能なエージェントで友人のキース・アーバンに特別の感謝を捧げる。私の大ざっぱなアイデアを商業プロジェクトに転換するのを手助けし、最終製品になるまで多くの点で貢献してくれた。ジャベリン・リテラリー・エージェンシーの驚異的なチームである、フランク・シェンバリ、ロビン・スプロール、マット・ラティマー、マット・カルリーニにも謝意を表する。

本書はポピュレースの同僚たちの知見と尽力にも大いに助けられた。ウォルター・ハース、デビー・ニューハウス、デューイ・ロセッティ、パリサ・ロウハニ、ビル・ロセッティ、ミミ・ガープスト、ケリー・ロイヤル、ブライアン・ダリー、テレサ・カリノウスキー、ターニャ・ゴンザレス。

このような優秀なチームの一員でいられて、ありがたく思う。

調査や執筆、原稿整理、事実確認など、数多く貢献してくれたエミリー・ドナルドソン、集合的幻想の発見法を進歩させる助けとなったグレイディアントの優秀なデータサイエンティストであるトム・ブラデック、カイル・ブロック、ブレンドン・エリス、ステファン・ムッシュ、素晴らしい友人でいてくれたボブ・デラニー、自覚している以上にまわりを触発してくれるジョアン・マクパイクに特別の感謝を。

ほかにも、大勢の学者から集合的幻想についての考えに影響を受けた。おもな方々を以下に記す。安延明《アン・ヤンミン》、アビジット・バナジー、レジーナ・ベイトソン、グレゴリー・バーンズ、クリスティナ・ビッキエーリ、スシル・ビフチャンダニ、ロイ・バウマイスター、マリリン・ブルーワー、ダニエル・キャンベル＝ミークルジョン、ターニャ・チャートランド、ニコラス・クリスタキス、ジョン・ダーリー、ロビン・ダンバー、トーマス・ギロビッチ、マルコ・イアコボーニ、バシリー・クルチャレフ、ティムール・クラン、ビブ・ラタネ、キャシー・マクファーランド、アンディ・メルツォフ、デイル・ミラー、エリザベート・ノエル＝ノイマン、エリック・ヌック、デボラ・プレンティス、ソニア・ロッカス、モニーク・スターニン、キャス・サンスティーン、アレックス・タバロック、キプリング・ウィリアムズ、ポール・ザック。

ケイリン、オースティン、ネイサンへ。忍耐強さと本書への貢献にありがとう。3人のサポートは私にとって世界にも等しい。素晴らしいロールモデルであり、私が自覚している以上のものを与えてくれた両親のラリーとライダ・ローズに感謝する。そして、私たちの生活を喜びと幸せであふれさせてくれる名付け子のオードリー、エミリー、ナタリーにも感謝している。

訳者あとがき

もう15年ほど前のことになるが、永田町駅の通路の壁に「みんなの意見は案外正しい」と書かれた政府のポスターが貼られていた。その2年前に出版された同名の書籍から拝借したフレーズだと思われ、おそらく市民の政治参加を促そうと掲示されていたのだろう。「みんなの意見」は「集合知（集団的知性）」と呼ばれるもので、問題解決や疑問の解消に役立つ。クイズ番組でスタジオの聴衆の正答率は9割以上になると本書にあるし、日常生活でのちょっとしたトラブルについてツイッターで相談したら、数々のアイデアが寄せられて丸く収まったという心温まる記事も多い。

しかし、「みんなの意見は正しい」という言葉に違和感を覚えることも事実だ。このポスターを見たときの私は、選挙で国民に選ばれた政府があえて自己正当化しているような皮肉さを感じただけだったが、本書『なぜ皆が同じ間違いをおかすのか――「集団の思い込み」を打ち砕く技術』（*Collective Illusions: Conformity, Complicity, and the Science of Why We Make Bad Decisions*）

を翻訳して、そこにはより大きな問題が隠れていたことに気づかされた。本書によれば、そもそも人は他者の考えていることを誤解したり勝手に決めつけたりしている場合がとても多く、そのため集団全体の意見をありのままに認識できないという。自分の頭のなかだけの総意、ひとり合点のコンセンサスというわけだ。

しかもこれは空気を読めない少数の人だけに起こることではなく、家族から町内、国家まで、あらゆる規模の社会において人々は互いのことを誤解し合っているという。著者のトッド・ローズがハーバード大学大学院在職中に創設したシンクタンク、ポピュレースの調査結果が興味深い。2019年に5200人以上のアメリカ人を対象におこなった、成功についての考えを尋ねたアンケート調査で、興味・関心を追求する人生と、財産や名声を得る人生という対照的な選択肢を提示した。すると、自分は興味・関心のほうを選ぶという回答が多数派となった。しかし、ほかの多くの人はどちらを選ぶと思うかという問いへの答えは、財産や名声のほうが圧倒的多数を占めたそうだ。その思い込みのせいで自分の夢を押し殺している人もいるかと思うと、やるせない。

このように、誰もが勘違いしている「みんなの意見」を著者は「集合的幻想」と呼ぶ。それはアメリカだけでなく世界のあらゆるところで発生しており、日本も例外ではない。本書によれば、日本人男性の育休取得率が伸び悩んでいる問題も集合的幻想が原因になっているという。

引用されている2018年の論文（宮島健・山口裕幸「印象管理戦略としての偽りの実効化――多元的無知のプロセスにおける社会的機能」）における研究では、男性の育児休業についてどう思うか・どれくらい容認できるか、育児休業を取得する男性をどれくらい支持するか・どのように評価するか・どれくらい魅力的だと感じるかを、「あなた」について尋ねるとともに「世間一般の人々」について推測させている。その結果、回答者の8割が個人としては好意的に捉えているのに、過半数が世間一般では否定的に捉えられると思っていることが明らかになったという。この論文はウェブ上で公開されているので、興味のある方は読んでみてはどうだろうか（https://www.jstage.jst.go.jp/article/jjesp/58/1/58_1714/_article/-char/ja）。なお、論文のタイトルにある社会心理学用語の多元的無知（集合的無知ともいう）を発展させた概念が、著者のいう集合的幻想である。「みんなの意見」を知らないだけでなく勝手に推測することが問題だという考えが、この言葉には込められている。

まわりに足並みをそろえたい思いは、多かれ少なかれ誰にでもあるものだ。これは「同調バイアス」と呼ばれる傾向で、社会をつくって生活する人間に生まれたときから備わっている。生き残る可能性を高めるのに役立つからだ。「学ぶ」の語源が「まねぶ」であるように、学習は他者をまねることから始まる。仲間同士で結束していれば、1人ではへこたれてしまうことにも立ち向かえる。集団内で波風が立たなければ、何事もなく平穏に暮らせる。しかし、そのような同調の行動は、集合的幻想を生み出す3つの罠になり得ると著者は言う。

1つ目は、「模倣の罠」。有益な学びももたらす模倣行動だが、よく理解していないことを形だけまねると悪い結果を生む。17世紀のオランダではチューリップの球根がコレクションの品から待機対象になり国全体を巻き込んだバブルが起きたし、現代のアメリカでも移植に適した腎臓が模倣の罠のせいで大量に廃棄されてしまっているという。

2つ目は、「アイデンティティの罠」。集団に所属することの安心感・充実感は、fMRI（機能的磁気共鳴画像法）を使った実験でも確認されている。しかし、裏を返せば、集団から外されることには強い恐怖を感じるということであり、それを避けるためなら自分を偽り、集団をミスリードすることさえある。

3つ目は、「総意の罠」。多数派の1人でいるために自分の意見を押し殺したり、権力者の尻馬に乗ったりすることが悲劇を呼ぶ。スペースシャトル・チャレンジャー号が爆発事故を起こしたときも、第二次世界大戦下でユダヤ人迫害が凄惨を極めたときも総意の罠がはたらいていた。「長いものには巻かれよ」という諺《ことわざ》があり、「忖度」が流行語になる日本では、とても他人事とは思えない。

いま、インターネットとソーシャルメディアが発達したことで、これらの罠は強力になっていると著者は指摘する。かつてないほど情報を拡散させやすくなったからだ。ネット掲示板やジョークサイトの情報に報道機関や政治家が釣られて笑いものにされるぐらいなら、まだかわいいものだ。しかし、ロシアのハッカー集団がボットを巧みに使い、アメリカ大統領選挙のときに世論をゆがめた件は笑いごとでは済まない。テレビ出演者やスポーツ選手への誹謗中傷や過度なバッシングがネットで巻き起こり、取り返しのつかない事態も起きている。また、最近破綻したシリコンバレーバンク（ＳＶＢ）はソーシャルメディア上で取り付け騒ぎが急激に高まったといい、はたして顧客は理性的・合理的な行動をとったのかどうか疑問符がつけられている。ＣｈａｔＧＰＴをはじめとしたＡＩ（人工知能）により、サイバー犯罪の巧妙化が進むのではないかという懸念も強い。

もはや何を信じればいいのかわからなくなりそうだ。いくら疑っても切りがない。信じられるのは気心の知れた仲間だけだ――そう考えては、集合的幻想にまっしぐらだろう。では、どうすればいいのだろうか？　著者は、所属する集団を増やし、アイデンティティが感じられる場を複数確保することを勧める。また、他者をまねる前に「なぜ」を問うことや、沈黙せずにそれとなく疑問を呈することなども効果的だという。そして何より、ほとんどの人は価値観に共通したところがあるのだと認識し、思い切って信頼してみようと説く。著者が手本にするのは、孔子の誠《まこと》の心である。それは次のような考え方だ。「あなたが何を信じていてもかまわない。それが私の目に正しく映ろうと誤りに見えようとも関係ない。あなたが自分の信念に対して正直な態度をとっていて、自分の信念のために本当の犠牲を払ってきたのであるかぎり、私はあなたを尊重し敬服する」

自分とは違う考えであっても、相手が心から言っているのであれば信じようということだ。嘘やポジショントークでないかぎり受け入れる。これが真の多様性尊重ではないだろうか。自分の気持ちを偽らず、真実を見きわめ、相手を信頼する。それがこれからの時代を生きるカギになるだろう。コロナ禍が一段落しつつある折に、本書が人と人のつながりを取り戻す役に立てば訳者としてうれしい。

最後に、著者のことを紹介しよう。トッド・ローズは先述したシンクタンク、ポピュレースの代表である。ハーバード教育大学院に心理学教授として在職していたころには、学内に個性学研究所を設立し、「心・脳・教育プログラム」を主宰していた。だが、エリートコースを歩んだのかというと、そうではなかった。ユタ州のフーパーという農村の出身で、学校の成績は振るわず、高校を中退。結婚して2人の子供をもうけたが、低賃金の仕事を掛け持ちして生活保護も受けていた。そんな彼の転機となったのが、心理学者ナサニエル・ブランデンの著書と出会い、自尊心を取り戻したことだったという。その後、高卒資格を取得して大学を優秀な成績で卒業し、ハーバードで博士号を取るまでになった。「誰もが活気ある社会で満ち足りた人生を送れるような世界の実現を目指す」というポピュレースの理念からは、大変な苦労をした著者の切なる願いがにじみ出ているかのようだ。

２０２３年４月

tal Mutilation (FGM)," World Health Organization (2021年4月12日閲覧), https://www.who.int/teams/sexual-and-reproductive-health-and-research/areas-of-work/female-genital-mutilation/health-risks-of-female-genital-mutilation.

[23] エジプトにおけるFGMの件数はブルキナファソと同程度で、15～49歳の女性の95%が割礼を受けている。うち37%はこの習慣をなくすべきだと考えている。"Female Genital Mutilation (FGM)," UNICEF, February 2020, https://data.unicef.org/topic/child-protection/female-genital-mutilation. FGMがエジプト以上に普及しているのはソマリア、ギニア、ジブチ、シエラレオネ、マリのみ。Van Rossem and Meekers, "The Decline of FGM."

[24] Pascale, Sternin, and Sternin, *The Power of Positive Deviance*, 62.

[25] 同上、73。

[26] 同上、75。以下も参照。"As More Families Report FGM Incidents in Egypt, Advocacy Intensifies, and a New Bill Seeks to Increase Penalties," UN Women, February 5, 2021, https://www.unwomen.org/en/news/stories/2021/2/feature--families-report-fgm-in-egypt-and-advocacy-intensifies.

[27] Van Rossem and Meekers, "The Decline of FGM."

[28] Havel, "The Power of the Powerless."

[29] 同上。

＊URLは2022年2月の原書刊行時のものです。

[14] 同上、43。
[15] この用語はタフツ大学の栄養学者であるマリアン・ザイトリンが考案した。以下を参照。同上、23。
[16] 同上、7。
[17] "Positive Deviance Approach by Jerry Sternin," video uploaded to YouTube by Positive Deviance approach, April 30, 2015, https://www.youtube.com/watch?v=9Pj4egHN0-E.
[18] Stella Babalola, David Awasum, and Brigitte Quenum-Renaud, "The Correlates of Safe Sex Practices Among Rwandan Youth: A Positive Deviance Approach," *African Journal of AIDS Research* 1, no. 1 (2002): 11–21; Samir S. Awad et al., "Implementation of a Methicillin-Resistant *Staphylococcus aureus* (MRSA) Prevention Bundle Results in Decreased MRSA Surgical Site Infections," *American Journal of Surgery* 198, no. 5 (2009): 607–610; Pascale, Sternin, and Sternin, *The Power of Positive Deviance*, 156; Gretchen M. Spreitzer and Scott Sonenshein, "Toward the Construct Definition of Positive Deviance," *American Behavioral Scientist* 47, no. 6 (2004): 828–847.
[19] United Nations Children's Fund (UNICEF), *Female Genital Mutilation/Cutting: A Statistical Overview and Exploration of the Dynamics of Change* (New York: UNICEF, 2013).
[20] Ronan Van Rossem and Dominique Meekers, "The Decline of FGM in Egypt Since 1987: A Cohort Analysis of the Egypt Demographic and Health Surveys," *BMC Women's Health* 20, no. 1 (2020): 100; UNICEF, *Female Genital Mutilation; Ronan Van Rossem*, Dominique Meekers, and Anastasia J. Gage, "Women's Position and Attitudes Towards Female Genital Mutilation in Egypt: A Secondary Analysis of the Egypt Demographic and Health Surveys, 1995–2014," *BMC Public Health* 15 (2015): 874.
[21] 7歳の少女の恐ろしい体験をガーディアン紙が報じている。以下を参照。Maryum Saifee, "I'm a Survivor of Female Genital Cutting and I'm Speaking Out—as Others Must Too," *The Guardian*, February 8, 2016, https://www.theguardian.com/commentisfree/2016/feb/08/victim-fgm-speaking-out-cut-genitals-culture-of-silence. 2020年には、新型コロナウイルスのワクチン接種だと父親にだまされ、割礼を受けさせられた事例がエジプトであった。以下を参照。"Egyptian Girls 'Tricked into FGM' with COVID-19 Vaccine," Aljazeera, June 5, 2020, https://www.aljazeera.com/news/2020/6/5/egyptian-girls-tricked-into-fgm-with-covid-19-vaccine.
[22] Peggy Mulongo, Sue McAndrew, and Caroline Hollins Martin, "Crossing Borders: Discussing the Evidence Relating to the Mental Health Needs of Women Exposed to Female Genital Mutilation," *International Journal of Mental Health Nursing* 23, no. 4 (2014): 296–305; Jeroen Knipscheer et al., "Mental Health Problems Associated with Female Genital Mutilation," *BJPsych Bulletin* 39, no. 6 (2015): 273–277; "Health Risks of Female Geni-

port.org/2019/10/10/is-norway-a-model-for-better-prison-practices; ノースダコタ州での実験については以下を参照。Dashka Slater, "North Dakota's Norway Experiment," *Mother Jones*, July/August 2017, https://www.motherjones.com/crime-justice/2017/07/north-dakota-norway-prisons-experiment.

[69] Wendy Sawyer and Peter Wagner, "Mass Incarceration: The Whole Pie 2020," Prison Policy Initiative, March 24, 2020, https://www.prisonpolicy.org/reports/pie2020.html; "Mass Incarceration Costs $182 Billion Every Year, Without Adding Much to Public Safety," Equal Justice Initiative, February 6, 2017, https://eji.org/news/mass-incarceration-costs-182-billion-annually.

第９章　真実とともに生きる――信念に基づく声の力

[1] 以下を参照。Václav Havel, "The Power of the Powerless," in *The Power of the Powerless: Citizens Against the State in Central-Eastern Europe*, ed. John Keane (London: Hutchinson, 1985). (ヴァーツラフ・ハヴェル『力なき者たちの力』阿部賢一訳、人文書院、2019年)。チェコスロバキアは1993年にチェコとスロバキアに平和的に分離した。

[2] Havel, "The Power of the Powerless."

[3] M. Mark Stolarik, *The Czech and Slovak Republics: Twenty Years of Independence, 1993–2013* (Budapest: Central European University Press, 2016).

[4] Václav Havel, *The Garden Party: and Other Plays* (New York: Grove Press, 1994).

[5] Michael Zantovsky, *Havel: A Life* (New York: Grove Press, 2014), 128.

[6] 同上。

[7] 以下を参照。Havel, "The Power of the Powerless."

[8] 同上。

[9] David Dorsey, "Positive Deviant," *Fast Company*, November 30, 2000, https://www.fastcompany.com/42075/positive-deviant.

[10] Richard Pascale, Jerry Sternin, and Monique Sternin, *The Power of Positive Deviance: How Unlikely Innovators Solve the World's Toughest Problems* (Cambridge, MA: Harvard Business Review Press, 2010), 27. (リチャード・パスカル、ジェリー・スターニン、モニーク・スターニン『POSITIVE DEVIANCE――学習する組織に進化する問題解決アプローチ』原田勉訳・解説、東洋経済新報社、2021年)

[11] Pascale, Sternin, and Sternin, *The Power of Positive Deviance*, 34, 38.

[12] Monique Sternin, "To Solve Hard Challenges, We Must Look for the Positive Deviants | Monique Sternin | TEDxMidAtlantic," video posted to YouTube by TEDx Talks on October 24, 2014, https://www.youtube.com/watch?v=B8J4fc3XyV4.

[13] Pascale, Sternin, and Sternin, *The Power of Positive Deviance*, 5.

mpany/743999724783626-aseptic-packaging-mechanic; Gary Hamel, "First, Let's Fire All the Managers," *Harvard Business Review*, December 2011, https://hbr.org/2011/12/first-lets-fire-all-the-managers.

[60] "Morning Star Videos," Morning Star (2021年3月10日閲覧), https://www.morningstarco.com/resources/morning-star-videos; Hamel, "First, Let's Fire All the Managers"; "Join Our Team," Morning Star (2021年3月10日閲覧), https://www.morningstarco.com/careers.

[61] Hamel, "First, Let's Fire All the Managers."

[62] Zak, "The Neuroscience of Trust."

[63] 新型コロナウイルスのパンデミックの際には、政府の医療システムに厚い信頼を置くスカンジナビア半島の人々は高確率で個人レベルの感染防止策に賛同した(ノルウェー、スウェーデンともに98%以上)。以下を参照。Lisa M. Helsingen et al., "The COVID-19 Pandemic in Norway and Sweden—Threats, Trust, and Impact on Daily Life: A Comparative Survey," *BioMed Central Public Health* 20, no. 1 (2020): 1597.

[64] ハルデン刑務所はデンマークのイーレク・ムラ・アーキテクツとノルウェーのHLMアルキテクトゥールにより設計された。2010年には内部デザインによりアーンシュタイン・アーネベルグ賞を授与された。以下を参照。Knut Egil Wang, "Inside Norway's Halden Prison," The Story Institute (2021年3月12日閲覧), https://www.thestoryinstitute.com/halden.

[65] Christina Sterbenz and Pamela Engel, "A Norwegian Who Killed 77 People Is Suing over Prison Conditions—These Photos Show How Luxurious Norwegian Prisons Are," *Insider*, March 19, 2016, https://www.businessinsider.com/what-are-norway-prisons-like.

[66] Jeffrey Kofman, "In Norway, a Prison Built on Second Chances," *NPR*, May 31, 2015, https://www.npr.org/sections/parallels/2015/05/31/410532066/in-norway-a-prison-built-on-second-chances; Wang, "Inside Norway's Halden Prison." 孤独な状態で長いあいだ監禁されると深い感情的トラウマを負うことが、調査により繰り返し示されている。刑務所におけるこのような懲罰行為の結果として現れる深刻で長期的な影響は、「隔離症候群」と呼ばれる。以下を参照。Stuart Grassian, "Psychiatric Effects of Solitary Confinement," *Journal of Law and Policy* 22 (2006): 325–383.

[67] "About the Norwegian Correctional Service," Norwegian Correctional Service (2021年2月19日閲覧), https://www.kriminalomsorgen.no/?cat =536003.

[68] アメリカの刑務所や刑事司法の専門家のあいだでも、ノルウェー方式を支持する声が増えている。ハルデン刑務所を2度視察したノースダコタ州更生事業責任者のリーン・バーチは「百聞は一見にしかず」と述べ、ノルウェー方式をベースにした施設改修を実施した。テイラー主義を信じる反対派は、2018年の受刑者1人あたりのコストがミシガン州で38,051ドルだったのに対し、ノルウェーでは12万9222ドルにもなったと指摘している。また、アメリカより人種的単一性が高いノルウェーのモデルを輸入してもうまくいかないという懐疑的な見方もある。以下を参照。"Is Norway a Model for Better Prison Practices?," *The Crime Report*, October 10, 2019, https://thecrimere

es-new-path-out-of-poverty-for-clients.
［44］ Anne Stuhldreher and Rourke O'Brien, "The Family Independence Initiative: A New Approach to Help Families Exit Poverty" (Washington, DC: New America Foundation, 2011).
［45］ 同上。
［46］ "Partner: UpTogether Is Not a Program," UpTogether (2021年6月28日閲覧), https://www.uptogether.org/partner.
［47］ "A Community-Centered Approach to Socioeconomic Mobility," UpTogether (2021年6月28日閲覧), https://www.uptogether.org/approach.
［48］ "A Community-Centered Approach"; Stuhldreher and O'Brien, "The Family Independence Initiative."
［49］ "Lunch with a Genius," *Nonprofit Chronicles*, October 19, 2016, https://nonprofitchronicles.com/2016/10/19/lunch-with-a-genius; "Our Story," UpTogether (2021年6月28日閲覧), https://www.uptogether.org/our-story.
［50］ "UpTogether: Trusting and Investing in Families," video posted to YouTube by UpTogether, May 4, 2021, https://www.youtube.com/watch?v=dUXwFGyozzA&t=43s.
［51］ Family Independence Initiative, "COVID-19 Impact Report," UpTogether, August 2020, https://www.uptogether.org/wp-content/uploads/2021/05/FII_COVID_ImpactReport.pdf.
［52］ "Our Story"; Family Independence Initiative, "COVID-19 Impact Report."
［53］ "Investing in People Has Huge Returns," UpTogether (2021年6月28日閲覧), https://www.uptogether.org/impact.
［54］ "Lunch with a Genius."
［55］ "Donate," UpTogether (2021年6月28日閲覧), https://www.uptogether.org/donate.
［56］ "Californians on Universal Basic Income Paid Off Debt and Got Full-Time Jobs," *The Guardian*, March 4, 2021, https://www.theguardian.com/us-news/2021/mar/03/california-universal-basic-income-study; Amy Castro Baker et al., "Mitigating Loss of Health Insurance and Means Tested Benefits in an Unconditional Cash Transfer Experiment: Implementation Lessons from Stockton's Guaranteed Income Pilot," *SSM—Population Health* 11 (August 2020): 100578.
［57］ Jesse M. Cunha, Giacomo De Giorgi, and Seema Jayachandran, "The Price Effects of Cash Versus In-Kind Transfers" (NBER Working Paper 17456, National Bureau of Economic Research, 2011).
［58］ Francesca Giuliani-Hoffman, "Researchers Gave Thousands of Dollars to Homeless People. The Results Defied Stereotypes," CNN, October 9, 2020, https://www.cnn.com/2020/10/09/americas/direct-giving-homeless-people-vancouver-trnd/index.html.
［59］ "Aseptic/Packaging Mechanic, Morning Star Company," SmartRecruiters (2021年6月25日閲覧), https://jobs.smartrecruiters.com/TheMorningStarCo

125000-in-cash-gives-it-back-gets-reward.
[27] Alain Cohn et al., "Civic Honesty Around the Globe," *Science* 365, no. 6448 (2019): 70–73.
[28] Jill Suttie, "Why People May Be More Honest Than You Think," *Greater Good Magazine*, August 13, 2019, https://greatergood.berkeley.edu/article/item/why_people_may_be_more_honest_than_you_think.
[29] Populace and Gallup, "The Success Index," Populace.org, 2019, https://static1.squarespace.com/static/59153bc0e6f2e109b2a85cbc/t/5d939cc86670c5214abe4b50/1569955251457/Populace+Success+Index.pdf.
[30] 2019年の調査では、55%の共和党支持者が民主党支持者のことを自分たちよりも不道徳だと答えた。反対に、47%の民主党支持者が共和党支持者のことを自分たちよりも不道徳だと答えた。以下を参照。"Partisan Antipathy: More Intense, More Personal," Pew Research Center, October 10, 2019, https://www.pewresearch.org/politics/2019/10/10/how-partisans-view-each-other.
[31] Populace, "The American Aspirations Index."
[32] 同上。
[33] Paul Ekman, Eve Ekman, and Jason Marsh, "Can I Trust You?," *Greater Good Magazine*, September 1, 2008, https://greatergood.berkeley.edu/article/item/can_i_trust_you; 以下も参照。Paul Ekman, *Why Kids Lie: How Parents Can Encourage Truthfulness* (London: Penguin Books, 1991).（ポール・エクマン『子どもはなぜ嘘をつくのか』菅靖彦訳、河出書房新社、2009年）
[34] Paul J. Zak, "The Neuroscience of Trust," *Harvard Business Review*, January–February 2017, https://hbr.org/2017/01/the-neuroscience-of-trust.
[35] Zak, "The Neuroscience of Trust."
[36] Marc A. Cohen and Mathew S. Isaac, "Trust Does Beget Trustworthiness and Also Begets Trust in Others," *Social Psychology Quarterly*, December 8, 2020, https://doi.org/10.25384/SAGE.c.5236125.v1.
[37] Brooks, "America Is Having."
[38] 同上。
[39] とはいえ、ほとんどの人にはときには例外がある。以下を参照。Dan Ariely, *The (Honest) Truth About Dishonesty: How We Lie to Everyone—Especially Ourselves* (New York: HarperCollins, 2012).
[40] Terence Burnham, Kevin McCabe, and Vernon L. Smith, "Friend-or-Foe Intentionality Priming in an Extensive Form Trust Game," *Journal of Economic Behavior & Organization* 43 (2000): 57–73.
[41] Nancy L. Carter and J. Mark Weber, "Not Pollyannas: Higher Generalized Trust Predicts Lie Detection Ability," *Social Psychological and Personality Science* 1, no. 3 (2010): 274–279.
[42] 以下を参照。Zak, "The Neuroscience of Trust."
[43] "Hometown Hero: Oakland's Mauricio Miller Forges New Path Out of Poverty for Clients," *East Bay Times*, March 16, 2015, https://www.eastbaytimes.com/2015/03/16/hometown-hero-oaklands-mauricio-miller-forg

tachment, Jealousy, and Partner Abuse," *Partner Abuse* 6, no. 3 (2015): 298–319; Judith E. Glaser, "Your Brain Is Hooked on Being Right," *Harvard Business Review*, February 28, 2013, https://hbr.org/2013/02/break-your-addiction-to-being.

[18] 以下を参照。Robert V. Robinson and Elton F. Jackson, "Is Trust in Others Declining in America? An Age-Period-Cohort Analysis," *Social Science Research* 30 (2001): 117–145; Robert D. Putnam, *Bowling Alone: The Collapse and Revival of American Community* (New York: Simon & Schuster, 2000).（ロバート・D・パットナム『孤独なボウリング――米国コミュニティの崩壊と再生』柴内康文訳、柏書房、2006年）

[19] アメリカ人がだんだんと疑い深くなりつつあることが通時的アンケート調査で明らかになっている。現在の最若年層は、他者への信頼が最も低い世代でもある。これには同世代で共有している出来事や社会構造、歴史的文脈が関わっているほか、年齢を重ねることにともなう変化も関係している。一般的に、アメリカ人は長く生きるほど他者を信頼するようになる。以下を参照。Robinson and Jackson, "Is Trust in Others Declining."

[20] また、アメリカ人の雰囲気や価値観を定期的に評価している総合的社会調査によれば、他者は基本的に信頼できるという回答は1976年から2006年にかけて平均10ポイント下落した。Lee Rainie, Scott Keeter, and Andrew Perrin, "Trust and Distrust in America," Pew Research Center, July 22, 2019, https://www.pewresearch.org/politics/2019/07/22/trust-and-distrust-in-america.

[21] David Brooks, "America Is Having a Moral Convulsion," *The Atlantic*, October 5, 2020, https://www.theatlantic.com/ideas/archive/2020/10/collapsing-levels-trust-are-devastating-america/616581.

[22] Megan Brenan, "U.S. National Pride Falls to Record Low," Gallup, June 15, 2020, https://news.gallup.com/poll/312644/national-pride-falls-record-low.aspx.

[23] Mark Murray, "Poll: 80 Percent of Voters Say Things Are Out of Control in the U.S.," NBC News, June 7, 2020, https://www.nbcnews.com/politics/meet-the-press/poll-80-percent-voters-say-things-are-out-control-u-n1226276.

[24] Brooks, "America Is Having." 2021年1月20日のジョー・バイデン大統領就任式の直後には、ポピュレースの調査でも同様の傾向が確かめられた。その調査では、アメリカは団結ではなく分裂しているという回答が82%にのぼった（うち41%は極度に分裂していると答えた）。以下を参照。Populace, "The American Aspirations Index," Populace, 2021, https://static1.squarespace.com/static/59153bc0e6f2e109b2a85cbc/t/603d422ccfad7f5152ab9a40/1614627374630/Populace+Aspirations+Index.pdf.

[25] 以下を参照。"BU Historian Answers: Are We Headed for Another Civil War?," *BU Today*, March 27, 2019, http://www.bu.edu/articles/2019/are-we-headed-for-another-civil-war.

[26] Eric Rosales, "Man Finds $125,000 in Cash & Gives It Back, Gets Reward!," *Fox26News*, May 29, 2014, https://kmph.com/archive/man-finds-

https://www.britannica.com/topic/paternalism.
［6］ "Paternalism," *New World Encyclopedia*（2021年3月10日閲覧）, https://www.newworldencyclopedia.org/entry/Paternalism.
［7］ パターナリズムが力なき者を黙らせる正当な理由と考えられるようになったのは、19世紀になってからだった。当時、イギリスの哲学者ジョン・スチュアート・ミルは、パターナリズムの功罪を問うた。古典となっている著作の『自由論』で、ミルはこう書いている。「支配層であれ一般市民であれ、人間には自分の意見と好みを行動原則として他人に押しつけようとする傾向がある。その傾向は人間性から来る最良の感情にも最悪の感情にも突き動かされているため、権力が欠乏していないかぎりおとなしくしていることはない」。パターナリズムを押しつけてくる相手よりも各個人のほうがみずからの利益をよくわかっているとミルは主張したのだ。そのミルをテイラーは読むことも気にかけることもなかったらしい。以下を参照。John Stuart Mill, *On Liberty* (London: John W. Parker and Son, 1859), 29.
［8］ Arthur G. Bedeian and Daniel A. Wren, "Most Influential Management Books of the 20th Century," *Organizational Dynamics* 29, no. 3 (2001): 221–225.
［9］ Debbie Sniderman, "Frederick Winslow Taylor," American Society of Mechanical Engineers, June 22, 2012, https://www.asme.org/topics-resources/content/frederick-winslow-taylor; "Frederick Winslow Taylor," *Dictionary of American Biography* (New York: Charles Scribner & Sons, 1936).
［10］ "Frederick Winslow Taylor," *PBS: Who Made America?*（2021年1月27日閲覧）, http://www.pbs.org/wgbh/theymadeamerica/whomade/taylor_hi.html.
［11］ Meagan Day, "We Are All Charlie Chaplin on the Assembly Line," *Jacobin*, June 17, 2019, https://jacobinmag.com/2019/06/taylorism-scientific-management-worker-power.
［12］ Frederick Winslow Taylor, *The Principles of Scientific Management* (New York: Harper & Brothers Publishers, 1919), 59.（フレデリック・ウィンスロウ・テイラー『科学的管理法の諸原理』中谷彪・中谷愛・中谷謙訳、晃洋書房、2009年）
［13］ Charlie Chaplin, dir., *Modern Times* (Los Angeles: United Artists, 1936).（チャールズ・チャップリン監督〈モダン・タイムス〉、1936年）
［14］ "Company Overview," *Harvard Business Review*（2021年3月10日閲覧）, https://hbr.org/corporate/about; 以下も参照。Justin Fox, "The Bedraggled Return of the Organization Man," *Harvard Business Review*, June 5, 2013, https://hbr.org/2013/06/the-bedraggled-return-of-the-orga.
［15］ Alex Tabarrok, "Regulation and Distrust—The Ominous Update," *Marginal Revolution*, August 16, 2016, https://marginalrevolution.com/marginalrevolution/2016/08/regulation-and-distrust-revisited.html.
［16］ Philippe Aghion et al., "Regulation and Distrust," *Quarterly Journal of Economics* 125, no. 3 (2010): 1015–1049.
［17］ Lindsey M. Rodriguez et al., "The Price of Distrust: Trust, Anxious At-

and Affective Neuroscience 10, no. 3 (2015): 364–370.
［61］ Delaney, Scheiber, and Walton, *Covert*.
［62］ 同上。

第８章　信頼は何よりも強い――不信の幻想を打ち砕く

［1］ 私は父の言葉を胸に刻んだ。その投資に関してはもう人生数回分のものを返している。

［2］ コロナ禍のあいだ、女性・乳幼児向け特別栄養補給支援制度（WIC）で購入が認められている割引の食料品が品薄になり、食べ物を入手できなくなった母子もいた。彼らは買えるものを求めてあちこちの店をまわらざるを得なかった。職を失い、勉強を見ないといけない子供を家に置き、ぐずる赤ん坊を抱えて、である。そのやりきれなさ、やるせなさは想像もできない。以下を参照。Mike Stunson, "As Shoppers Stockpile Groceries, Moms Have Trouble Finding WIC Items amid Coronavirus," *Sacramento Bee*, March 24, 2020, https://www.sacbee.com/news/coronavirus/article241456946.html.

［3］ 当然、食糧費補助（フードスタンプ）の連邦管理官は、重複する数十の福祉プログラムを監督し、その手数料から数十万ドルの給料をもらっている。ブルッキングス研究所のフェローが書いたアメリカ農務省の報告書によれば、フードスタンプ・プログラムでは、発行するスタンプについて１ドルあたり16セントほどが支払われているという。以下を参照。Julia Isaacs, "The Costs of Benefit Delivery in the Food Stamp Program: Lessons from a Cross-Program Analysis," Contractor and Cooperator Report 39 (Washington, DC: USDA, 2008).

［4］ アーバン・インスティテュートによれば、2017年に福祉プログラムに支出された3610億ドルのうち96％は事業運営費に消えた。プログラム管理費のほか、メディケイド事業者や非営利団体のように低所得者に公的サービスを提供する民間事業者への支払いである。連邦プログラムには次のようなものがある。中低所得の就労家庭を補助する、勤労所得税額控除や子女税額控除の還付金。高齢または障害のある貧困者向け補足的保障所得や失業保険など、対象の個人や世帯に現金を給付するプログラム。補充的栄養支援プログラム（フードスタンプ）、学校給食、低所得者住宅援助、子育て支援、光熱費補助など、低所得者向けの各種物品支援。虐待や育児放棄された子供の支援など、その他のさまざまなプログラム。事業運営費の大部分（81％）は、医療提供者への支払いだった。以下を参照。"Policy Basics: Where Do Our Federal Tax Dollars Go?," Center on Budget and Policy Priorities, April 9, 2020, https://www.cbpp.org/research/federal-budget/policy-basics-where-do-our-federal-tax-dollars-go. ここには州政府や地方自治体が支出した約7000億ドルは含まれていない。困窮家庭一時扶助による金銭援助、補充的保障所得、低所得世帯エネルギー補助プログラム、女性・乳幼児向け特別栄養補給支援制度（WIC）、「その他、個人への直接給付や、メディケイドなどのプログラムで医師等のサービス提供者に支払われるもの」がある。以下を参照。"Public Welfare Expenditures," Urban Institute（2021年２月18日閲覧）, https://www.urban.org/policy-centers/cross-center-initiatives/state-and-local-finance-initiative/state-and-local-backgrounders/public-welfare-expenditures.

［5］ Lindsay J. Thompson, "Paternalism," *Britannica*（2021年３月12日閲覧）,

Aversion to Lying," *Journal of Economic Behavior & Organization* 70, nos. 1-2 (2009): 81-92.
[43] Robin I. M. Dunbar, "Breaking Bread: The Functions of Social Eating," *Adaptive Human Behavior and Physiology* 3 (2017): 198-211.
[44] J. Kiley Hamlin, "The Origins of Human Morality: Complex Socio-moral Evaluations by Preverbal Infants," in *New Frontiers in Social Neuroscience*, ed. Jean Decety and Yves Christen (New York: Springer, 2014), 165-188.
[45] Young, Chakroff, and Tom, "Doing Good Leads to More Good."
[46] 同上。
[47] アリストテレスは紀元前384年に生まれた。
[48] Laura Kipnis, "I Mean It," *New York Times*, August 10, 2012, https://www.nytimes.com/2012/08/12/books/review/sincerity-by-r-jay-magill-jr.html.
[49] Michel de Montaigne, *The Essays of Montaigne, Complete*, trans. Charles Cotton, ed. William Carew Hazlitt (Salt Lake City, UT: Project Gutenberg, 1877), https://www.gutenberg.org/files/3600/3600-h/3600-h.htm.
[50] Edward Muir, *Ritual in Early Modern Europe* (Cambridge: Cambridge University Press, 2005), 281.
[51] Voltaire, *Candide: or Optimism*, trans. Burton Raffel (New Haven, CT: Yale University Press, 2005).（ヴォルテール『カンディード』堀茂樹訳、晶文社、2016年）
[52] Kipnis, "I Mean It."
[53] オーセンティック・リーダーシップの名著を書いたビル・ジョージによれば、オーセンティックなリーダーは、目的を理解し、明確な価値観を実践し、ハートで先導し、つながりある人間関係を構築し、自制心を発揮するという。以下を参照。Bill George, "Authentic Leadership Rediscovered," *Harvard Business School Working Knowledge*, November 10, 2015, https://hbswk.hbs.edu/item/authentic-leadership-rediscovered.
[54] Charles Dickens, *A Christmas Carol* (London: Chapman & Hall, 1843), 8.（チャールズ・ディケンズ『クリスマス・キャロル』）
[55] Yanming An, "Western 'Sincerity' and Confucian 'Cheng,' " *Asian Philosophy* 14, no. 2 (2004): 155-169.
[56] An, "Western 'Sincerity' ".（強調は著者による）
[57] Benjamin Franklin, *The Art of Virtue: Ben Franklin's Formula for Successful Living* (New York: Skyhorse Publishing, 2012), 15.
[58] Delaney, Scheiber, and Walton, *Covert*.
[59] ボブ・デラニー、トッド・ローズとブロンウィン・フライヤーによるインタビュー、2021年1月11日。
[60] 脳をスキャンすることにより、高い自尊心は自己認識を司る領域（内側前頭前皮質）とモチベーションと報酬を司る領域（腹側線条体）をつなぐ個所における神経活動の高さと関係することが明らかになっている。前頭線条体回路と呼ばれるこの個所の大きさと神経活動量は、その人の自尊心と直接的な相関関係にある。以下を参照。Robert S. Chavez and Todd F. Heatherton, "Multimodal Frontostriatal Connectivity Underlies Individual Differences in Self-Esteem," *Social Cognitive*

David K. Sherman, "The Psychology of Change: Self-Affirmation and Social Psychological Intervention," *Annual Review of Psychology* 65 (2014): 333–371.

[32] 自尊心の低い人は、自己認識に反する行動をしなければならないときでも衝突を避けようとする。この自己不一致により、自尊心と行動を理解しようとして内なる衝突が悪化し、社会的影響に対してますます抵抗しなくなる。以下を参照。Katharine L. Cimini, "The Effect of Self-Esteem on Attitude-Behavior Consistency" (undergraduate honors thesis, Lycoming College, 1990).

[33] McLeod, "Maslow's Hierarchy."

[34] Populace and Gallup, "The Success Index," Populace.org, 2019, https://static1.squarespace.com/static/59153bc0e6f2e109b2a85cbc/t/5d939cc86670c5214abe4b50/1569955251457/Populace+Success+Index.pdf.

[35] Rogers, "The Necessary and Sufficient."

[36] Populace and Gallup, "The Success Index."

[37] Jiménez and Mesoudi, "Prestige-Biased Social Learning."

[38] Stefania Innocenti and Robin Cowan, "Self-Efficacy Beliefs and Imitation: A Two-Armed Bandit Experiment," *European Economic Review* 113 (2019): 156–172.

[39] Van Schie et al., "When Compliments Do Not Hit"; Cimini, "The Effect of Self-Esteem."

[40] Johannes Klacki, Eva Jonas, and Martin Kronbichler, "Existential Neuroscience: Self-Esteem Moderates Neuronal Responses to Mortality-Related Stimuli," *Social Cognitive and Affective Neuroscience* 9, no. 11 (2014): 1754–1761; Branden, *The Six Pillars*. 神経学的レベルでは、自尊心が高いほど、不安や命の危険を察知および対処する能力が強くなる。脳の特定領域（両側半球の島皮質）により不快な情報や死に関連する情報が弱められることが研究で示されているが、自尊心の低い人の脳（両側半球の腹外側前頭前皮質および内側眼窩前頭皮質）は活発にはたらき、死に関連する考えを制御するのに労力を要していることが見て取れる。以下を参照。Klacki, Jonas, and Kronbichler, "Existential Neuroscience."

[41] Johannes Abeler, Anke Becker, and Armin Falk, "Truth-Telling: A Representative Assessment" (CeDEx Discussion Paper Series No. 2012-15, University of Nottingham, Centre for Decision Research and Experimental Economics, 2012).

[42] Diana I. Tamir and Jason P. Mitchell, "Disclosing Information About the Self Is Intrinsically Rewarding," *PNAS* 109, no. 21 (2012): 8038–8043; Kevan Lee, "Your Brain on Dopamine: The Science of Motivation," *I Done This Blog*, April 9, 2019, http://blog.idonethis.com/the-science-of-motivation-your-brain-on-dopamine. 嘘への態度は、置かれた状況と他者への影響によっても変わる。たとえば、得られるものが大きければ嘘をつく可能性は高まり、他者が大きな損をするなら嘘をつく可能性は低くなる。真正性が低く重大性が高いほど、嘘を避けようとする生得的傾向は強まる。以下を参照。Tobias Lundquist et al., "The

［21］ ある研究では、他者に本心を偽った被験者は、自分のことを汚くて不道徳だと感じた。心苦しくなった被験者は、真実に反したことを償うため、物理的に体を清潔にしたり他者に明るく接したりした。以下を参照。Francesca Gino, Maryam Kouchaki, and Adam D. Galinsky, "The Moral Virtue of Authenticity: How Inauthenticity Produces Feelings of Immorality and Impurity," *Psychological Science* 26, no. 7 (2015): 983–996.
［22］ Steve Silberman, "Don't Even Think About Lying: How Brain Scans Are Reinventing the Science of Lie Detection," *Wired*, January 1, 2006, https://www.wired.com/2006/01/lying.
［23］ Li Bel, "The Neuroscience of Lying," *Brain World*, June 26, 2020, https://brainworldmagazine.com/the-neuroscience-of-lying.
［24］ 外側前頭前皮質にダメージがあると、金を稼ぐために嘘をつく可能性が高まることが科学的に明らかになっている。それゆえ、外側前頭前皮質からの信号は、たとえ嘘をついて利益を得られる状況でも正しいおこないを貫く助けになる。以下を参照。Adrianna Jenkins, Lusha Zhu, and Ming Hsu, "Cognitive Neuroscience of Honesty and Deception: A Signaling Framework," *Current Opinion in Behavioral Sciences* 11 (2016): 130–137.
［25］ Delaney, Scheiber, and Walton, *Covert*.
［26］ 自尊心の研究によれば、自尊心が高く、自己イメージと一致した正のフィードバックを受けている人は、自分の価値観と社会的立場が認められており、フィードバックの送り手に快く思われていると認識する。対照的に、自尊心が低い人は、自己イメージと一致した褒め言葉を受け取っても、同様の社会的承認やフィードバックの送り手への親近感を感じない傾向にある。以下を参照。Charlotte C. Van Schie et al., "When Compliments Do Not Hit but Critiques Do: An fMRI Study into Self-Esteem and Self-Knowledge in Processing Social Feedback," *Social Cognitive and Affective Neuroscience* 13, no. 4 (2018): 404–417.
［27］ 脳をスキャンすると、このプロセスの発生をリアルタイムで見ることができる。社会的拒絶は、自尊心の低い人の感情を制御しにくくし、脳（内側前頭前皮質および腹側前帯状皮質）の社会的苦痛を増す。自尊心の高い人は、同様の拒絶を受けても苦痛は比較的小さく、持続時間も短い。以下を参照。Van Schie et al., "When Compliments Do Not Hit."
［28］ ブランデンの政治的偏向には賛成しないが、彼の著作は当時の私を大いに助けてくれた。
［29］ Nathaniel Branden, *The Six Pillars of Self-Esteem* (London: Bantam, 1994).
［30］ 自尊心の低い人は、不安や憂うつのような負の感情を抱きやすい。有害な行動をする傾向にあり、タバコやドラッグ、アルコールといった、心臓病やがんなどの病気のリスクを高める不健康な習慣に陥ることが多い。以下を参照。Huanhua Lu et al., "The Hippocampus Underlies the Association Between Self-Esteem and Physical Health," *Scientific Reports* 8 (2018): 17141.
［31］ 心理療法では、個人の中核的価値観について書くと自己認識が広がり、使えるリソースが増えることで、統合された感覚と自己へのつながりが強まると明らかになっている。このエクササイズの成果がやがて行動や自己認識、社会的交流にも現れるようになると、自尊心が高まると心理学では考えられている。以下を参照。Geoffrey L. Cohen and

［5］ 同上。
［6］ 同上。
［7］ ボブ・デラニー、トッド・ローズとブロンウィン・フライヤーによるインタビュー、2021年1月11日。
［8］ ロジャーズは、欲求5段階説で有名なアブラハム・マズローの信奉者でもあった。以下を参照。Saul McLeod, "Maslow's Hierarchy of Needs," *Simply Psychology*, December 29, 2020, https://www.simplypsychology.org/maslow.html.
［9］ Carl R. Rogers, "The Necessary and Sufficient Conditions of Therapeutic Personality Change," *Psychotherapy: Theory, Research, Practice, Training* 44, no. 3 (2007): 240–248.
［10］ Eddie Harmon-Jones and Judson Mills, "An Introduction to Cognitive Dissonance Theory and an Overview of Current Perspectives on the Theory," in *Cognitive Dissonance: Reexamining a Pivotal Theory in Psychology*, ed. Eddie Harmon-Jones, 2nd ed. (Washington, DC: American Psychological Association, 2019), 1–24; 以下も参照。Dan Ariely, *The (Honest) Truth About Dishonesty: How We Lie to Everyone—Especially Ourselves* (New York: HarperCollins, 2012).（ダン・アリエリー『ずる——嘘とごまかしの行動経済学』櫻井祐子訳、早川書房、2014年）
［11］ Henry David Thoreau, *Walden* (New York: Thomas Y. Crowell & Co., 1910), 8.（ヘンリー・D・ソロー『ウォールデン——森の生活』今泉吉晴訳、小学館、2016年）
［12］ Harmon-Jones and Mills, "An Introduction to Cognitive Dissonance Theory."
［13］ Liane Young, Alek Chakroff, and Jessica Tom, "Doing Good Leads to More Good: The Reinforcing Power of a Moral Self-Concept," *Review of Philosophy and Psychology* 3 (2012): 325–334.
［14］ "Plagiarism: Stopping Word Thieves," CBS News, October 21, 2012, https://www.cbsnews.com/news/plagiarism-stopping-word-thieves.
［15］ David T. Welsh et al., "The Slippery Slope: How Small Ethical Transgressions Pave the Way for Larger Future Transgressions," *Journal of Applied Psychology* 100, no. 1 (2014): 114–127.
［16］ Leon Festinger, "Cognitive Dissonance," *Scientific American* 207, no. 4 (1962): 93–106.
［17］ Maxim Kireev et al., "Possible Role of an Error Detection Mechanism in Brain Processing of Deception: PET-fMRI Study," *International Journal of Psychophysiology* 90 (2013): 291–299.
［18］ Theodor Schaarschmidt, "The Art of Lying," *Scientific American*, July 11, 2018, https://www.scientificamerican.com/article/the-art-of-lying.
［19］ Nobuhito Abe et al., "Deceiving Others: Distinct Neural Responses of the Prefrontal Cortex and Amygdala in Simple Fabrication and Deception with Social Interactions," *Journal of Cognitive Neuroscience* 19, no. 2 (2007): 287–295.
［20］ Abe et al., "Deceiving Others."

16, 2020, https://www.postandcourier.com/news/2-clemson-professors-race-to-expose-a-shadowy-force-of-russian-internet-soldiers/article_ebdaa49e-0569-11ea-865a-7f0b0aef77e6.
[29] Scott Shane, "The Fake Americans Russia Created to Influence the Election," *New York Times*, September 7, 2017, https://www.nytimes.com/2017/09/07/us/politics/russia-facebook-twitter-election.html.
[30] US Senate, "Report of the Select Committee on Intelligence, United States Senate, on Russian Active Measures Campaigns and Interference in the 2016 U.S. Election," Vol. 2, 116th Congress（2021年4月26日閲覧）, https://www.intelligence.senate.gov/sites/default/files/documents/Report_Volume2.pdf.
[31] Darren L. Linvill and Patrick L. Warren, "Troll Factories: Manufacturing Specialized Disinformation on Twitter," *Political Communication* 37, no. 4 (2020): 447–467.
[32] Bartelme, "Troll Hunters."
[33] 同上。
[34] US Senate, "Report of the Select Committee."
[35] Emerging Technology from the arXiv, "How the Friendship Paradox Makes Your Friends Better Than You Are," *MIT Technology Review*, January 14, 2014, https://www.technologyreview.com/2014/01/14/174587/how-the-friendship-paradox-makes-your-friends-better-than-you-are.
[36] Populace and Gallup, "The Success Index."
[37] 同上。
[38] Yalda T. Uhls and Patricia M. Greenfield, "The Rise of Fame: An Historical Content Analysis," *Cyberpsychology* 5, no. 1 (2011): 1.
[39] "Internet Growth Statistics," Internet World Stats（2021年3月11日閲覧）, https://www.internetworldstats.com/emarketing.htm.
[40] Monica Anderson and Jingjing Jiang, "Teens' Social Media Habits and Experiences," Pew Research Center, November 28, 2018, https://www.pewresearch.org/internet/2018/11/28/teens-social-media-habits-and-experiences.
[41] Yalda T. Uhls, "Kids Want Fame More Than Anything," *HuffPost*, January 19, 2012, https://www.huffpost.com/entry/kids-want-fame_b_1201935.

第7章　自己一致を高める——満たされた人生のために

[1] Bob Delaney, Dave Scheiber, and Bill Walton, *Covert: My Years Infiltrating the Mob* (New York: Union Square Press, 2009).
[2] ボブ・デラニー、トッド・ローズとブロンウィン・フライヤーによるインタビュー、2021年1月11日。ダドリー・ドゥーライトは1960年代初頭のアニメ番組〈ロッキーとブルウィンクルの大冒険〉に登場した、おせっかいなカナダ騎馬警官隊員のキャラクター。
[3] Delaney, Scheiber, and Walton, Covert.
[4] 同上。

com/3051417/why-its-so-hard-to-pay-attention-explained-by-science.

[21] 驚くべきことを教えよう。1バイトのデジタルデータ(7.5ビット)にはテキスト1文字を格納することができる。4000億個もある銀河系の星それぞれが1バイトのデジタルデータだとしたら、約400ギガバイトの情報量になる。それを7億5000万倍すると、現存する情報の総量になる。何かの事情でインターネット上の全データをダウンロードしようとしたら、1億8100万年かかる。以下を参照。Maggie Masetti, "How Many Stars in the Milky Way?," *Blueshift*, July 22, 2015, https://asd.gsfc.nasa.gov/blueshift/index.php/2015/07/22/how-many-stars-in-the-milky-way; Petrov, "25+ Impressive Big Data Statistics."

[22] 最悪の場合、このプロセスは精神と肉体にダメージを与える。脳が過負荷になるとストレスや不安、無力感につながる。アドレナリンとストレスホルモンのコルチゾールが分泌されることで、絶え間ない緊張状態とストレス源への依存状態が発生する。睡眠時間は減り、体重は増える。完全な過負荷にならないよう、最終的にはブレーカーが落ちるように脳は機能停止しはじめる。Daniel J. Levitin, "Why the Modern World Is Bad for Your Brain," *The Guardian*, January 18, 2015, https://www.theguardian.com/science/2015/jan/18/modern-world-bad-for-brain-daniel-j-levitin-organized-mind-information-overload; Daniel J. Levitin, *The Organized Mind: Thinking Straight in the Age of Information Overload* (New York: Penguin, 2015).

[23] Gordon Pennycook, Tyrone D. Cannon, and David G. Rand, "Prior Exposure Increases Perceived Accuracy of Fake News," *Journal of Experimental Psychology: General* 147, no. 12 (2018): 1865–1880.

[24] Ian Maynard Begg, Ann Anas, and Suzanne Farinacci, "Dissociation of Processes in Belief: Source Recollection, Statement Familiarity, and the Illusion of Truth," *Journal of Experimental Psychology: General* 121, no. 4 (1992): 446–458.

[25] Anthony Kenny, *Wittgenstein* (Cambridge, MA: Harvard University Press, 1973).(アンソニー・ケニー『ウィトゲンシュタイン』野本和幸訳、法政大学出版局、1982年)

[26] Garth S. Jowett and Victoria O'Donnell, *Propaganda and Persuasion* (London: Sage Publications, 2006), 230.(ガース・S・ジャウエット、ビクトリア・オドンネル『大衆操作——宗教から戦争まで』松尾光晏訳、ジャパン・タイムズ、1993年)。とはいえ、反復の有効性には限度がある。同じ情報があまりにも多く繰り返されたり押しつけられたりすると、情報源への不信感が生じることが科学的に明らかになっている。以下を参照。Thomas Koch and Thomas Zerback, "Helpful or Harmful? How Frequent Repetition Affects Perceived Statement Credibility," *Journal of Communication* 63, no. 6 (2013): 993–1010.

[27] Stefan Wojcik and Adam Hughes, "Sizing Up Twitter Users," Pew Research Center, April 24, 2019, https://www.pewresearch.org/internet/2019/04/24/sizing-up-twitter-users.

[28] Tony Bartelme, "Troll Hunters: 2 Clemson Professors Race to Expose a Shadowy Force of Russian Internet Soldiers," *Post and Courier*, January

Population Division, US Census Bureau, "Historical National Population Estimates: July 1, 1900, to July 1, 1999," United States Census Bureau, April 11, 2000, https://www2.census.gov/programs-surveys/popest/tables/1900-1980/national/totals/popclockest.txt.

[10] "Life Expectancy for Social Security," Social Security Administration (2021年3月22日閲覧), https://www.ssa.gov/history/lifeexpect.html.

[11] Robin I. M. Dunbar, "Neocortex Size as a Constraint on Group Size in Primates," *Journal of Human Evolution* 22, no. 6 (1992): 469–493.

[12] Dunbar, "Neocortex Size."

[13] Abby Ohlheiser, "Did Drake Die? No, That Was—Yawn—a 4chan Hoax," *Washington Post*, November 24, 2015, https://www.washingtonpost.com/news/the-intersect/wp/2015/11/24/did-drake-die-no-that-was-yawn-a-4chan-hoax.

[14] Alex Kaplan, "A Fake CNN Site Started a Viral Hoax. Radio Stations Blamed CNN," Media Matters for America, April 17, 2018, https://www.mediamatters.org/fake-news/fake-cnn-site-started-viral-hoax-radio-stations-blamed-cnn; "Former First Lady Barbara Bush Dies at 92," Archive.today (2021年3月11日閲覧), http://archive.li/EGhsB.

[15] 以下を参照。Craig Silverman, Jane Lytvynenko, and Scott Pham, "These Are 50 of the Biggest Fake News Hits on Facebook in 2017," *Buzzfeed News*, December 28, 2017, https://www.buzzfeednews.com/article/craigsilverman/these-are-50-of-the-biggest-fake-news-hits-on-facebook-in; Kim LaCapria, "Did President Trump Reverse President Obama's Turkey Pardons?," Snopes, January 25, 2017, https://www.snopes.com/fact-check/trump-turkey-pardons-reversed; Bethania Palma, "Did an Elderly Woman Train 65 Cats to Steal from Her Neighbors?," Snopes, November 9, 2017, https://www.snopes.com/fact-check/did-elderly-woman-train-cats-to-steal.

[16] Christo Petrov, "25+ Impressive Big Data Statistics for 2020," *Techjury* (blog), February 5, 2021, https://techjury.net/blog/big-data-statistics.

[17] Jacquelyn Bulao, "How Much Data Is Created Every Day in 2020?," *Techjury* (blog), May 18, 2021, https://techjury.net/blog/how-much-data-is-created-every-day.

[18] Bernard Marr, "How Much Data Do We Create Every Day? The Mind-Blowing Stats Everyone Should Read," *Forbes*, May 21, 2018, https://www.forbes.com/sites/bernardmarr/2018/05/21/how-much-data-do-we-create-every-day-the-mind-blowing-stats-everyone-should-read.

[19] Steve James, "The George Washington Bridge Can Be a Motorist's Nightmare," CNBC, January 9, 2014, https://www.cnbc.com/2014/01/09/the-george-washington-bridge-can-be-a-motorists-nightmare.html.

[20] Daniel J. Levitin, "Why It's So Hard to Pay Attention, Explained by Science," *Fast Company*, September 23, 2015, https://www.fastcompany.

無作為におこなわれ、医師の病棟に入れられた女性たちは助産婦の病棟に換えてくれるよう膝を突き、手を合わせて懇願したとセンメルヴェイスは書き残している。*Obenchain, Genius Belabored*, 68.
[32] Obenchain, *Genius Belabored*, 103, 174; Irvine Loudon, "Ignaz Phillip Semmelweis' Studies of Death in Childbirth," *Journal of the Royal Society of Medicine* 106, no. 11 (2013): 461–463.
[33] Ignaz Semmelweis, *Etiology, Concept and Prophylaxis of Childbed Fever*, trans. K. Codell Carter (Madison: University of Wisconsin Press, 1983 [1861]), 142–143.

第６章　安全さの落とし穴――「みんな」の価値観は誤解だらけ

[1] David DiSalvo, "Your Brain Sees Even When You Don't," *Forbes*, June 22, 2013, https://www.forbes.com/sites/daviddisalvo/2013/06/22/your-brain-sees-even-when-you-dont.
[2] Karl Friston, "Prediction, Perception and Agency," *International Journal of Psychophysiology* 83, no. 2 (2012): 248–252; 以下も参照。Jordana Cepelewicz, "To Make Sense of the Present, Brains May Predict the Future," *Quanta Magazine*, July 10, 2018, https://www.quantamagazine.org/to-make-sense-of-the-present-brains-may-predict-the-future-20180710.
[3] Dale T. Miller and Cathy McFarland, "Pluralistic Ignorance: When Similarity Is Interpreted as Dissimilarity," *Journal of Personality and Social Psychology* 53, no. 2 (1987): 298–305.
[4] Juan Manuel Contreras et al., "Common Brain Regions with Distinct Patterns of Neural Responses During Mentalizing About Groups and Individuals," *Journal of Cognitive Neuroscience* 25, no. 9 (2013): 1406–1417.
[5] Miller and McFarland, "Pluralistic Ignorance."
[6] Lee Ross, David Greene, and Pamela House, "The 'False Consensus Effect': An Egocentric Bias in Social Perception and Attribution Processes," *Journal of Experimental Social Psychology* 13 (1976): 219–301. Populace and Gallup, "The Success Index," Populace.org, 2019, https://static1.squarespace.com/static/59153bc0e6f2e109b2a85cbc/t/5d939cc86670c5214abe4b50/1569955251457/Populace+Success+Index.pdf.
[7] Emily Ekins, "Poll: 62% of Americans Say They Have Political Views They're Afraid to Share," CATO Institute, July 22, 2020, https://www.cato.org/survey-reports/poll-62-americans-say-they-have-political-views-theyre-afraid-share; Populace and Gallup, "The Success Index."
[8] Sarah K. Cowan and Delia Baldassarri, "'It Could Turn Ugly': Selective Disclosure of Attitudes in Political Discussion Networks," *Social Networks* 52 (2018): 1–17.
[9] "Historical Estimates of World Population," US Census Bureau (2021年3月19日閲覧), https://www.census.gov/data/tables/time-series/demo/international-programs/historical-est-worldpop.html; Population Estimates Program,

Says," *Time*, September 19, 2018, https://time.com/5400025/does-thinking-burn-calories.

[21] Bo-Rin Kim et al., "Social Deviance Activates the Brain's Error-Monitoring System," *Cognitive, Affective and Behavioral Neuroscience* 12, no. 1 (2012): 65–73.

[22] トマトを食べない因襲が宗教的な厳格さを持っていた地域もあった。ナス科の多くの果物や野菜がそうであったように、ナスも魔女にとって有用なものと考えられたため、悪魔による誘惑の原因と見なされた。以下を参照。K. Annabelle Smith, "Why the Tomato Was Feared in Europe for More Than 200 Years," *Smithsonian Magazine*, June 18, 2013, https://www.smithsonianmag.com/arts-culture/why-the-tomato-was-feared-in-europe-for-more-than-200-years-863735; Romie Stott, "When Tomatoes Were Blamed for Witchcraft and Werewolves," *Atlas Obscura*, October 24, 2016, https://www.atlasobscura.com/articles/when-tomatoes-were-blamed-for-witchcraft-and-werewolves.

[23] Gayle Turim, "Who Invented Pizza?," *History*, July 27, 2012, https://www.history.com/news/a-slice-of-history-pizza-through-the-ages.

[24] ヴォルテールは『カンディード』のなかでライプニッツの哲学を笑いものにしている。ライプニッツは既存の世界こそ神が創造しえた最高の世界であると考えた。ライプニッツ的楽観主義と呼ばれるようになる彼の理論は、世界にはびこる問題を棚に上げて神の正当性を擁護するものだった。以下を参照。"Best of All Possible Worlds," *Encyclopedia Britannica*（2021年3月5日閲覧）, https://www.britannica.com/topic/best-of-all-possible-worlds.

[25] Voltaire, *Candide: or Optimism*, trans. Burton Raffel (New Haven, CT: Yale University Press, 2005).（ヴォルテール『カンディード』堀茂樹訳、晶文社、2016年）

[26] 同上。

[27] Elizabeth Flock, "Dagen H: The Day Sweden Switched Sides of the Road (Photo)," *Washington Post*, February 17, 2012, https://www.washingtonpost.com/blogs/blogpost/post/dagen-h-the-day-sweden-switched-sides-of-the-road-photo/2012/02/17/gIQAOwFVKR_blog.html; Maddy Savage, "A 'Thrilling' Mission to Get the Swedish to Change Overnight," *BBC*, April 17, 2018, https://www.bbc.com/worklife/article/20180417-a-thrilling-mission-to-get-the-swedish-to-change-overnight.

[28] Doug Bierend, "Throwback Thursday: Hilarity Ensues as Sweden Starts Driving on the Right," *Wired*, February 6, 2014, https://www.wired.com/2014/02/throwback-thursday-sweden.

[29] Evan Andrews, "The History of the Handshake," *History*, August 9, 2016, https://www.history.com/news/what-is-the-origin-of-the-handshake.

[30] Theodore G. Obenchain, *Genius Belabored: Childbed Fever and the Tragic Life of Ignaz Semmelweis* (Tuscaloosa: University of Alabama Press, 2016), 32.

[31] 2つの病棟の死亡率の違いは大きく、一般人の目にも明らかだった。病棟の振り分けは

[3] Stephanie Butler, "Of Knives and Forks," *History*, May 23, 2019, https://www.history.com/news/of-knives-and-forks.
[4] 以下を参照。Pascal Tréguer, "Origin of the Phrase, 'To Sit Below the Salt,' " Word Histories (2021年3月17日閲覧), https://wordhistories.net/2017/12/20/below-salt-origin.
[5] "Online Course: Dining Etiquette—CreativeLive," Emily Post Institute (2021年3月3日閲覧), https://emilypost.com/lifestyle/online-dining-etiquette.
[6] 以下を参照。Norbert Elias, *The Civilizing Process*, vol. 1: *The History of Manners*, trans. Edmund Jephcott (New York: Urizen Books, 1978). (ノルベルト・エリアス『文明化の過程・上――ヨーロッパ上流階層の風俗の変遷』赤井慧爾、中村元保、吉田正勝訳、法政大学出版局、2010年)
[7] Audie Cornish and Mark Vanhoenacker, "Americans' Dining Technique Was Long-Abandoned by French," *NPR*, July 5, 2013, https://www.npr.org/templates/story/story.php?storyId=199114108.
[8] Mimsie Ladner, "10 Superstitions That Koreans Still Believe Today," Culture Trip, May 24, 2018, https://theculturetrip.com/asia/south-korea/articles/10-superstitions-that-koreans-still-believe-today.
[9] Jeffrey Rifkin, "Ethnography and Ethnocide: A Case Study of the Yanomami," *Dialectical Anthropology* 19, no. 2/3 (1994): 295–327.
[10] Denise Winterman, "Queuing: Is It Really the British Way?," *BBC*, July 4, 2013, https://www.bbc.com/news/magazine-23087024.
[11] テレビは無事に買うことができた。
[12] Jonathan Haidt et al., "Body, Psyche, and Culture: The Relationship Between Disgust and Morality," *Psychology and Developing Societies* 9, no. 1 (1997): 107–131
[13] R. N. Rossier, "The Lessons We Forget—Distraction, Disorientation, and Illusions," *Business and Commercial Aviation* 95, no. 3 (2004): 50–55.
[14] Michele Rucci and Martina Poletti, "Control and Functions of Fixational Eye Movements," *Annual Review of Vision Science* 1 (2015): 499–518.
[15] H. R. Everett, *Unmanned Systems of World Wars I and II* (Cambridge, MA: MIT Press, 2015), 401; Zoe Krasney, "What Were the Mysterious 'Foo Fighters' Sighted by WWII Night Flyers?," *Air and Space Magazine*, August 2016, https://www.airspacemag.com/history-of-flight/what-were-mysterious-foo-fighters-sighted-ww2-night-flyers-180959847.
[16] Muzafer Sherif, "A Study of Some Social Factors in Perception," *Archives of Psychology* 27, no. 187 (1935): 1–60.
[17] Muzafer Sherif, "An Experimental Approach to the Study of Attitudes," *Sociometry* 1, no. 1/2 (1937): 90–98.
[18] Muzafer Sherif, *The Psychology of Social Norms* (New York: Harper & Row, 1936).
[19] Sherif, "A Study of Some Social Factors in Perception."
[20] Markham Heid, "Does Thinking Burn Calories? Here's What the Science

[31] Bill D. Moyers, "What a Real President Was Like," *Washington Post*, November 13, 1988, https://www.washingtonpost.com/archive/opinions/1988/11/13/what-a-real-president-was-like/d483c1be-d0da-43b7-bde6-04e10106ff6c.

[32] Erik C. Nook and Jamil Zaki, "Social Norms Shift Behavioral and Neural Responses to Foods," *Journal of Cognitive Neuroscience* 27, no. 7 (2015): 1412–1426.

[33] 多数派を指向するこの奇妙なバイアスは、社会心理学者のヘンリ・タジフェルらも1970年代に研究した。明らかになったのは、人々がどれほど無意味で表面的なこと（コイントス、点の打ち方、抽象芸術の好みなど）についても2つの「最小集団」に分かれることだった。この傾向は、二手に分かれた14〜15歳の男子生徒が、自集団の利益を高めて他集団の利益を減らす機会を与えられたときにどのような反応を示すかを見ることで確かめられた。グループ分けの根拠は着ている服の色という些細なものであり、被験者は互いに対面で交流することを禁じられていた。それでも被験者は、公正なやり方かどうかに関係なく、自集団が得る報酬が増えることを最優先に考えた。その行動は、より客観的な別の利益が自集団にもたらされる可能性を捨ててでも取られた。さらに、個人の取り分が変わらない場合や、自分も自集団もほとんど取り分を減らさずに両集団の全員が平等に分け前を得られる場合でも、自集団の利益を高める道を選んだ。以下を参照。Henri Tajfel et al., "Social Categorization and Intergroup Behavior," *European Journal of Social Psychology* 1, no. 2 (1977): 149–178; 以下も参照。Henri Tajfel, "Experiments in Intergroup Discrimination," *Scientific American* 223, no. 5 (1970): 96–103.

[34] Jessica M. Perkins et al., "Social Norms, Misperceptions, and Mosquito Net Use: A Population-Based, Cross-Sectional Study in Rural Uganda," *Malaria Journal* 18, no. 1 (2019): 189.

[35] "2 Billion Mosquito Nets Delivered Worldwide Since 2004," RBM Partnership to End Malaria, January 16, 2020, https://endmalaria.org/news/2-billion-mosquito-nets-delivered-worldwide-2004.

第5章　多数派の恐ろしさ——「自分はバカじゃない」ルール

[1] 古代のエジプト、ギリシア、ローマにも刺したり切ったりするフォーク状の道具はあったが、食事には使われていなかった。食事用フォークをはじめて使ったのは、7世紀の中東やビザンツ帝国（東ローマ帝国）の貴族だったとされる。1004年、ビザンツ皇帝バシレイオス2世の姪の婚儀がベネチアでおこなわれた際、皇帝の姪が金のフォークセットを持ち込んだために公然と嘲笑われた。2年後に彼女が疫病で死ぬと、聖ペトルス・ダミアニはその原因が彼女の貴族ぶった態度と「2本に分かれた金の道具」で食事しつづけたことにあると断じた。以下を参照。Chad Ward, "Origins of the Common Fork," *Culinaria*, May 6, 2009, https://leitesculinaria.com/1157/writings-origins-fork.html.

[2] Sara Goldsmith, "The Rise of the Fork," *Slate*, June 20, 2012, http://www.slate.com/articles/arts/design/2012/06/the_history_of_the_fork_when_we_started_using_forks_and_how_their_design_changed_over_time_.html.

の生け贄とされた）であり、人々が共通の敵に対して一致団結する効果がある。スケープゴートは外部者であることも多い。人類の歴史は、社会的線引きに基づいたスケープゴートの例であふれている。奴隷制、部族間紛争、ナチズム、中国のウイグル人強制収容、アメリカのアイデンティティ政治などだ。現代における特別悲惨な事例は、パプアニューギニアの山岳地域で見られる。超自然的な権力と殺傷力を土台にした魔術「サングマ」によって告発された無実の人々が、虐待さらには殺害される例が後を絶たないのだ。サングマの告発が持つ部族的な力は肉親の絆さえ抑え込むこともしばしばで、この「魔女狩り」は合法的・合理的、さらには道徳的とまで見なされている。部族を守るためなら殺人まで正当化され、特に犠牲者がコミュニティに嫁いできた女性のような「内なるよそ者」や、社会的排斥によって「よそ者になった内部者」である場合にその傾向が強い。以下を参照。Philip Gibbs, "Engendered Violence and Witch-Killing in Simbu," in *Engendering Violence in Papua New Guinea*, ed. Margaret Jolly, Christine Stewart, and Carolyn Brewer (Canberra: Australian National University, 2012), 107–135; Miranda Forsyth, "Summary of Main Themes Emerging from the Conference on Sorcery and Witchcraft-Related Killings in Melanesia, 5–7 June 2013, ANU, Canberra," *Outrigger: Blog of the Pacific Institute*, June 18, 2013, http://pacificinstitute.anu.edu.au/outrigger/2013/06/18/summary-sorcery-witchcraft-related-killings-in-melanesia-5-7-june-2013.

[23] "Weber State University," *U.S. News & World Report*（2021年3月11日閲覧）March 11, 2021, https://www.usnews.com/best-colleges/weber-state-university-3680.

[24] Abraham P. Buunk and Frederick X. Gibbons, "Social Comparison: The End of a Theory and the Emergence of a Field," *Organizational Behavior and Human Decision Processes* 102 (2007): 3–21.

[25] Gayannée Kedia, Thomas Mussweiler, and David E. J. Linden, "Brain Mechanisms of Social Comparison and Their Influence on the Reward System," *NeuroReport* 25, no. 16 (2014): 1255–1265.

[26] Brent McFerran et al., "I'll Have What She's Having: Effects of Social Influence and Body Type on the Food Choices of Others," *Journal of Consumer Research* 36 (2010): 915–929.

[27] Lauren E. Sherman et al., "What the Brain 'Likes': Neural Correlates of Providing Feedback on Social Media," *Social Cognitive and Affective Neuroscience* 13, no. 7 (2018): 699–707.

[28] David T. Hsu et al., "Response of the μ-Opioid System to Social Rejection and Acceptance," *Molecular Psychiatry* 18, no. 11 (2013): 1211–1217.

[29] Yi Luo et al., "Social Comparison in the Brain: A Coordinate-Based Meta-analysis of Functional Brain Imaging Studies on the Downward and Upward Comparisons," *Human Brain Mapping* 39 (2018): 440–458.

[30] Sara J. Solnick and David Hemenway, "Is More Always Better? A Survey on Positional Concerns," *Journal of Economic Behavior & Organization* 37, no. 3 (1998): 373–383.

mirror-neurons-and-baby-development.
[12] Marco Iacoboni, "Imitation, Empathy, and Mirror Neurons," *Annual Review of Psychology* 60 (2009): 653–670; Jean Decety and Andrew N. Meltzoff, "Empathy, Imitation, and the Social Brain," in *Empathy: Philosophical and Psychological Perspectives*, ed. Amy Copland and Peter Goldie (New York: Oxford University Press, 2011), 58–81.
[13] Iacoboni, "Neural Mechanisms."
[14] Joni N. Saby, Andrew N. Meltzoff, and Peter J. Marshall, "Infants' Somatotopic Neural Responses to Seeing Human Actions: I've Got You Under My Skin," *PLoS ONE* 8, no. 10 (2013): e77905; Molly McElroy, "A First Step in Learning by Imitation, Baby Brains Respond to Another's Actions," *University of Washington News*, October 30, 2013, https://www.washington.edu/news/2013/10/30/a-first-step-in-learning-by-imitation-baby-brains-respond-to-anothers-actions.
[15] Marcel Brass and Cecilia Heyes, "Imitation: Is Cognitive Neuroscience Solving the Correspondence Problem?," *TRENDS* in *Cognitive Sciences* 9, no. 10 (2005): 489–495.
[16] Tanya L. Chartrand and John A. Bargh, "The Chameleon Effect: The Perception-Behavior Link and Social Interaction," *Journal of Personality and Social Psychology* 76, no. 6 (1999): 893–910; Rod Parker-Rees, "Liking to Be Liked: Imitation, Familiarity and Pedagogy in the First Years of Life," *Early Years* 27, no. 1 (2007): 3–17.
[17] Chartrand and Bargh, "The Chameleon Effect," 894–895.
[18] Malia F. Mason, Rebecca Dyer, and Michael I. Norton, "Neural Mechanisms of Social Influence," *Organizational Behavior and Human Decision Processes* 110 (2009): 152–159.
[19] Jean-Pierre Dupuy, "Naturalizing Mimetic Theory," in *Mimesis and Science: Empirical Research on Imitation and the Mimetic Theory of Culture and Religion*, ed. Scott R. Garrels (East Lansing: Michigan State University Press, 2011), 193–214. ジラールは「あらゆる欲望は、共有されているのがわかると倍加する」とも指摘している。以下を参照。Maël Lebreton et al., "Your Goal Is Mine: Unraveling Mimetic Desires in the Human Brain," *Journal of Neuroscience* 32, no. 21 (2012): 7146–7157.
[20] René Girard, *Deceit, Desire, and the Novel* (Baltimore: Johns Hopkins University Press, 1966), 99.（ルネ・ジラール『欲望の現象学――ロマンティークの虚偽とロマネスクの真実』古田幸男訳、法政大学出版局、2010年）
[21] Vittorio Gallese, "The Two Sides of Mimesis: Girard's Mimetic Theory, Embodied Simulation and Social Identification," *Journal of Consciousness Studies* 16, no. 4 (2009): 21–44.
[22] このような競争状態から抜け出す唯一の道は、互いに合意した犠牲者、すなわちスケープゴートであるとジラールは主張する。スケープゴートとは広いコミュニティが抱える問題でいわれのない非難を受ける者（大昔の西洋文明ではウシやヤギのほか、人間も神

［51］ Ohlheiser, "The Woman Behind 'Me Too.' "
［52］ Samantha Schmidt, "#MeToo: Harvey Weinstein Case Moves Thousands to Tell Their Own Stories of Abuse, Break Silence," *Washington Post*, October 16, 2017, https://www.washingtonpost.com/news/morning-mix/wp/2017/10/16/me-too-alyssa-milano-urged-assault-victims-to-tweet-in-solidarity-the-response-was-massive.
［53］ Burke, "Me Too Is a Movement."
［54］ Stephanie Zacharek, Eliana Dockterman, and Haley Sweetland Edwards, "Person of the Year 2017," *Time*（2021年4月7日閲覧）, https://time.com/time-person-of-the-year-2017-silence-breakers.

第４章　模倣の本能——他人のまねが絆をつくる

［1］ Solomon E. Asch, "Opinions and Social Pressure," *Scientific American* 193, no. 5 (1955): 31–35.
［2］ Asch, "Opinions."
［3］ Gregory S. Berns et al., "Neurobiological Correlates of Social Conformity and Independence During Mental Rotation," *Biological Psychiatry* 58 (2005): 245–253.
［4］ Esther Hermann et al., "Humans Have Evolved Specialized Skills of Social Cognition: The Cultural Intelligence Hypothesis," *Science* 317 (2007): 1360–1366.
［5］ Peter J. Richerson, *Not by Genes Alone: How Culture Transformed Human Evolution* (Chicago: University of Chicago Press, 2006); Joseph Henrich, *The Secret of Our Success: How Culture Is Driving Human Evolution, Domesticating Our Species, and Making Us Smarter* (Princeton, NJ: Princeton University Press, 2015).（ジョセフ・ヘンリック『文化がヒトを進化させた——人類の繁栄と〈文化-遺伝子革命〉』今西康子訳、白揚社、2019年）
［6］ Leslie C. Aiello and R. I. M. Dunbar, "Neocortex Size, Group Size, and the Evolution of Language," *Current Anthropology* 34, no. 2 (1993): 184–193.
［7］ 実際、人間の脳には他者の判断のような社会的情報をコード化する腹側線条体という専用の領域があり、人間集団の行動を読み解く手がかりになる可能性がある。以下を参照。Christopher J. Burke et al., "Striatal BOLD Response Reflects the Impact of Herd Information on Financial Decisions," *Frontiers in Human Neuroscience* 4 (2010): 48.
［8］ Aiello and Dunbar, "Neocortex Size, Group Size."
［9］ この絆を結べなかった赤ん坊は、生涯にわたる問題を抱えることになる。以下を参照。Kathryn L. Hildyard and David A. Wolfe, "Child Neglect: Developmental Issues and Outcomes," *Child Abuse & Neglect* 26, no. 6–7 (2002): 679–695.
［10］ Marco Iacoboni, "Neural Mechanisms of Imitation," *Current Opinion in Neurobiology* 15 (2005): 632–637.
［11］ Jo-Marie v. d. M. Bothma, "Mirror Neurons and Baby Development," Mind Moves Institute, June 7, 2019, https://www.mindmoves.co.za/2019/06/07/

202%20of%203/view; "Einstein's Deeply Held Political Beliefs," American Museum of Natural History（2021年4月7日閲覧）, https://www.amnh.org/exhibitions/einstein/global-citizen; Josh Jones, "Bertolt Brecht Testifies Before the House Un-American Activities Committee (1947)," Open Culture, November 12, 2012, https://www.openculture.com/2012/11/bertolt_brecht_testifies_before_the_house_un-american_activities_committee_1947.html.

[41] Gibson and Sutherland, "Keeping Your Mouth Shut."

[42] Emily Ekins, "Poll: 62% of Americans Say They Have Political Views They're Afraid to Share," CATO Institute, July 22, 2020, https://www.cato.org/survey-reports/poll-62-americans-say-they-have-political-views-theyre-afraid-share.

[43] 言い換えれば、「沈黙を学ぶことは、社会化の増進、すなわちどのような見方を表に出す（あるいは出さない）のが適切かを学ぶことの作用の1つである」ということだ。「民主的学習」とも呼ばれるプロセスである。このパターンからは、教育と資源が充実するほど自己検閲の可能性が強まることが示唆される。Gibson and Sutherland, "Keeping Your Mouth Shut."

[44] Nathaniel Geiger and Janet K. Swim, "Climate of Silence: Pluralistic Ignorance as a Barrier to Climate Change Discussion," *Journal of Environmental Psychology* 47 (2016): 79–90.

[45] Vernon L. Allen and John M. Levine, "Social Support, Dissent and Conformity," *Sociometry* 31, no. 2 (1968): 138–149.

[46] 意見表明のさまざまなハードルがどのような分布になっているかを推測するのは難しいが、その分布はある集団における沈黙の螺旋の発生確率や発生形態に影響をおよぼし得る。以下を参照。Eszter Bartha and Joanna Wolszczak-Derlacz, "Why Do People Choose to Be Silent? Simulating Electoral Behaviour" (EUI MWP Working Paper 26, European University Institute, 2008).

[47] Tarana Burke, "Me Too Is a Movement, Not a Moment," TED, November 2018, https://www.ted.com/talks/tarana_burke_me_too_is_a_movement_not_a_moment.

[48] ストップ・ストリート・ハラスメントという非営利団体が2018年におこなった研究によれば、77%の女性が言葉のセクハラを、51%の女性が性的な身体接触を受けた経験を持つ。41%の女性がネット上でのセクハラを、27%の女性が性的暴行を受けたと証言している。以下を参照。Rhitu Chatterjee, "A New Survey Finds 81 Percent of Women Have Experienced Sexual Harassment," *NPR*, February 21, 2018, https://www.npr.org/sections/thetwo-way/2018/02/21/587671849/a-new-survey-finds-eighty-percent-of-women-have-experienced-sexual-harassment.

[49] Burke, "Me Too Is a Movement."

[50] Abby Ohlheiser, "The Woman Behind 'Me Too' Knew the Power of the Phrase When She Created It—10 Years Ago," *Washington Post*, October 19, 2017, https://www.washingtonpost.com/news/the-intersect/wp/2017/10/19/the-woman-behind-me-too-knew-the-power-of-the-phrase-when-she-created-it-10-years-ago.

what-is-cancel-culture-explained-history-debate.
[29] Mark Fisher, "Exiting the Vampire Castle," Open Democracy, November 24, 2013, https://www.opendemocracy.net/en/opendemocracyuk/exiting-vampire-castle.
[30] Fisher, "Exiting the Vampire Castle."
[31] Alex Hern, "Facebook and Twitter Are Being Used to Manipulate Public Opinion—Report," *The Guardian*, June 19, 2017, https://www.theguardian.com/technology/2017/jun/19/social-media-proganda-manipulating-public-opinion-bots-accounts-facebook-twitter.
[32] Noelle-Neumann, "Turbulences."
[33] "Platform Manipulation and Spam Policy," Twitter, September 2020, https://help.twitter.com/en/rules-and-policies/platform-manipulation.
[34] Juan S. Morales, "Perceived Popularity and Online Political Dissent: Evidence from Twitter in Venezuela," *International Journal of Press/Politics* 25, no. 1 (2020): 5–27.
[35] Morales, "Perceived Popularity."
[36] Chun Cheng, Yun Luo, and Changbin Yu, "Dynamic Mechanism of Social Bots Interfering with Public Opinion in Network," *Physica A: Statistical Mechanics and Its Applications* 551 (2020): 124163. ボットの政治的立ち位置は、現在のところリベラルより保守のほうがやや多いようだ。以下を参照。Adam Badawy, Emilio Ferrara, and Kristina Lerman, "Analyzing the Digital Traces of Political Manipulation: The 2016 Russian Interference Twitter Campaign" (paper presented at the IEEE/ACM International Conference on Advances in Social Networks Analysis and Mining [ASONAM], Barcelona, Spain, 2018), 258–265.
[37] もちろん、見かけの多数派を前にした大衆が沈黙するのは昔ながらの問題だ。「はじめに」で述べたように、19世紀にアンデルセンも着目している。
[38] Noelle-Neumann, "The Spiral of Silence"; James L. Gibson and Joseph L. Sutherland, "Keeping Your Mouth Shut: Spiraling Self-Censorship in the United States" (working paper, SSRN eLibrary, 2020), https://papers.ssrn.com/sol3/papers.cfm?abstract_id=3647099.
[39] Hugo Márquez, "Persecution of Homosexuals in the McCarthy Hearings: A History of Homosexuality in Postwar America and McCarthyism," *Fairmount Folio: Journal of History* 12 (2010): 52–76.
[40] Rebecca Gibian, "Hollywood Actors Who Were Blacklisted During the Red Scare," *InsideHook*, October 20, 2017, https://www.insidehook.com/article/history/hollywood-actors-blacklisted-during-the-red-scare; Jack Anderson and Dale van Atta, "Apparently, the FBI Did Not Love Lucy," *Washington Post*, December 7, 1989, https://www.washingtonpost.com/archive/business/1989/12/07/apparently-the-fbi-did-not-love-lucy/ca6ccf7b-269b-4992-abb8-26afef7bae28; "Danny Kaye," FBI Records: The Vault (2021年4月7日閲覧), https://vault.fbi.gov/Danny%20Kaye%20/Danny%20Kaye%20Part%

[18] Jessica Silver-Greenberg and Rachel Abrams, "Nursing Homes Oust Unwanted Patients with Claims of Psychosis," *New York Times*, September 19, 2020, https://www.nytimes.com/2020/09/19/business/coronavirus-nursing-homes.html.

[19] Molly Gamble, "Indiana Hospital Employee Fired After Speaking to New York Times," *Becker Hospital Review*, October 1, 2020, https://www.beckershospitalreview.com/hr/indiana-hospital-employee-fired-after-speaking-to-new-york-times.html.

[20] Andrew Siddons, "Miners, Fearing Retaliation, May Skip Black Lung Screenings," *Medical Xpress*, March 1, 2019, https://medicalxpress.com/news/2019-03-miners-retaliation-black-lung-screenings.html.

[21] "Mine Safety and Health Research Advisory Committee Meeting Minutes," US Department of Health and Human Services, Centers for Disease Control and Prevention, May 6–7, 2019, https://www.cdc.gov/faca/committees/pdfs/mshrac/mshrac-minutes-20190506-07-508.pdf.

[22] "Author Laurie Forest Discusses The Black Witch Chronicles," video posted to YouTube by Harlequin Books, December 4, 2018, https://www.youtube.com/watch?v=v1_Hd0GAnvw.

[23] Kat Rosenfield, "The Toxic Drama on YA Twitter," *New York Magazine: Vulture*, August 2017, https://www.vulture.com/2017/08/the-toxic-drama-of-ya-twitter.html.

[24] 同上。

[25] 同上。

[26] 各返信はジョエル・アダムソンとエリサが投稿したもの。"The Black Witch, by Laurie Forest," Goodreads Q&A(2021年3月30日閲覧), https://www.goodreads.com/questions/1013221-why-is-a-book-that-includes-this-text.

[27] "The Black Witch, by Laurie Forest," Goodreads(2021年3月30日閲覧), https://www.goodreads.com/book/show/25740412-the-black-witch. フォレストは最終的に勝利を収めたものの、悲しいことに同様の事例は珍しくない。1つだけ例をあげると、2年後にアジア系移民のアメリー・ウェン・チャオも同じ悲劇に見舞われた。デビュー作の長編小説『ブラッド・エア』の出版直前、チャオが人種差別と盗作をしていると非難するコメントがインターネット上に書き込まれた。読んだうえで憤っていた投稿者はごく一部で、大多数は読んでもいない層だった。それに対抗して著者に味方するコメントも書き込まれ、議論は大炎上の様相を呈した。当時26歳だったチャオは手に負えない状況にうろたえ、謝罪文を発表して刊行をキャンセルする。しかし、数か月がかりで物語の筋と登場人物の造形を精査したところ、やはり批判は的外れだと思い直した。いくつかの修正を加え、『ブラッド・エア』は2019年11月にようやく出版された。以下を参照。Alexandra Alter, "She Pulled Her Debut Book When Critics Found It Racist. Now She Plans to Publish," *New York Times*, April 29, 2019, https://www.nytimes.com/2019/04/29/books/amelie-wen-zhao-blood-heir.html.

[28] Aja Romano, "Why We Can't Stop Fighting About Cancel Culture," *Vox*, August 25, 2020, https://www.vox.com/culture/2019/12/30/20879720/

odological Applications of the Spiral of Silence Theory," *Public Opinion Quarterly* 41, no. 2 (1977): 143–158; Elisabeth Noelle-Neumann, *The Spiral of Silence: Public Opinion—Our Social Skin* (Chicago: University of Chicago Press, 1993), 5.（E・ノエル＝ノイマン『沈黙の螺旋理論――世論形成過程の社会心理学』池田謙一・安野智子訳、北大路書房、2013年）

［10］ Janine Stollberg et al., "Extending Control Perceptions to the Social Self: Ingroups Serve the Restoration of Control," *Current Issues in Social Psychology: Coping with Lack of Control in a Social World*, ed. Marcin Bukowski et al. (London: Routledge/Taylor & Francis Group, 2017), 133–150.

［11］ これは1989年にアナポリス市の住宅当局が実際に直面した倫理的ジレンマである。以下を参照。Lisa Leff, "Cities Face Ethical Dilemma in Drug Wars Evict Juveniles?," *Washington Post*, August 30, 1989, https://www.washingtonpost.com/archive/local/1989/08/30/cities-face-ethical-dilemma-in-drug-wars-evict-juveniles/7d31541d-6210-46a9-9da3-94c52447d166.

［12］ "Ivan Beltrami," Jewish Foundation for the Righteous（2021年2月16日閲覧）, jfr.org/rescuer-stories/beltrami-ivan.

［13］ "Costly Conversations: Why the Way Employees Communicate Will Make or Break Your Bottom Line," VitalSmarts, December 6, 2016, https://www.vitalsmarts.com/press/2016/12/costly-conversations-why-the-way-employees-communicate-will-make-or-break-your-bottom-line; *VitalSmarts, Silent Danger: The Five Crucial Conversations That Drive Workplace Safety* (Provo, UT: VitalSmarts, 2013).

［14］ 職場における心理的安全の重要性については、以下の影響力ある著作に詳しい。Dr. Amy Edmondson, *The Fearless Organization: Creating Psychological Safety in the Workplace for Learning, Innovation, and Growth* (Hoboken, NJ: Wiley, 2018).（エイミー・C・エドモンドソン『恐れのない組織――「心理的安全性」が学習・イノベーション・成長をもたらす』野津智子訳、英治出版、2021年）

［15］ Joe Atkinson, "Engineer Who Opposed Challenger Launch Offers Personal Look at Tragedy," *Researcher News*, October 5, 2012, https://www.nasa.gov/centers/langley/news/researchernews/rn_Colloquium1012.html; Howard Berkes, "Remembering Allan McDonald: He Refused to Approve Challenger Launch, Exposed Cover-Up," *NPR*, March 7, 2021, https://www.npr.org/2021/03/07/974534021/remembering-allan-mcdonald-he-refused-to-approve-challenger-launch-exposed-cover.

［16］ "Volkswagen Executives Describe Authoritarian Culture Under Former CEO," *The Guardian*, October 20, 2015, https://www.theguardian.com/business/2015/oct/10/volkswagen-executives-martin-winterkorn-company-culture.

［17］ Bobby Allyn, "Ousted Black Google Researcher: 'They Wanted to Have My Presence, but Not Me Exactly,' "*NPR*, December 17, 2020, https://www.npr.org/2020/12/17/947719354/ousted-black-google-researcher-they-wanted-to-have-my-presence-but-not-me-exactl.

な黒人だと言いつのった。Lisa Sinclair and Ziva Kunda, "Reactions to a Black Professional: Motivated Inhibition and Activation of Conflicting Stereotypes," *Journal of Personality and Social Psychology* 77, no. 5 (1999): 885–904.
[62] De Dreu Carsten and Kret, "Oxytocin Conditions Intergroup Relations."
[63] Roccas and Brewer, "Social Identity Complexity."
[64] オハイオ州に住む222人を対象に、最も大切にしている関係の集団は何か、その内集団の外側にいる人のことをどう思うかを尋ねた研究がある。内集団が複雑だと考えている回答者ほど、アファーマティブアクション（積極的格差是正措置）や多文化主義、外集団メンバー（イスラム教徒、LGBTQなど）の平等な待遇を支持する割合が高かった。Brewer and Pierce, "Social Identity Complexity and Outgroup Tolerance."

第3章　裏切りの沈黙——脳が求める多数派の安心感

[1] Vasily Klucharev et al., "Reinforcement Learning Signal Predicts Social Conformity," *Neuron* 61 (2009): 140–151.
[2] 群れの外縁を泳ぐ魚が襲撃にあいやすいのは、動きが鈍い、年をとっている、弱いといった典型的な理由からではなく、ただ単に捕食者にとって「社会的周縁にいる者を孤立させ餌食にする」のが最も簡単だからである。John T. Cacioppo et al., "Loneliness Across Phylogeny and a Call for Comparative Studies and Animal Models," *Perspectives on Psychological Science* 10, no. 2 (2015): 202–212.
[3] Klucharev et al., "Reinforcement Learning Signal."
[4] Sweta Anantharaman, *Majority Influence in Infancy* (Auckland: University of Auckland, 2017), 29–30.
[5] 「キイロショウジョウバエからホモ・サピエンスまで、社会的な種は孤立すると繁栄できない。ことにホモ・サピエンスは意味づけせずにいられない種であるがゆえに、通常、社会的孤立を感じると著しい影響を受ける。調査では、社会的孤立（孤独など）を感じることがリスク要因となり、以下の事象が引き起こされる可能性があると示された。全般的な認知能力の低下、認知的な衰えの加速、実行機能の低下、消極性とうつ的認知の悪化、社会的脅威への感度の上昇、社会的認知における自己防御的かつ自己破滅的な確証バイアス、擬人観の強化、社会的結束をおびやかす伝染」。John T. Cacioppo and Louise C. Hawkley, "Perceived Social Isolation and Cognition," *Trends in Cognitive Science* 13, no. 10 (2009): 447–454.
[6] Lyn Y. Abramson, Martin E. P. Seligman, and John D. Teasdale, "Learned Helplessness in Humans: Critique and Reformulation," *Journal of Abnormal Psychology* 87, no. 1 (1978): 49–74.
[7] Elisabeth Noelle-Neumann, "The Spiral of Silence: A Theory of Public Opinion," *Journal of Communication* 24, no. 2 (1974): 43–51.
[8] Josh Boak, "Anatomy of a Comeback: How Biden Won the Democratic Presidential Nomination," *Detroit News*, June 6, 2020, https://www.detroitnews.com/story/news/politics/2020/06/06/biden-comeback-nomination-democratic/111915566.
[9] Elisabeth Noelle-Neumann, "Turbulences in the Climate of Opinion: Meth-

2006, https://web.archive.org/web/20061107224943/http://www.rockymountainnews.com/drmn/local/article/0,1299, DRMN_15_5112770,00.html.
[48] Rachel Grady and Heidi Ewing, dirs., *Jesus Camp* (New York: A&E IndieFilms; Brooklyn, NY: Loki Films, 2006).
[49] "Evangelical Leader Admits Buying Meth, Denies Gay Sex Claims," *CBC News*, November 3, 2006, https://www.cbc.ca/news/world/evangelical-leader-admits-buying-meth-denies-gay-sex-claims-1.620653.
[50] Dan Harris, "Haggard Admits Buying Meth," *ABC News*, November 12, 2008, https://abcnews.go.com/GMA/story?id=2626067&page=1.
[51] Kevin P. Donovan, "Focus on the Family VP Joins Haggard Restoration Team," *Christian Post*, November 15, 2006, https://www.christianpost.com/article/20061115/focus-on-the-family-vp-joins-haggard-restoration-team.
[52] より具体的には、嘘をつくとストレスホルモンが分泌され、心拍数と血圧が上昇することが調査で示唆されている。以下を参照。Leanne ten Brinke, Jooa Julia Lee, and Dana R. Carney, "The Physiology of (Dis)honesty: Does It Impact Health?," *Current Opinion in Psychology* 6 (2015): 177–182.
[53] Hubert J. O'Gorman, "White and Black Perceptions of Racial Values," *Public Opinion Quarterly* 43, no. 1 (1979): 48–59.
[54] Hubert O'Gorman, "Pluralistic Ignorance and White Estimates of White Support for Racial Segregation," *Public Opinion Quarterly* 39, no. 3 (1975): 313–330.
[55] Hubert O'Gorman and Stephen L. Garry, "Pluralistic Ignorance—a Replication and Extension," *Public Opinion Quarterly* 40, no. 4 (1976): 449–458.
[56] O'Gorman and Garry, "Pluralistic Ignorance—a Replication."
[57] History.com Editors, "Jonestown," *History*, October 18, 2010, https://www.history.com/topics/crime/jonestown.
[58] Sonia Roccas and Marilynn B. Brewer, "Social Identity Complexity," *Personality and Social Psychology Review* 6, no. 2 (2002): 88–106; Richard J. Crisp and Miles Hewstone, "Multiple Social Categorization," *Advances in Experimental Social Psychology* 39 (2007): 163–254.
[59] Marilynn B. Brewer and Kathleen P. Pierce, "Social Identity Complexity and Outgroup Tolerance," *Personality and Social Psychology Bulletin* 31, no. 3 (2005): 428–437.
[60] Brewer and Pierce, "Social Identity Complexity and Outgroup Tolerance."
[61] Thomas Mussweiler, Shira Gabriel, and Galen V. Bodenhausen, "Shifting Social Identities as a Strategy for Deflecting Threatening Social Comparisons," *Journal of Personality and Social Psychology* 79, no. 3 (2000): 398–409. 条件がそろうと、自我を守ろうとするこの衝動は醜悪にもなり得る。脅威を感じた人は、心理的に優位に立とうとして、他者のアイデンティティをすげ替え、より劣ったアイデンティティや有害なステレオタイプで相手を特徴づける傾向がある。たとえば、ある研究で、黒人の医師に褒められた被験者は、相手の第一のアイデンティティを医師だと答えた。しかし、同じ医師に批判されたときには、相手の優れた職業的地位には触れず、無能

[30] Kipling D. Williams, "Ostracism," *Annual Review of Psychology* 58 (2007): 425-452.
[31] Kipling D. Williams, "Ostracism: Consequences and Coping," *Current Directions in Psychological Science* 20, no. 2 (2011): 71-75.
[32] Gonsalkorale and Williams, "The KKK."
[33] Eric D. Wesselmann, Danielle Bagg, and Kipling D. Williams, " 'I Feel Your Pain': The Effects of Observing Ostracism on the Ostracism Detection System," *Journal of Experimental Social Psychology* 45 (2009): 1308-1311.
[34] Gonsalkorale and Williams, "The KKK."
[35] Jean Evans, "Case Reports: Johnny Rocco," *Journal of Abnormal & Social Psychology* 43 (1948): 357-383.
[36] National Academy of Sciences, *Stanley Schachter*, Biographical Memoirs 78 (Washington, DC: National Academies of Science Press, 2000), 224; Stanley Schachter, "Deviation, Rejection, and Communication," *Journal of Abnormal & Social Psychology* 46, no. 2 (1951): 190-207.
[37] Schachter, "Deviation, Rejection, and Communication."
[38] T. M. Mills, "A Sleeper Variable in Small Groups Research: The Experimenter," *Pacific Sociological Review* 5 (1962): 21-28.
[39] Eric D. Wesselmann et al., "Revisiting Schachter's Research on Rejection, Deviance and Communication (1951)," *Social Psychology* 45, no. 3 (2014): 164-169.
[40] 選好の改竄とその影響についての総論は、以下の名著を参照。Timur Kuran, *Private Truths, Public Lies: The Social Consequences of Preference Falsification* (Cambridge, MA: Harvard University Press, 1997).
[41] Leon Festinger, "Cognitive Dissonance," *Scientific American* 207, no. 4 (1962): 93-106.
[42] Thomas Gilovich, Kenneth Savitsky, and Victoria Husted Medvec, "The Illusion of Transparency: Biased Assessments of Others' Ability to Read One's Emotional States," *Journal of Personality and Social Psychology* 75, no. 2 (1998): 332-346.
[43] Gilovich, Savitsky, and Medvec, "The Illusion of Transparency."
[44] 同上。
[45] Thomas Gilovich and Kenneth Savitsky, "The Spotlight Effect and the Illusion of Transparency: Egocentric Assessments of How We Are Seen by Others," *Current Directions in Psychological Science* 8, no. 6 (1999): 165-168.
[46] Jeff Sharlet, "Inside America's Most Powerful Megachurch," *Harper's Magazine*, May 2005, https://harpers.org/archive/2005/05/inside-americas-most-powerful-megachurch.
[47] Bill Gallo, "A New Life Big as Church," *Rocky Mountain News*, August 11, 2007, https://web.archive.org/web/20090520195128/http:/www.rocky mountainnews.com/drmn/local/article/0,1299,DRMN_15_5668662,00.html; "Amid Allegations, Haggard Steps Aside," *Rocky Mountain News*, November 2,

[16] Adam Smith, *The Theory of Moral Sentiments* (London: George Bell & Sons, 1892), 497.（アダム・スミス『道徳感情論』、村井章子・北川知子訳、日経BP社、2014年）
[17] Smaldino, "Social Identity."
[18] Kirsten G. Volz, Thomas Kessler, and D. Yves von Cramon, "In-Group as Part of the Self: In-Group Favoritism Is Mediated by Medial Prefrontal Cortex Activation," *Social Neuroscience* 4, no. 3 (2009): 244–260; Samantha Morrison, Jean Decety, and Pascal Molenberghs, "The Neuroscience of Group Membership," *Neuropsychologia* 50, no. 8 (2012): 2114–2120.
[19] Russell Golman et al., "The Preference for Belief Consonance," *Journal of Economic Perspectives* 30, no. 3 (2016): 165–188.
[20] De Dreu Carsten and Kret, "Oxytocin Conditions Intergroup Relations."
[21] Mina Cikara, Matthew M. Botvinick, and Susan T. Fiske, "Us Versus Them: Social Identity Shapes Neural Responses to Intergroup Competition and Harm," *Psychological Science* 22, no. 3 (2011): 306–313.
[22] "And Stay Out: In Ancient Athens, Ostracism Did the Job of Impeachment," *The Economist*, January 4, 2020, https://www.economist.com/books-and-arts/2020/01/02/in-ancient-athens-ostracism-did-the-job-of-impeachment; James P. Sickinger, "New Ostraka from the Athenian Agora," *Hesperia: The Journal of the American School of Classical Studies at Athens* 86, no. 3 (2017): 443–508.
[23] Naomi I. Eisenberger, Matthew D. Lieberman, and Kipling D. Williams, "Does Rejection Hurt? An fMRI Study of Social Exclusion," *Science* 302 (2003): 290–292.
[24] Geoff MacDonald and Mark R. Leary, "Why Does Social Exclusion Hurt? The Relationship Between Social and Physical Pain," *Psychological Bulletin* 131, no. 2 (2005): 202–223.
[25] Eisenberger, Lieberman, and Williams, "Does Rejection Hurt?"
[26] Mark R. Leary et al., "Teasing, Rejection, and Violence: Case Studies of the School Shootings," *Aggressive Behavior* 29 (2003): 202–214.
[27] John B. Nezlek, Eric D. Wesselmann, and Kipling D. Williams, "Ostracism in Everyday Life," *Group Dynamics: Theory, Research, and Practice* 16, no. 2 (2012): 91–104.
[28] Frank M. Schneider et al., "Social Media Ostracism: The Effects of Being Excluded Online," *Computers in Human Behavior* 73 (2017): 385–393.
[29] 排斥への恐怖は一種の生存本能であり、そのルーツは人類共通の祖先にさかのぼる。社会集団から排斥された初期の人類は、食糧や必需品を手に入れにくくなり、繁殖のパートナーにも恵まれなくなった。結果的に死ぬ者もいた。以下を参照。Karen Gonsalkorale and Kipling D. Williams, "The KKK Won't Let Me Play: Ostracism Even by a Despised Outgroup Hurts," *European Journal of Social Psychology* 37 (2006): 1176–1186; Eisenberger, Lieberman, and Williams, "Does Rejection Hurt?"

第２章　仲間のためなら嘘もつく――個の利益より集団の利益

［1］ Rebecca Moore, "The Demographics of Jonestown," Alternative Considerations of Jonestown & Peoples Temple, San Diego State University, July 25, 2013, https://jonestown.sdsu.edu/?page_id=35666.

［2］ Chris Higgins, "Stop Saying 'Drink the Kool-Aid,' " *The Atlantic*, November 8, 2012, https://www.theatlantic.com/health/archive/2012/11/stop-saying-drink-the-kool-aid/264957; "Losses Linger 25 Years After Jonestown," *ABC News*, January 6, 2006, https://abcnews.go.com/GMA/story?id=128197&page=1.

［3］ Federal Bureau of Investigation (FBI), "Q042 Transcript, FBI Transcription," File RYMUR 89-4286-2303, Alternative Considerations of Jonestown & Peoples Temple, San Diego State University（2021年3月9日閲覧）, https://jonestown.sdsu.edu/?page_id=29081.

［4］ "Nightmare in Jonestown," *Time*, December 4, 1978, https://time.com/vault/issue/1978-12-04/page/34; Higgins, "Stop Saying."

［5］ Timothy Lisagor, "Jim Jones and Christine Miller: An Analysis of Jonestown's Final Struggle," Alternative Considerations of Jonestown & Peoples Temple, San Diego State University, July 25, 2013, https://jonestown.sdsu.edu/?page_id=30294.

［6］ Higgins, "Stop Saying."

［7］ FBI, "Q042 Transcript, FBI Transcription."

［8］ Michael Bellefountaine, "Christine Miller: A Voice of Independence," Alternative Considerations of Jonestown & Peoples Temple, San Diego State University, July 25, 2013, https://jonestown.sdsu.edu/?page_id=32381; Higgins, "Stop Saying."

［9］ Bellefountaine, "Christine Miller."

［10］ Eunice U. Choi and Michael A. Hogg, "Self-U ncertainty and Group Identification: A Meta-analysis," *Group Processes & Intergroup Relations* 23, no. 4 (2020): 483–501.

［11］ Nathaniel M. Lambert et al., "To Belong Is to Matter: Sense of Belonging Enhances Meaning in Life," *Pcrsonality and Social Psychology Bulletin* 20, no. 10 (2013): 1–10.

［12］ Roy F. Baumeister and Mark R. Leary, "The Need to Belong: Desire for Interpersonal Attachments as a Fundamental Human Motivation," *Psychological Bulletin* 117, no. 3 (1995): 497–529.

［13］ K. W. De Dreu Carsten and Mariska E. Kret, "Oxytocin Conditions Intergroup Relations Through Upregulated In-Group Empathy, Cooperation, Conformity, and Defense," *Biological Psychiatry* 79, no. 3 (2015): 165–173.

［14］ John Hughes, dir., *The Breakfast Club* (Universal City, CA: Universal Pictures, 1985).（ジョン・ヒューズ監督〈ブレックファスト・クラブ〉、1985年）

［15］ Paul E. Smaldino, "Social Identity and Cooperation in Cultural Evolution," *Behavioural Processes* 161 (2019): 108–116.

eton, NJ: Princeton University Press, 2015).（ジョセフ・ヘンリック『文化がヒトを進化させた――人類の繁栄と〈文化-遺伝子革命〉』今西康子訳、白揚社、2019年）
[46] Jiménez and Mesoudi, "Prestige-Biased Social Learning."
[47] Brad J. Bushman, "Perceived Symbols of Authority and Their Influence on Compliance," *Journal of Applied Social Psychology* 14, no. 6 (1984): 501–508.
[48] Charles K. Hofling et al., "An Experimental Study in Nurse-Physician Relationships," *Journal of Nervous and Mental Disease* 143, no. 2 (1966): 171–180.
[49] Daniel Campbell-Meiklejohn et al., "Independent Neural Computation of Value from Other People's Confidence," *Journal of Neuroscience* 37, no. 3 (2017): 673–684.
[50] Jean Braucher and Barak Orbach, "Scamming: The Misunderstood Confidence Man," *Yale Journal of Law & the Humanities* 27, no. 2 (2015): 249–290; Karen Halttunen, *Confidence Men and Painted Women: A Study of Middle-Class Culture in America, 1830–1870* (New Haven, CT: Yale University Press, 1982).
[51] Alan D. Sokal, "Transgressing the Boundaries: Towards a Transformative Hermeneutics of Quantum Gravity," *Social Text* 46/47 (1996): 217–252.
[52] Janny Scott, "Postmodern Gravity Deconstructed, Slyly," *New York Times*, May 18, 1996, https://www.nytimes.com/1996/05/18/nyregion/postmodern-gravity-deconstructed-slyly.html.
[53] Scott, "Postmodern Gravity."
[54] Alan Sokal, "A Physicist Experiments with Cultural Studies," *Lingua Franca* (May/June 1996).
[55] Cass R. Sunstein, "Academic Fads and Fashions (with Special Reference to Law)" (working paper, SSRN eLibrary, 2001), https://papers.ssrn.com/sol3/papers.cfm?abstract_id=262331.
[56] 評判の連鎖反応はとても有害であるため、それを徹底的に避ける仕組みが制度に適用されることがある。たとえば、現在のアメリカ海軍の軍法会議では、権威への服従という問題を排する方法として、判事は階級と逆の順番に投票することになっている。Sushil Bikhchandani, David Hirshleifer, and Ivo Welch, "A Theory of Fads, Fashion, Custom, and Cultural Change as Informational Cascades," *Journal of Political Economy* 100, no. 5 (1992): 992–1026.
[57] Zhang, "The Sound of Silence."
[58] Diana I. Tamir and Jason P. Mitchell, "Disclosing Information About the Self Is Intrinsically Rewarding," *PNAS* 109, no. 21 (2012): 8038–8043.
[59] Tamir and Mitchell, "Disclosing Information."
[60] 同上。
[61] Einav Hart, Eric VanEpps, and Maurice E. Schweitzer, "I Didn't Want to Offend You: The Cost of Avoiding Sensitive Questions" (working paper, SSRN eLibrary, 2019), https://papers.ssrn.com/sol3/papers.cfm?abstract_id=3437468.

ports, July 10, 2020, https://www.consumerreports.org/bottled-water/how-coke-and-pepsi-make-millions-from-bottling-tap-water-as-residents-face-shutoffs; Julia Conley, "Report: 64% of Bottled Water Is Tap Water, Costs 2000x More," *Ecowatch*, February 21, 2018, https://www.ecowatch.com/bottled-water-sources-tap-2537510642.html; Conway, "Per Capita Consumption."

[32] Conway, "Per Capita Consumption."

[33] Conley, "Report."

[34] Maria McCutchen, "Here Are the 10 Most Expensive Bottled Water Brands in the World," *Money Inc*（2021年3月24日閲覧）, https://moneyinc.com/10-expensive-bottled-waters-world.

[35] Laura Parker, "How the Plastic Bottle Went from Miracle Container to Hated Garbage," *National Geographic*, August 23, 2019, https://www.nationalgeographic.com/environment/article/plastic-bottles.

[36] "The Great Pacific Garbage Patch," The Ocean Cleanup（2021年3月24日閲覧）, https://theoceancleanup.com/great-pacific-garbage-patch.

[37] Nicholas Christakis, "The Hidden Influence of Social Networks," TED, February 2010, https://www.ted.com/talks/nicholas_christakis_the_hidden_influence_of_social_networks.

[38] 気持ちの伝染に関して、人間はハチと変わらない。ハチは巣に侵入者があると、フェロモンと呼ばれるホルモン的化学物質を分泌し、ほかのハチに攻撃を要請する。周囲のフェロモンが増えると、社会的に影響されて攻撃に参加するハチも増える。人間もハチのようにフェロモンを発散し、相手も自分も気づかないうちにコミュニケーションを促進している。以下を参照。Henry Farrell, "This Is How Donald Trump Engineers Applause," *Washington Post*, January 23, 2017, https://www.washingtonpost.com/news/monkey-cage/wp/2017/01/23/this-is-how-donald-trump-engineers-applause.

[39] Mary Francis Gyles, "Nero: Qualis Artifex?," *Classical Journal* 57, no. 5 (1962): 193–200; Karen Rile, "Bring Your Own Applause: What Donald Trump and Roman Emperor Nero Have in Common," *JSTOR Daily*, February 9, 2017, https://daily.jstor.org/bring-your-own-applause-what-donald-trump-and-roman-emperor-nero-have-in-common.

[40] Farrell, "This Is How Donald Trump."

[41] Zhang, "The Sound of Silence."

[42] 実話に基づく。

[43] Kat Odell, "Ask a Somm: How Do I Know if a Wine Is Corked?," *Eater*, June 1, 2016, https://www.eater.com/2016/6/1/11824138/wine-corked-smell-flaw-tca-sommelier.

[44] Ángel V. Jiménez and Alex Mesoudi, "Prestige-Biased Social Learning: Current Evidence and Outstanding Questions," *Palgrave Communications* 5, no. 1 (2019): 1–11.

[45] Joseph Henrich, *The Secret of Our Success: How Culture Is Driving Human Evolution, Domesticating Our Species, and Making Us Smarter* (Princ-

city.html.
[17] Caballero, "Academic Turns City."
[18] 同上。
[19] "Crocodile Blamed for Congo Air Crash," MSNBC, October 21, 2010, https://www.nbcnews.com/id/wbna39781214.
[20] James Surowiecki, *The Wisdom of Crowds* (New York: Doubleday, 2004).（ジェームズ・スロウィッキー『群衆の智慧』小高尚子訳、KADOKAWA、2014年）
[21] Abhijit V. Banerjee, "A Simple Model of Herd Behavior," *Quarterly Journal of Economics* 107, no. 3 (1992): 797–817.
[22] Charles Mackay, *Memoirs of Extraordinary Popular Delusions and the Madness of Crowds* (London: Office of the National Illustrated Library, 1852), viii.
[23] Mackay, *Memoirs of Extraordinary Popular Delusions*, 87.（チャールズ・マッケイ『狂気とバブル——なぜ人は集団になると愚行に走るのか』塩野未佳、宮口尚子訳、パンローリング、2004年）
[24] Gregory A. Petsko, "The Wisdom, and Madness, of Crowds," *Genome Biology* 9 (2008): 112.
[25] Mackay, *Memoirs of Extraordinary Popular Delusions*, 91. ところどころ誇張され、事実に基づかない記述も含まれていることが近年になって明らかにされても、この話はマッケイの生き生きとした語りにより経済学者と銀行家のあいだで高い知名度を築いている。
[26] Andrew Odlyzko, "Charles Mackay's Own Extraordinary Popular Delusions and the Railway Mania" (working paper, SSRN eLibrary, 2011), https://papers.ssrn.com/sol3/papers.cfm?abstract_id=1927396.
[27] Odlyzko, "Charles Mackay's Own."
[28] John H. Cushman Jr., "U.S. Urges Users of New Well Pumps to Drink Bottled Water," *New York Times*, April 19, 1994, https://www.nytimes.com/1994/04/19/us/us-urges-users-of-new-well-pumps-to-drink-bottled-water.html.
[29] Jan Conway, "Per Capita Consumption of Bottled Water in the United States from 1999 to 2019," Statista, November 26, 2020, https://www.statista.com/statistics/183377/per-capita-consumption-of-bottled-water-in-the-us-since-1999; "Global Bottled Water Market Share Expected to Grow USD 400 Billion by 2026: Facts & Factors," Intrado GlobeNewswire, February 10, 2021, https://www.globenewswire.com/news-release/2021/02/10/2172833/0/en/Global-Bottled-Water-Market-Share-Expected-to-Grow-USD-400-Billion-by-2026-Facts-Factors.html.
[30] Jan Conway, "U.S. Bottled Water Market—Statistics & Facts," Statista, February 12, 2021, https://www.statista.com/topics/1302/bottled-water-market.
[31] これらの企業は水道料金を期日どおりに支払わないこともしばしばだ。ペプシコ社とコカ・コーラ社が何か月も滞納した水道料金は、累計で数万ドルにのぼる。それでも水の供給を止められていない。一般市民はデトロイトの厳格なポリシーにより、150ドルも滞納すれば水道を止められるのに、である。Ryan Felton, "How Coke and Pepsi Make Millions from Bottling Tap Water, as Residents Face Shutoffs," *Consumer Re-*

you-youre-on-dialysis/308308.
［5］ “Organ Donation Statistics,” United States Health Resources and Services Administration（2021年3月5日閲覧）, https://www.organdonor.gov/statistics-stories/statistics.html.
［6］ Olivier Aubert et al., “Disparities in Acceptance of Deceased Donor Kidneys Between the United States and France and Estimated Effects of Increased US Acceptance,” *Journal of the American Medical Association Internal Medicine* 179, no. 10 (2019): 1365–1374.
［7］ Juanjuan Zhang, “The Sound of Silence: Observational Learning in the U.S. Kidney Market,” *Marketing Science* 29 (2009): 315–335. 各患者の状況の緊急性や個別事情に基づき、患者に提供する腎臓を選別している病院と臓器移植センターも関係している。米国腎臓財団は次のように書いている。「〔臓器移植センターから〕臓器が提供されるかどうかには、多くの要因が関わっています。たとえば、血液型、腎不全の期間、医学的緊急性、居住地（臓器は移植手術をおこなう病院まで安全に輸送されなければなりません）、場合によってはドナーと比較した体重や体格などがあげられます」。また、移植や輸血の経験があったり妊娠していたりして抗体価が高い患者のように、適合するのがきわめて難しいときには特別に優先されることもある。以下を参照。“The Kidney Transplant Waitlist—What You Need to Know,” National Kidney Foundation（2021年3月24日閲覧）, https://www.kidney.org/atoz/content/transplant-waitlist.
［8］ Zhang, “The Sound of Silence.”
［9］ 以下を参照。Fiona Grant and Michael A. Hogg, “Self-Uncertainty, SocialIdentity Prominence and Group Identification,” *Journal of Experimental Social Psychology* 48 (2012): 538–542.
［10］ Bibb Latané and John M. Darley, “Group Inhibition of Bystander Intervention in Emergencies,” *Journal of Personality and Social Psychology* 10, no. 3 (1968): 215–221.
［11］ Kipling D. Williams, “Ostracism: Consequences and Coping,” Current Directions in *Psychological Science* 20, no. 2 (2011): 71–75.
［12］ Jaime Posada et al., “Death and Injury from Motor Vehicle Crashes in Colombia,” *Revista panamericana de salud pública* 7, no. 2 (2000): 88–91.
［13］ Deysi Yasmin Rodríguez, Francisco José Fernández, and Hugo Acero Velásquez, “Road Traffic Injuries in Colombia,” *Injury Control and Safety Promotion* 10, no. 1–2 (2003): 29–35.
［14］ Mara Cristina Caballero, “Academic Turns City into a Social Experiment,” *Harvard Gazette*, March 11, 2004, https://news.harvard.edu/gazette/story/2004/03/academic-turns-city-into-a-social-experiment.
［15］ “Mimes Make Silent Mockery of Those Who Flout Traffic Laws,” video uploaded to YouTube by AP Archive, October 16, 2011, https://www.youtube.com/watch?v=6YcK05z--n8.
［16］ Antanas Mockus, “The Art of Changing a City,” *New York Times*, July 16, 2015, https://www.nytimes.com/2015/07/17/opinion/the-art-of-changing-a-

いるよ。私たちはレイシストではない。ただね、ミシガン南東部以外の人々はレイシストだから、きみは当選できないとも思うんだ"」とベイトソンは書いている。Bateson, "Strategic Discrimination."
[18] Kristin Munger and Shelby J. Harris, "Effects of an Observer on Handwashing in a Public Restroom," *Perceptual and Motor Skills* 69 (1989): 733–734.
[19] Erik C. Nook and Jamil Zaki, "Social Norms Shift Behavioral and Neural Responses to Foods," *Journal of Cognitive Neuroscience* 27, no. 7 (2015): 1412–1426.
[20] 同様の事態は1973年にも起きた。〈ザ・トゥナイト・ショー〉のジョニー・カーソンが、トイレットペーパー不足が起きていると軽口をたたき、4か月にわたるトイレットペーパー買い占め騒動に発展した。Kay Lim, "Remembering the Great Toilet Paper Shortage of 1973," CBS News, April 5, 2020, https://www.cbsnews.com/news/remembering-the-great-toilet-paper-shortage-of-1973.
[21] William I. Thomas and Dorothy Swaine Thomas, *The Child in America: Behavior Problems and Programs* (New York: Alfred A. Knopf, 1928).
[22] Kari Paul, "Zuckerberg Defends Facebook as Bastion of 'Free Expression' in Speech," *The Guardian*, October 17, 2019, https://www.theguardian.com/technology/2019/oct/17/mark-zuckerberg-facebook-free-expression-speech.
[23] Shadi Bartsch and Alessandro Schiesaro, eds., *The Cambridge Companion to Seneca* (Cambridge: Cambridge University Press, 2015).
[24] Lucius Annaeus Seneca, *Moral Essays*, trans. John W. Basore (Cambridge, MA: Harvard University Press, 1928).（セネカ『道徳論集』茂手木元蔵訳、東海大学出版会、1989年）
[25] セネカが最も嫌ったものの1つが、分別なき同調だった。無意識のうちに集団に流されるままになると、自律性を手放し、自分も身のまわりの人々も傷つけることになるとセネカは言う。社会が不道徳で不安定であると感じていたセネカは、アイソーポス（イソップ）の次の寓話を好んで引用した。「私たちは道そのものがいいか悪いかを考えていない。足跡の数を数えているだけだ。しかし、こちらに戻ってくる足跡は1つもない」G. D. Williams, *Seneca: De otio; De brevitate vitae*. Cambridge Greek and Latin Classics (Cambridge: Cambridge University Press, 2003).

第1章　裸の王様たち――「物まね」の連鎖が起きる理由

[1] Michael V. Cusenza, "You Could Be a Hero: Hamilton Beach Man Needs Another Kidney Transplant," *The Forum*, November 14, 2014, http://theforumnewsgroup.com/2014/11/14/you-could-be-a-hero-hamilton-beach-man-needs-another-kidney-transplant.
[2] Steven McCann, Yuanchen Liu, and Faith Bernstein, dirs., *Waiting List* (Washington, DC: *The Atlantic*; New York: ShearWater Films, 2016).
[3] "Statistics," The Kidney Project, University of California San Francisco（2021年3月5日閲覧）, https://pharm.ucsf.edu/kidney/need/statistics.
[4] Robin Fields, "God Help You. You're on Dialysis," *The Atlantic*, December 2010, https://www.theatlantic.com/magazine/archive/2010/12/-god-help-

e47426; Kerry M. Karaffa and Julie M. Koch, "Stigma, Pluralistic Ignorance, and Attitudes Toward Seeking Mental Health Services Among Police Officers," *Criminal Justice and Behavior* 43, no. 6 (2016): 759–777; Esther Michelsen Kjeldahl and Vincent F. Hendricks, "The Sense of Social Influence: Pluralistic Ignorance in Climate Change," *EMBO Reports* 19, no. 11 (2018): e47185; Matthew S. Levendusky, "Our Common Bonds: Using What Americans Share to Help Bridge the Partisan Divide" (unpublished manuscript, University of Pennsylvania, 2020); Tagart Cain Sobotka, "Not Your Average Joe: Pluralistic Ignorance, Status, and Modern Sexism," *Men and Masculinities* (2020), https://doi.org/10.1177/1097184X20901578.

[8] Ashley Mandeville, Jonathon Halbesleben, and Marilyn Whitman, "Misalignment and Misperception in Preferences to Utilize Family-Friendly Benefits: Implications for Benefit Utilization and Work-Family Conflict," *Personnel Psychology* 69, no. 4 (2016): 895–929.

[9] Kengo Nawata, LiHua Huang, and Hiroyuki Yamaguchi, "Anti-Japanese Public Attitudes as Conformity to Social Norms in China: The Role of the Estimated Attitude of Others and Pluralistic Ignorance," *Japanese Journal of Applied Psychology* 42 (2016): 16–24.

[10] Takeru Miyajima and Hiroyuki Yamaguchi, "I Want to but I Won't: Pluralistic Ignorance Inhibits Intentions to Take Paternity Leave in Japan," *Frontiers in Psychology* 20, no. 8 (2017): 1508.

[11] Douglas J. Ahler, "Self-Fulfilling Misperceptions of Public Polarization," *Journal of Politics* 76, no. 3 (2014): 607–620.

[12] Joshua Levine, Sara Etchison, and Daniel M. Oppenheimer, "Pluralistic Ignorance Among Student-Athlete Populations: A Factor in Academic Underperformance," *Higher Education* 68 (2014): 525–540.

[13] ポピュレースの未発表の調査データより。"Project Delta 2.0 Results," 2020, 7.

[14] リフレクティブ・デモクラシー・キャンペーン（ウィメン・ドナーズ・ネットワークによるアメリカ政治の人口動態検証プロジェクト）が実施した2018年アメリカ中間選挙の研究は、連邦・州・地域レベルの約34,000人の候補者について調べ、女性と有色人種の当選率が白人男性と同じであることを発見した。"The Electability Myth: The Shifting Demographics of Political Power in America," Reflective Democracy Campaign, June 2019, https://wholeads.us/research/the-electability-myth.

[15] Regina Bateson, "Strategic Discrimination," *Perspectives on Politics* 18, no. 4 (2020): 1068–1087.

[16] "Beliefs About Gender in America Drive Perceived Electability," Avalanche Insights（2021年5月17日閲覧）, https://www.avalanchein sights.com/beliefs-about-gender-in-america-drive-perceived-electability.

[17] 実際には、女性が直面するのと同じ問題は有色人種にも降りかかる。エジプト系アメリカ人のアブドゥル・エル＝サイード博士は、2018年にミシガン州知事選挙の民主党予備選挙に向けた活動を始めてまもなく、「〝党の采配を振るっている大物たち〟に呼び出された。エル＝サイードによれば、その党の実力者たちはこう言った。〝きみのことは高く評価して

原注

はじめに――ある小さな町の秘密

[1] 引用は表現を変えてある。

[2] Richard Louis Schanck, "A Study of a Community and Its Groups and Institutions Conceived of as Behaviors of Individuals," *Psychological Monograph* 43, no. 2 (1932).

[3] Schanck, "A Study," 73.

[4] Schanck, "A Study," 74.

[5] Hans Christian Andersen, *Fairy Tales Told for Children, First Collection* (Copenhagen: C. A. Reitzel, 1837).

[6] Populace and Gallup, "The Success Index," Populace.org, 2019, https://static1.squarespace.com/static/59153bc0e6f2e109b2a85cbc/t/5d939cc 86670c5214abc4b50/1569955251457/Populace+Success+Index.pdf.

[7] たとえば、以下を参照。Douglas J. Ahler and Gaurav Sood, "The Parties in Our Heads: Misperceptions About Party Composition and Their Consequences," *Journal of Politics* 80, no. 3 (2018): 964–981; Christine M. Baugh et al., "Pluralistic Ignorance as a Contributing Factor to Concussion Underreporting," *Health Education & Behavior* (2021), https://doi.org/10.1177/1090198121995732; M. Ronald Buckley, Michael G. Harvey, and Danielle S. Beu, "The Role of Pluralistic Ignorance in the Perception of Unethical Behavior," *Journal of Business Ethics* 23, no. 4 (2000): 353–364; Leonardo Bursztyn, Alessandra L. González, and David Yanagizawa-Drott, "Misperceived Social Norms: Female Labor Force Participation in Saudi Arabia" (Working Paper 24736, National Bureau of Economic Research, 2018); Lucy De Souza and Toni Schmader, "The Misjudgment of Men: Does Pluralistic Ignorance Inhibit Allyship?," *Journal of Personality and Social Psychology* (2021), https://doi.org/10.1037/pspi0000362; James J. Do et al., "Gender Bias and Pluralistic Ignorance in Perceptions of Fitness Assessments," *Military Psychology* 25, no. 1 (2013): 23–35; William P. Eveland Jr., Douglas M. McLeod, and Nancy Signorielli, "Actual and Perceived US Public Opinion: The Spiral of Silence During the Persian Gulf War," *International Journal of Public Opinion Research* 7, no. 2 (1995): 91–109; Daniel E. Flave-Novak and Jill M. Coleman, "Pluralistic Ignorance of Physical Attractiveness in the Gay Male Community," *Journal of Homosexuality* 66, no. 14 (2019): 2002–2020; Nathaniel Geiger and Janet K. Swim, "Climate of Silence: Pluralistic Ignorance as a Barrier to Climate Change Discussion," *Journal of Environmental Psychology* 47 (2016): 79–90; Julian Givi, Jeff Galak, and Christopher Y. Olivola, "The Thought That Counts Is the One We Ignore: How Givers Overestimate the Importance of Relative Gift Value," *Journal of Business Research* 123 (2021): 502–515; J. Roger Jacobs, "Pluralistic Ignorance and Social Action on Climate Change," *EMBO Reports* 20, no. 3 (2019):

著者
トッド・ローズ
Todd Rose
誰もが活気ある社会で満ち足りた人生を送れるような世界の実現を目指すシンクタンク〈ポピュレース〉共同設立者・代表。ハーバード教育大学院心理学教授として〈個性学研究所〉を設立したほか「心・脳・教育プログラム」を主宰した。著書に『ハーバードの個性学入門――平均思考は捨てなさい』（早川書房）、『Dark Horse――「好きなことだけで生きる人」が成功する時代』（共著、三笠書房）がある。

訳者
門脇弘典
かどわき・ひろのり
翻訳家。東京外国語大学外国語学部卒。訳書にロール・クレア・レイエ『プラットフォーマー勝者の法則』、アルン・スンドララジャン『シェアリングエコノミー』（以上、日経BP社）、マックス・H・ベイザーマン『ハーバード流「気づく」技術』（KADOKAWA）など。

校正
河本乃里香

本文組版
アーティザンカンパニー

なぜ皆が同じ間違いをおかすのか
「集団の思い込み」を打ち砕く技術

2023年5月25日　第1刷発行

著者
トッド・ローズ
訳者
門脇弘典
発行者
土井成紀
発行所
NHK出版
〒150-0042 東京都渋谷区宇田川町10-3
電話　0570-009-321（問い合わせ）
0570-000-321（注文）
ホームページ　https://www.nhk-book.co.jp
印刷
亨有堂印刷所／大熊整美堂
製本
ブックアート

ISBN978-4-14-081939-5 C0098